BELLA ITALIA

Frances Mayes

BELLA ITALIA

La douceur de vivre en Italie

Traduit de l'américain
par Jean-Luc Piningre

Quai Voltaire

Titre original : *Bella Tuscany*.
Broadway Books, a division
of Random House, New York.

Illustration de la page 132 : Janet Pedersen.

© Frances Mayes, 1999.
© Quai Voltaire/La Table Ronde, Paris, 1999.

Pour EDWARD.

PRÉFACE

À peine mis le pied au *forno*, je me trouve enveloppée des arômes tiédis du pain cuit à point. « De retour ? Bienvenue ! », me lance une Cortonaise. Arrivée hier soir de Californie après vingt-quatre heures d'ordalie, je dois avoir l'air hébété, puisqu'elle me demande : « Comment vous faites, pour le décalage horaire ?
— J'attends que ça passe, en général. Je suis toujours tellement contente de revenir que je ne m'en aperçois pas trop — je me réveille à quatre heures plusieurs matins de suite, et puis voilà. Et vous ?
— Je regarde longuement les couchers de soleil. Pour que mon corps comprenne. »
Je me contente de sourire, mais mentalement je tire ma révérence. Ce n'est peut-être qu'un tout petit monde, l'économie est sans doute globale, nous sommes, qui sait, en train de fondre dans le même chaudron, mais il n'empêche : la vie quotidienne demeure radicalement elle-même en pays italien. Taillez-en des tranches n'importe où, cette terre restera intacte.

Quand Beppe, qui nous aide au jardin, m'annonce que « *la luna è dura* », la lune est dure, et qu'il faut cueillir les oignons aujourd'hui, il me rappelle du même coup que l'astre est souverain. Il poursuit : « Mais il faut attendre, pour planter les laitues, *la luna tenera* » — qu'elle soit tendre. Je descends en ville avaler un *espresso* et j'aperçois le garçon qui apporte de l'eau pour le chien d'un client. J'entends au-dessus de ma tête : « *Buon giorno, une bella giornata* », bonjour, bonne journée. Perdu dans d'autres temps, et pris d'une douce démence, l'homme penché à la fenêtre d'un second étage salue la foule à pleins poumons. Tout le monde lui renvoie de grands gestes dans un même enthousiasme. Arrosoir en main, les commerçants aspergent leurs pas de porte, font un saut au café pour boire une tasse vite fait, laissent leurs boutiques sans personne, toutes portes ouvertes. Je passe une demi-heure tranquille avec un roman devant un cappuccino et je m'apprête à payer, lorsqu'on m'apprend que Simonetta s'en est déjà chargée. Simonetta ? Oui, cette femme très calme qui tient la *profumeria* où j'achète parfois savons et lotions. Courtois et adorable, cela arrive fréquemment.

Au *frutta e verdura* de Matteo et Gabriella, j'aperçois un panier des premières noisettes avec leurs collerettes. Nous sommes entre deux saisons et, bientôt, les pêches et poivrons si fondants de l'été prendront la place des agrumes et choux-fleurs, une tout autre sélection. « Regardez, fait Matteo, une noix verte. » Il brise la coque, détache délicatement la peau et me tend un cerneau lisse à la couleur d'ivoire. « Il faut les manger dans les trois ou quatre jours. Après, elles sont trop sèches. » Le goût des noix vertes ne m'est pas inconnu. Quand j'étais petite, Willie Bell, la cuisinière, en exprimait le jus pour m'en frotter les mains si elles étaient irritées à cause des teignes ou du sumac. Ces jeunes noix sont de petites boules d'or, vaguement humides. « C'est bon pour la tension, dit Matteo, mais n'en mangez pas trop, ça donne la fièvre, sinon. »

Ainsi part une nouvelle journée dans une bourgade toscane. Je suis venue en Italie en quête d'aventure. Et je ne me serais jamais attendue au bonheur sans réserve, à la douceur complète de sa vie quotidienne – *dolce vita*.

Sous le soleil de Toscane, ma première chronique, relatait la découverte de Bramasole, maison abandonnée sous la muraille étrusque. La lente exploration de Cortona, juchée superbe sur sa colline, la joie de cuisiner dans un autre pays, l'intense labeur d'arracher notre demeure à la ruine, et le jardin de sa jungle, enfin les rencontres avec les gens d'ici, sont autant de plaisirs qui encadrèrent la joie profonde d'apprendre une nouvelle vie. Le nom lui-même de la maison fit office d'aimant : *Bramasole*, qui se languit du soleil, et, oui, je m'en languissais aussi.

Passant de fenêtre en fenêtre, je m'imprègne de la vue : j'avais à peine achevé la dernière phrase de *Sous le soleil de Toscane* que je posais la première de *Bella Italia*. Je me savais à l'aube de mon apprentissage de l'Italie, une expérience tant extérieure qu'intime. Vues et points de vue – si nombreux. De l'étage, je plonge du regard dans les courbures verdoyantes des Apennins. Sur le chemin des pentes boisées qui se jettent dans la vallée naissent des oliveraies, des fermes de pierre tendre aux toits de tuiles rouges, bien ancrées dans la terre. Le temps n'a pas d'entrée ici, excepté un timbre-poste de turquoise tout en bas, la piscine de nos amis. Regarder audehors – les yeux dans l'Italie ! Le nord, le sud, l'est, l'ouest sont la quadrature charmeuse de ce pays entier. J'ai visité le talon de la Botte, la Sicile, les eaux de la Vénétie. Je suis tombée amoureuse de Vérone, de la Basilicate, des Marches, de Bellagio, Asolo, Bologne, et le suis toujours plus des villes fortifiées bordant le lac Trasimène que j'aperçois de mes terres.

Parcourir les cercles concentriques qui cernent Bramasole accroît ma perception de l'infinie complexité et richesse de ce pays. En même temps ces excursions me rapprochent toujours de la curieuse maison rose et abricot qui contemple la vallée. Elle a des allures de paradis, et je continue d'œuvrer pour qu'elle en soit un. Jardiner est un plaisir qui jusquelà avait le plus souvent valeur de caprice. Ce n'est pas tant m'occuper du jardin qui m'intéressait que le résultat obtenu – les parterres qui fleurissent à temps, l'agencement du terrain –, savoir où placer les grandes jardinières et comment profiter, depuis les fenêtres, des palettes de couleurs. J'ai acheté des panneaux de boutons tout prêts à fleurir que j'ai couchés au sol. Aujourd'hui je suis une convertie. Je tiens avec lui le rythme incessant du jardin. Je mets le marc de café et les épluchures de pommes de terre au compost. J'ai appris la technique du rayonnage.

Avec deux hommes doués de tous les secrets de la terre, Ed et moi avons aménagé de nombreux carrés de légumes et de plantes aromatiques. Nous pensons à l'avenir lointain en plantant châtaigniers, cyprès et arbres à feuilles persistantes – compagnons de long temps – mais aussi, plus prompts à nous séduire, grenadiers, cerisiers et poiriers. Il n'est pas d'aller et retour à quelque pépinière qui ne se solde par l'acquisition d'une nouvelle rose d'odeurs. La pluie donne toute sa force à un autre genre de parfum, âcre et insistant, celui du fumier de mouton qu'a déposé un rusé berger sarde sur la seconde terrasse, juste au-dessus du living. Impossible de déplacer ses gros sacs pleins, c'est pourquoi, lorsqu'il pleut, *nous* devons déménager de l'autre côté de la maison.

Acheter une villa à onze mille kilomètres de chez soi nous a autrefois donné le sentiment de prendre un risque énorme. Nous vivons maintenant simplement ici. Comment quantifier le bonheur ? N'importe quelle maison, après avoir fait de vous son esclave personnelle, finira par sembler une extension de vous-même. Bien des personnes m'ont rapporté qu'en arrivant en Italie elles se sont surprises toutes seules en pensant : *me voilà chez moi.* J'ai eu aussi cette sensation lors de mon premier séjour. Aujourd'hui, le sentiment est magnifié. Comme pour un être aimé, il se double d'un second, celui-là effrayant, *je ne peux vivre sans toi.* Tandis que ma maison se contente de rester là, indifférente, face aux fluctuations de la lumière et du temps.

Cortona, 1er septembre 1998.

PRIMAVERA

Un bonheur, l'ombre des cyprès qui s'allonge en larges bandes au travers de la route ensoleillée ; une chance, le jour de mon retour à Cortona, de voir ce charpentier transporter ses planches, un chat tigré la queue en l'air sur son épaule, attentif comme le surfeur sur la vague. L'homme pose son bois sur les tréteaux et se met à siffloter. Le chat penche et se cambre selon les mouvements du maître – chat ouvrier. Je les observe un instant puis pars en ville prendre un cappuccino. Je pense : merci. Merci aux flammes des forsythias qui éclairent la colline. Au bout de sept ans passés sur cette terre de terrasses, Ed et moi sentons le bonheur surgir en nous à chaque fois que nous revenons tourner la clef dans la serrure. Je suis enchantée par les formes rondes des Apennins, par cette maison bizarre qui absorbe le soleil, par les rythmes journaliers d'une bourgade des collines toscanes. Ed est profondément amoureux de la terre. Il connaît maintenant les habitudes de chacun des oliviers.

Chance. Bonheur. Faute de quoi nous serions prêts à clouer un panneau *À vendre* sur le portail dix minutes après notre arrivée, puisque aucune des pompes ne fonctionne : l'interrupteur du vieux puits fait un bruit de crécelle, l'autre grésille. Nous jetons un coup d'œil dans la citerne – il y a au moins de l'eau pour quelques jours.

Lorsque je regardai la pompe disparaître il y a six ans dans le nouveau puits, je pensais ne plus jamais la revoir. Et aujourd'hui, au matin de notre retour, trois plombiers sont là à tirer des cordes, la tête dans l'embouchure. C'est un monstre qu'il faut repêcher. Puis Giacomo monte sur le mur, les autres restant à ses côtés. Ils comptent, *uno, due, tre,* ho hisse ! et se retrouvent bientôt torse nu, à jurer en riant. Là voilà – Giacomo manque de tomber à la renverse et ils la portent au camion.

Ils ont moins de mal avec celle du vieux puits – pourtant remplacée l'année dernière. L'engin rouillé apparaît avec les racines de figuier qui pendouillent en dessous, et les hommes le déclarent aussitôt HS. Pourquoi ? Ils creusent à la recherche des câbles électriques. Lorsque midi arrive, l'allée est dévastée, la pelouse, transformée en gruyère, et le mystère, élucidé. Les souris ont rongé la gaine des fils. Pourquoi se nourrissent-elles de plastique, avec toutes ces noisettes et amandes autour d'elles ? Les pompes ne fonctionnent plus à cause des courts-circuits.

Celle du nouveau puits, de fait, est morte aussi. Grillée. Kaput. Au bout du troisième jour, nous avons de nouvelles pompes, de nouveaux câbles scellés au silicone – ce que le premier électricien avait omis de faire –, de l'eau à profusion, une allée rapiécée, et un compte en banque déprimé. Si les souris aiment déjà le plastique, qu'est-ce qui les empêchera de ronger le silicone ?

Une chance que, pour dîner, on nous serve à la trattoria du haut de la montagne un faisan aux pommes sautées, et que la nuit précoce de mars déploie un maelström d'étoiles, puisque autrement notre nouvelle liste resterait intimidante : remplacer le gazon, élaguer les arbres, construire une remise pour les outils, refaire les deux salles de bains, changer la fosse septique, repeindre les volets, acheter un bureau, quelque chose d'assez grand pour suspendre les vêtements, planter d'autres arbres, agrandir le jardin.

Primo Bianchi, un maçon qui a largement participé à la restauration de la maison, arrive pour parler de nos projets. Il peut commencer en juillet. « Je suis monté sur votre toit en janvier, dit-il. Votre amie Donatella a appelé pour m'avertir qu'il y avait une fuite. » Nous avons vu les taches laissées par le suintement sur le mur jaune de mon bureau. « C'est le vent qui a fait ça. Quelques tuiles sont tombées. Pendant que je travaillais, cet après-midi-là, il s'est levé de nouveau et il a fichu l'échelle par terre.

— Non ! »

Il rit en pointant ses deux index vers le sol, un geste qui signifie *que cela n'arrive plus ici*. La nuit tombe vite en hiver. Je l'imagine assis sur les tuiles froides, adossé à la cheminée, son regard bleu scrutant la route, les cheveux dressés par le vent. « J'ai attendu. Personne n'est jamais venu. Une voiture a fini par arriver, mais ils ne m'ont pas entendu. Au bout de deux heures peut-être, une femme est passée et je l'ai appelée au secours. Comme il n'y avait personne dans la maison depuis un bon moment, elle m'a pris pour un fantôme et s'est mise à hurler en m'apercevant. Il va falloir que vous pensiez bientôt à changer le toit. »

Bianchi mesure de ses pas la longueur des canalisations que nous devrons installer avec le nouveau système d'écoulement des eaux. On croirait préparer une guerre de tranchées. « Dépêchez-vous de commander les pièces pour les salles de bains si vous voulez que tout soit arrivé en juillet. »

Une chance que la maison soit déjà arrangée — chauffage central, portes neuves, cuisine terminée, l'une des salles de bains est ravissante, les poutres ont été remises à neuf, les murettes, reconstruites, la *cantina*, réaménagée pour l'huile et le vin, sans oublier les fûts entiers de peinture qui ont servi partout. Faute de quoi nous croirions tout recommencer avec ces nouveaux travaux. « Les gens espèrent vivre en paix dans leurs vieilles maisons, nous dit Primo, mais elles ne veulent pas vous la donner. »

Air velouté du printemps, à humer comme un élixir de joie. Mon premier printemps en Europe. Je connais les marronniers en fleur de Proust, les allées de tilleuls de Nabokov, les violettes de Colette, mais personne ne m'a jamais rien dit des cognassiers, de ce rose flamboyant qui jaillit sur la pierre. Personne ne m'a appris que les vents printaniers peuvent devenir meurtriers. Personne ne m'a parlé des lilas et je ne sais pourquoi, au cours de mes étés italiens, je n'ai jamais remarqué leurs feuilles en forme de cœurs. Aujourd'hui j'aperçois les collines toscanes tout éclaboussées d'énormes buissons de lavande blanche ou cendrée. Près de la maison, une haie de lilas mène à une ferme abandonnée, et je vais sous la pluie cueillir d'humides brassées pour remplir mes vases et pichets. Plus que celui d'aucune fleur, leur parfum envoûtant semble celui de la mémoire. Il me ramène à l'université de Virginie où j'ai pour la première fois reconnu leur odeur, car le lilas ne pousse pas en Géorgie, sous les latitudes douces des murs de mon enfance. Je me rappelle avoir pensé : *comment ai-je pu vivre dix-huit ans dans cette ignorance* ? Je cultivais un béguin terrible pour mon professeur de philosophie, marié et père de trois enfants, et je n'arrêtais pas de passer et repasser la chanson de Harry Belafonte, *Poussent les lilas verts étincelants de rosée*. La fenêtre de mon dortoir donnait sur la James River cachée par les broussailles. *Le printemps est venu et il est là sans toi.* J'en voulais méchamment à la femme de mon professeur qui lui faisait porter des chemises à plis permanents ; et je tentais d'ignorer la longue mèche de cheveux qu'il plaquait sur son crâne autrement chauve.

Des violettes au parfum d'une douceur suffocante fleurissent le long des ruisseaux printaniers. Les jonquilles, *tromboni* en italien, se massent sur les bords des terrasses. Les aubépines (*biancospino*, épine-blanche, dénommée localement *topospino*, aiguillon-à-souris) ressemblent à un brouillard léger qui dérive par frondes sur les terrasses du haut, tandis que, par-dessous, les arbres fruitiers n'en finissent pas de se surpasser. Nous ne tondrons pas la pelouse – l'herbe luxuriante s'est laissé recouvrir de camomille blanche et de marguerites.

Quel est ce bonheur qui revient chaque fois par vagues successives ? Le temps, ce temps offert qui s'écoule librement – et qui appartient à l'Italie. Étant originaire du Sud, j'ai l'habitude que les gens parlent de la guerre de Sécession comme si elle avait eu lieu dix ans plus tôt. On parle aussi de nos vieux morts, pourtant enterrés de longue date. Il m'est arrivé de penser que Mother Mayes repasserait le pas de la porte, ramenant avec elle son parfum poudreux de lavande, le corps souple que je sentais sous sa robe de voile imprimé. Ici, c'est Hannibal. Hannibal qui est venu combattre le Romain Flaminius en 217 avant Jésus-Christ. Toutes les villes des collines célèbrent joutes, unions ou batailles vieilles de centaines d'années. Peut-être est-ce le temps qu'elles gardent derrière elles qui m'aide à modifier mes sensations ici. Peu à peu je me laisse envelopper de ce temps. En Californie, je travaille *contre* lui. J'y ai toujours mon agenda sur moi, bourré de notes et de cartes de visite, chaque journée griffonnée de nombreux rendez-vous. Lorsque j'examine parfois la semaine à venir, j'admets qu'il faudra simplement y tracer une route. Me sentir à ce point prise, coincée, me déprime. Quand j'établis la liste hebdomadaire de ce qu'il reste à accomplir, je sais que j'aurai besoin de courir avec quatre jambes pour y arriver. Je n'ai pas le temps de voir mes amis et, si parfois je le prends, j'espère trouver un moyen de couper court pour revenir à un travail exigeant. J'ai lu un article à propos d'un médecin américain qui utilise un tire-lait dans sa voiture, au milieu de la circulation, pour pouvoir continuer d'allaiter son bébé et ménager le temps nécessaire à sa clientèle. J'ai vu dans le *Wall Street Journal* une réclame pour des bagues de fiançailles à acheter par correspondance, pour les couples qui n'ont pas le temps de faire les boutiques. Mon cas est-il si grave ?

Le congé sabbatique, voilà une idée civilisée. Tous les métiers devraient en être pourvus. Cette année, Ed comme moi disposons de ce temps béni qui, collé aux vacances d'été, nous permet de rester six mois en Italie. Et comme c'est mon premier congé de ce type sur vingt années d'enseignement, je veux profiter à fond de la moindre journée. Me réveiller – sans le besoin d'aller nulle part – et parcourir les terrasses, l'œil sur ce qui est prêt à fleurir, sera mon idée de *paradiso*. Les iris sauvages seront bientôt épanouis. Je remarque leurs têtes pointues et violacées, qui paraissent vouloir s'élever toujours plus haut. Les narcisses, exubérants, atteignent presque leur apogée. Une lumière d'or émane déjà des boutons.

Je suis chaque jour emportée par quelque chose de nouveau, ébahie par cette maison et ses jardins que je croyais connaître pour y avoir séjourné tant d'étés et de décembres, mais qui continuent de me confondre. Nous sommes descendus de l'avion le 15 mars pour trouver une température de vingt et un degrés qui s'est jusqu'ici maintenue, excepté quelques bons coups de vent. Et les poiriers en fleur ont bientôt de nouvelles feuilles. Tandis que les pétales se détachent ou s'agitent – enfant, je disais que les arbres étaient « en pêchés » –, les feuilles nouvelles s'élancent avec vigueur. Une force qui s'est emparée des branches des vieux figuiers, mais des grenadiers hésitants aussi que nous venons de planter.

Le bonheur ? Sa couleur doit être le vert du printemps, impossible à décrire... Non, car j'ai vu sur la pierre un lézard, à peine sorti de l'œuf, en train de se chauffer au soleil. Cette couleur, sa peau verte et luisante, est celle des nouvelles feuilles. « La force qui sous la fusée verte conduit à la fleur... », écrivait Dylan Thomas. « Fusée » et « force » sont parfaitement choisis – le pouvoir régénérateur de la nature explose dans chaque brin d'herbe, tige, branche. Travaillant sous le soleil tempéré, je sens la fusée verte traverser mon corps. Flux d'énergie, feuillages kaléidoscopes du soleil, la brise légère qui pousse mes lèvres à murmurer « zéphyr » – cette insouciante simplicité peut être nommée bonheur.

Bramasole est sous le coup d'un changement d'envergure. À la fin de l'été dernier, j'ai posé la question au signor Martini : « Pourriez-vous nous trouver quelqu'un ? » Nous étions sur le point de partir et n'avions sur place personne qui se charge de contenir l'exubérance naturelle des terrasses. Francesco et Beppe, qui y ont travaillé plusieurs années, ne veulent s'occuper que des arbres fruitiers, de la vigne et des oliviers. Nous avons un jour demandé à Beppe de tondre le gazon. Il est parti avec sa déchaumeuse comme s'il fallait tout défricher, pour transformer le jardin au bout du compte en plaine désertique. Lorsque, avec Francesco, ils ont jeté un coup d'œil à la tondeuse que venait d'acheter Ed, ils ont reculé de deux pas en lâchant : « *No, no, professore, grazie.* » Hommes des champs, ils ne se voyaient ni l'un ni l'autre en train de pousser la petite machine bourdonnante à travers la pelouse.

Le signor Martini, qui nous a vendu la maison, connaît tout le monde. Un ami à lui aurait peut-être aimé trouver un job à mi-temps. Il a reculé derrière son bureau en plaçant un doigt sur sa poitrine. « *Io*, a-t-il lancé, moi, je vais m'occuper de votre jardin. » Il a saisi un cadre accroché au mur, soufflé sur la tranche en faisant voler la poussière, et m'a tendu son diplôme d'agronomie. Une petite photo glissée dans un coin du cadre montrait notre *signor* à l'âge de vingt ans, la main posée sur la croupe d'une vache. Martini, qui a grandi dans une exploitation, a toujours regretté la campagne de ses jeunes années. À la fin de la Deuxième Guerre mondiale, il s'est mis à vendre des porcins, puis a gagné la ville pour se lancer dans l'immobilier. Comme il a droit à une retraite, m'a-t-il expliqué, il projetait de fermer boutique à la fin de l'année et se préparait à occuper un poste de gardien dans un grand ensemble. Beaucoup d'Italiens commencent à travailler dès l'adolescence, et deviennent *pensionati*, pensionnés, relativement tôt.

Nous arrivons en général à la fin du mois de mai, alors qu'il est trop tard pour planter des légumes. Le temps de faire de la place, de retourner la terre, d'acheter des graines, et il n'est plus question de semer quoi que ce soit. Alors nous regardons avec envie les *fagiolini*, haricots verts, qui grimpent sur leurs bambous dans les jardins voisins. Si quelques plants de tomates, tardivement disposés, poussent malgré notre incompétence, nous observons avec tristesse leurs drôles d'avortons verts le matin de notre retour à San Francisco, et oublions d'un hochement de tête le rêve inespéré de cueillir les savoureux fruits rouges nés de notre labeur.

Mais le signor Martini s'est métamorphosé en jardinier. Environ deux fois par semaine, il vient travailler chez nous, en compagnie souvent de sa belle-sœur.

Pas une journée sans que nous allions faire un tour chez le pépiniériste – nous les connaissons tous dans un rayon de trente kilomètres – ou que nous fassions le tour des terrasses en esquissant mentalement de nouveaux jardins. Les pluies de l'hiver ont ramolli le sol, de sorte que je m'enfonce légèrement en marchant. Comme cette fois nous sommes ici à temps, j'ai l'intention de composer le jardin le plus extravagant, exubérant, flamboyant, de ce côté-ci des Boboli de Florence. Je veux que chaque oiseau, papillon et abeille de Toscane soit irrésistiblement attiré par mes lis, surfinias, jasmins, roses, chèvrefeuilles, lavandes, anémones, et les parfums qui par centaines iront au vent. Même si les gelées tardives restent un risque à considérer, je ne peux me retenir de planter. Dans les serres des pépinières, l'air humide et l'effet narcotique des éclatants géraniums, hortensias, pétunias, impatiens, bégonias et autres dizaines de pourpres, roses et coraux, m'amènent sans résistance à remplir mon coffre sur-le-champ.

« Holà, doucement, fait Ed. On ferait mieux de se limiter à ce qu'on peut planter tout de suite – de la lavande, du romarin, de la sauge. » Ceux-là vont remplacer les plants paralysés par la tempête de l'hiver dernier alors que, la même journée, la neige tombée a fondu avant de se transformer en glace. « C'est le moment aussi de penser à de nouveaux arbres. On a tout le temps. »

Tout le temps. Quelle musique !

Dans l'allée, les cinq cyprès, les deux poiriers, le cerisier, le pêcher et les deux abricotiers livrés par le pépiniériste attendent Francesco et Beppe qui ont déjà débattu des emplacements où les uns et les autres pourront recevoir la quantité de soleil voulue. Ils ont élagué les oliviers qui ont aussi souffert des dures gelées. Les deux hommes ont fait un saut sur les terrasses avec leur échelle, émondant sans vergogne les branches brûlées par le gel. Ils nous appellent pour l'inspection générale, et nous examinons les dégâts d'arbre en arbre. Nous voici devant un olivier décharné de la première terrasse. Nos amis hochent tristement la tête, comme devant le corps d'un confrère décédé. Ed est chagriné également, car les jeunes arbres n'avaient que trois ans. Sur ceux qui ont survécu, les feuilles, d'habitude brillantes, sont sèches. Le stigmate le plus dur est une écorce fendue ; plus la fente se rapproche du sol, plus c'est grave. Quelques oliviers sont ainsi creusés à la base, c'est pourquoi Beppe et Francesco hochent la tête de nouveau en lâchant d'une voix rauque : « *Buttare via.* » À enlever. Il nous faudra en arracher au moins dix ; certains nous laissent dans l'équivoque – on verra. Quelques maigres feuilles sur l'un, une pousse ou deux au pied d'un autre permettent d'entrevoir l'espoir de les garder. Sur les pentes basses de la ville et de la vallée, bien des oliveraies ont un air moribond, et l'on voit des hommes aux traits tristes scier d'épaisses branches. Si dure soit-elle, la leçon retenue des gelées records de l'hiver 1985 fut d'élaguer sévèrement des arbres qui ont su reprendre vie.

Rien n'est plus sacré que l'olivier. Francesco décoche une œillade aux deux chênes des terrasses et, opinant du chef : « C'est bon pour la cheminée, ça. Ils font de l'ombre aux olives. » Ed prend bien soin de ne pas le contredire, mais souligne aussitôt que, par ma volonté, les chênes resteront là. J'ai couché un tronc sous l'un d'eux, où j'aime m'asseoir pour lire. Si nous n'y prenons garde, nous risquons d'arriver un jour et de trouver deux souches à la place, Francesco ayant présumé quelque accord. On me reproche toute déviation de la déchaumeuse devant une fleur nouvelle, toute décision qui s'oppose aux droits évidents des oliviers et de la vigne. Ed perdrait certainement la face s'ils venaient à apprendre qu'il est capable de transplanter une fleur venant à se montrer sur le trajet du tracteur. Les hommes élaguent et mettent de l'engrais toute la matinée. Beppe et Francesco lient chacun des jeunes cyprès à un très haut pieu. Puis, entre le tuteur et l'arbre, ils insèrent une poignée d'herbes fraîches pour empêcher le bois dur d'abîmer l'écorce tendre.

Si les gelées de décembre ont décimé ma bordure de plantes aromatiques et la dentelaire bleue sous le réservoir, le printemps, précoce et délicieux, fait office de baume. La haie de romarin que Ed n'aime pas, mais n'a pas le cœur d'ôter, s'est bien sûr épanouie. Nous travaillons le matin entier, à couper, déterrer, enlever les pousses desséchées. Je sens ma nuque et mes bras rougir. Est-ce la brise qui est douce ? Ou suis-je encore capable de deviner sa naissance dans l'air vif des Alpes suisses ?

La perte la plus regrettable est de loin celle d'un des deux palmiers qui flanquent la grande porte. L'autre se porte mieux que jamais. Le premier n'est plus aujourd'hui qu'un tronc élancé, doté d'un éventail brunâtre qui se balance désolé. De la fenêtre de mon bureau au second étage, j'aperçois la fronde verte qui se déplie, grosse à peine comme la main ouverte. Son avenir paraît sombre.

Le signor Martini est notre nouvel Anselmo. Il arrive au volant de la grosse Alfa dans son costume d'agent immobilier, hurlant dans son *telefonino*, pour sortir peu après de la *limonaia* transformé en fermier – hautes bottes de caoutchouc, chemise de flanelle et béret. Je ne m'attendais pas à le voir prendre les choses en main si complètement. « Bas les pattes ! prévient-il, si vous touchez les feuilles avant que la rosée n'ait séché, les plantes mourront. » J'ai sursauté : le ton est énergique.

« Comment ça se fait ? »

Il répète la même chose. Sans donner de raison. En général, ses déclarations sont fondées. Peut-être certaines moisissures et champignons se transmettent-ils plus vite ainsi – ou quelque idée logique.

Je lui demande : « Qu'est-ce ? » en indiquant les pousses à hauteur de genou, bien épanouies, qu'il a plantées sur la troisième terrasse. « Qu'est-ce qu'il y en a ! » Je parcours les rangées du regard ; huit fois dix plants – égale quatre-vingts. Il a omis de me consulter avant d'étendre nos cultures de façon si exponentielle. Jusque-là, nous nous étions contentés de pommes de terre, de salades et de basilic.

« *Baccelli*, répond Martini. À manger avec du pecorino frais.

– *Baccelli* ? Qu'est-ce que c'est ? »

Il reste silencieux, ce qui ne lui ressemble pas. « *Baccelli sono baccelli.* » Tautologie. Il continue de couper les mauvaises herbes en haussant les épaules.

Je consulte le dictionnaire, lequel m'apprend qu'il s'agit

de « pois », mais rien de plus, et j'appelle mon amie Donatella. « Ah, *sì, i baccelli*, c'est local – ce sont des *fave* qu'il a plantées, mais comme en dialecte *fave* signifie pénis, je suis sûre qu'il n'a pas voulu le dire devant vous. »

Les fleurs de *baccelli* sont des ailettes blanc tendre, dotées d'un second rang de pétales au-dedans, chacun marqué d'un petit point violet-noir. J'examine les feuilles, à la recherche des veines sombres qui forment la lettre Θ, en vertu de quoi les Grecs pensaient que les fèves étaient dangereuses, portaient malheur, puisque *thanatos* (la mort) a elle aussi thêta pour première lettre. Pour l'instant, les nôtres sont simplement vertes et vigoureuses.

En notre absence, Anselmo a planté assez de légumes pour nourrir plusieurs familles. Il a converti deux terrasses en immense jardin potager. Un berger sarde lui a vendu quinze sacs de fumier ovin dont il a labouré le sol. J'ai compté à ce jour quatre-vingts plants de *fave*, quarante de pommes de terre, vingt d'artichauts, quatre de blettes, un carré de carottes, un grand carré d'oignons, assez d'ail pour tous les *ragù* de Cortona, et un superbe triangle de laitues. S'il a également planté des asperges, il dit de ne pas couper les tiges maigrichonnes qui apparaissent lentement. Il faut trois ans pour les asperges. Courgettes, melons et aubergines sont en train de germer dans la *limonaia*, et des tuteurs de bambou effilés – il y en a une flopée – restent empilés au fond du jardin jusqu'à ce que le temps soit plus stable. Il va peut-être falloir monter un stand pour vendre nos fleurs de courgettes au marché du samedi. Martini se faisant payer à l'heure, j'ai peur d'apprendre combien de temps il a consacré au jardin.

Il a aussi taillé les rosiers, abattu trois de mes pruniers préférés qui dérangeaient son verger idéal, et commencé à en disposer d'autres, en espalier, le long d'une terrasse. Ils ont l'air torturé, souffreteux. M'apercevant en train de les regarder, il agite un doigt menaçant, comme à un enfant prêt à traverser la rue en courant. Puis il lance, non sans dédain : « Pruniers sauvages. » Je me demande brusquement : non mais, à qui il appartient, ce jardin ? Comme Beppe et Francesco, Martini considère tout ce qui peut gêner son domaine comme une nuisance. Et comme il sait lui aussi tout sur tout, nous faisons ce qu'il dit.

« Mais les bonnes mirabelles du... » Il va falloir que je garde un œil sur ces arbres. Un jour, je risque de me réveiller pour les retrouver en tronçons sur la pile de bois mort, avec les chênes que Francesco ne demande qu'à abattre.

Même les nuits de printemps ont quelque chose de choquant. Le silence de la campagne résonne lourdement. Je ne me suis pas encore habituée aux ululements stridents des chouettes qui déchirent notre quiétude. Nos dernières soirées étaient plutôt du type un-burrito-un-film, un-chinois-livré-à-domicile, avec dix-sept messages à écouter sur le répondeur. Je me réveille à trois ou quatre heures du matin et déambule de pièce en pièce en regardant au-dehors. D'où vient ce calme, quelle est cette nuit lunaire, trouée d'une comète dont la queue badigeonne ma fenêtre, puis la vallée assombrie ? Pourquoi suis-je incapable d'effacer cette image qu'a écrite une de mes étudiantes : *comète, grand coton-tige qui débarbouille le ciel* ? Un rossignol répète son idée de gamme, en traînant sur chaque note. Cet oiseau-là doit être solitaire, sa complainte reste sans réponse.

À la fin de chaque après-midi, Ed rentre du bois d'olivier. Nous dînons sur des plateaux devant la cheminée. « Voilà, nous sommes à la maison », dit-il, levant son verre aux flammes, peut-être à l'humble dieu des âtres. Bonheur, mot divin et banal, proposition complexe dont les frontières dérivent constamment, mais qui semble parfois si facile. Je me blottis dans une couverture et somnole en méditant les expressions idiomatiques de l'italien. Le vent s'est levé. Lequel ? La *tramontana*, teintée de l'air glacial des Alpes, le *ponente*, qui apporte la pluie, ou le *levante*, qui pousse depuis l'est ses violentes rafales ? Les cimes effilées des cyprès, soulignées par le clair de lune, semblent mues par des tourbillons. Ce n'est certainement pas le *libeccio*, vent chaud et sec du sud, ni l'estival *grecale* ou *maestrale*. Ces vents dans la cheminée, sérieux, me rappellent qu'en mars le printemps n'est encore qu'une idée.

TOSCANE PRINTANIÈRE :
TES AMERS LÉGUMES VERTS

C'est l'excitation pure qui me sort du lit tôt. Voici ma première visite au marché depuis notre arrivée. En m'habillant, j'aperçois par la fenêtre une silhouette qui se déplace sur une terrasse du haut. Un renard ? Non, une forme humaine, qui se penche et ramasse quelque chose. Une femme, je pense, dont le brouillard laiteux révèle les formes rondes et le foulard noir. Puis elle disparaît, sous les *ginestre* et les buissons de roses. « Sans doute quelqu'un qui cherche des champignons », avance Ed. En partant, je perçois depuis la voiture un autre mouvement près des aubépines au bord de la route.

Trois camions sont arrivés de Puglia et Basilicata, bien plus au sud, ce mardi matin à Camucia. Les flancs et le panneau arrière, ouverts, révèlent leurs trésors – des artichauts, entiers avec leurs tiges. Les chauffeurs en dégagent des montagnes qu'ils empilent sous de petites pancartes avec le prix : vingt-cinq pour huit mille *lire*, soit quelque dix-huit *cents* pièce. Les femmes se massent autour et en achètent des kilos. Les tout petits, veinés de mauve, sont les plus prisés. Ces artichauts, même les tiges une fois pelées, sont d'une grande tendreté. Pas de quoi faire un foin, tout est comestible, à l'exception de quelques feuilles externes. Longues de trente centimètres, les tiges sont vendues avec, le tout formant un ballot assez encombrant pour que ma visite au marché s'arrête là. Et me voilà rentrée, tâchant de décider ce que je vais

bien pouvoir faire des vingt-cinq artichauts que j'ai réussi, je ne sais comment, à caler sous mon bras. Je les traîne à la cuisine où j'aperçois, sur le comptoir, une autre énorme botte de tout petits artichauts violets. « Oh non ? Où as-tu trouvé ça ? »
Ed me délivre de mes paquets. « Je suis monté à Torreone et un pick-up bourré d'artichauts s'est arrêté devant le bar. Tout le monde s'est précipité dehors pour en acheter, alors j'ai fait pareil. » Cinquante artichauts. Pour deux.
Tous les restaurants et trattorias ont au menu des beignets d'artichauts. Chez eux, les gens les mangent souvent crus, salés poivrés à l'huile d'olive, ou coupés en quatre et enfournés avec pommes de terre, oignons grelots, jus de citron et persil. Les consistances et les saveurs se renforcent mutuellement. Une fois cuits rapidement à la vapeur, puis garnis d'un filet d'huile d'olive, ils révèlent un goût âpre semble-t-il inventé pour les journées de printemps.
La *rapa* de l'hiver vit les dernières heures de la saison. Un fermier haranguait quand même *« polezze »*, le terme dialectal. J'en ai déjà vu fleurir dans des jardins privés. Je les confondais au début avec le sénevé (graines de moutarde) qui, à cette époque en Californie, offre ses fleurs jaunes aux vallées viticoles. Lorsque les *rape* sont en fleur, il est déjà trop tard pour en goûter la saveur particulière. Cueillis suffisamment tôt, débarrassés des tiges, cuits à la vapeur puis sautés à l'ail, les boutons et les feuilles libèrent un goût de brocoli sauvage, toutefois plus amer. La *rapa* (qui se prononce comme le fromage) est bonne pour la santé ; elle doit être bourrée de fer et d'azote. À chaque fois que j'en mange, je me sens plus forte en me levant de table.
L'amertume est appréciée en Italie. Dénommés collectivement *amari*, amers, tous ces digestifs et *aperitivi* à base de plantes que les Italiens engloutissent sont d'évidence l'expression d'un goût acquis. Commentaire de Ed : « Les Italiens semblent avoir *acquis* des goûts bien plus nombreux que les nôtres. » La première fois que j'ai goûté au Cynar, à base d'artichaut, je me suis rappelé ma mère en train de me pourchasser dans la maison entière pour que j'avale son sirop contre la toux. Il existe même un soda à l'orange

dénommé « *amara* ». À la boutique *pasta fresca*, ils fabriquent des raviolis à la ricotta et à la *borragine*, bourrache sauvage. Farcis à la ricotta et à quoi que ce soit d'autre, les raviolis ont le plus souvent un goût léger. À la bourrache, les petits oreillers blancs font ressortir une saveur piquante, sauvage. Verts, pissenlits, navets et bettes sont tous prisés en cette saison. Même les haïssables orties, contre lesquelles nous restons en guerre tout l'été sur la colline, ont un goût vif et joyeux, à condition de les cueillir sitôt les feuilles ouvertes. Il faut les blanchir à l'eau avant de les mélanger au risotto, aux pâtes, et couronner le tout de pignons grillés.

Un légume vert, pour moi nouveau et déroutant, porte le nom d'*agretti*. Cela doit bien exister quelque part aux États-Unis, mais je n'en ai jamais trouvé. Nouées avec une tige verte, leurs petites bottes ressemblent à des herbes sauvages, de celles que l'on tend aux chevaux, la paume ouverte. Bouillies à grande eau quelques instants, elles passent ensuite à la sauteuse avec huile d'olive, sel et poivre. La première fois que j'en ai vu, j'ai pensé, tiens donc, revoilà les goûts acquis. En cuisant, les *agretti* dégagent une senteur de terre – comparable à celle des bettes, mais avec une fraîcheur, une verdeur plus sensibles. Une amie italienne recommande d'ajouter le jus d'un citron, pourtant lorsque j'ai senti leur odeur, j'ai tout de suite voulu les goûter sans rien. L'« herbe » ayant la même épaisseur que les *vermicelli*, j'ai essayé ensuite de la servir avec ceux-ci et des lamelles de *parmigiano*. Le goût le plus proche est celui de l'épinard, toutefois si les *agretti* ont la même âpreté minérale, leur saveur est plus vive, pleine d'une énergie toute printanière.

J'ai trouvé, à ma grande surprise, que les asperges sauvages, quasi légendaires, sont également très amères. Chiara, une voisine, arpente ses terres, une poignée à la main de ces petites pointes herbeuses. Elle fouille dans les buissons noueux pour dénicher les pousses qui ressemblent certes aux fanes des asperges ordinaires, mais en plus épais, plus dur, plus rugueux. Chiara devient éloquente lorsqu'on évoque la *frittata*, omelette aux asperges sauvages. Une éloquence muette. Son geste rapide, celui d'ajuster une fermeture Éclair devant sa bouche, implique quelque chose d'extraordinairement savoureux. Irait-elle jusqu'à placer le pouce contre la joue en faisant pivoter le poignet, on saurait alors que les mots ne savent pas décrire les vraies délices. La *signora* lève-tôt que j'ai aperçue sur les terrasses devait chercher des asperges. Quelqu'un d'autre a fait un raid sur les jonquilles. Nous rentrons un jour à la maison après avoir passé la matinée à chercher carreaux et meubles pour les salles de bains, et constatons que deux centaines de *tromboni* ont disparu de la colline. Il ne nous en reste que quelques-unes, à la jeunesse bientôt éteinte.

En fin d'après-midi, il y a des femmes partout sur la route, munies de piques et de sacs plastiques, qui ramassent asperges et *mescolanza* – pousses vertes et sauvages, plus amères les unes que les autres, que l'on mélange dans la salade du dîner : *insalata mista*. Je dois en convenir : il n'y a qu'à se baisser. Elles ramassent le *tarassaco*, qui ressemble au pissenlit, plusieurs espèces de trévise, de la chicorée, de la bourrache, des *barbe dei frati*, barbes de moines, et tant d'autres.

Pourquoi s'arrêtent-elles subitement pour étudier cinq minutes un carré de terre, qu'elles grattent du bout de leur pique ? Elles se penchent et creusent à la lame du canif – racines, quelques feuilles, des champignons – puis repartent. Nous avons même aperçu des messieurs-dames bien habillés descendre de voiture, vite grimper à flanc de colline et redescendre munis de deux ou trois branches de fenouil pour parer leur rôti, voire de quelque plante médicinale aux racines pleines de terre.

Je pars aussi chasser l'asperge. Ed taille dans le bois ce qu'il croit être la pique idéale pour moi, bâton magique, comme si je devais chercher une source. Curieux comme l'invisible devient omniprésent, dès lors qu'on vous montre où il se trouve. Les terrasses du haut sont couvertes des petites tiges épineuses. Elles semblent se plaire sous les arbres ou en bas d'un coteau. J'apprends à les poursuivre dans leurs cachettes, en sus des quelques renégats qui montrent leurs fanes au ciel. Les pointes sombres qui dépassent du sol sont souvent enfoncées sous les herbes mêlées. Une tige ici, une autre là. Les asperges ont dû prendre place très tôt dans la chaîne alimentaire. On aura beau les préparer avec un maximum de raffinement, celles des cultures conservent un aspect primitif que leurs cousines sauvages arborent plus ostensiblement. Certaines tiges ont la finesse d'un écheveau de laine, leur couleur varie du vert au violet. Et les épineux au milieu desquels la main doit trouver un chemin sont effilés comme des aiguilles. C'est un lent et dur travail.

J'en mets à cuire trente pointes qui accompagneront le poulet rôti, mais ni Ed ni moi n'apprécions le goût amérin, presque pharmaceutique. Puis, au marché, une curieuse femme, haute d'à peine un mètre vingt, présente ses asperges sauvages dans un cône de journal. Sortie tout droit d'un conte de fées, elle semble prête à dire : « Suivez-moi dans les bois, mes petits. » Mais elle répète en fait : « *Genuino, genuino.* » Les vraies. « Quinze mille *lire* » (environ neuf dollars). Le sentiment me vient que je ne reverrai pas cette Carabosse bien souvent au marché et je lui tends l'argent. Puis, juste pour profiter un peu plus de sa présence, je lui demande comment les préparer. Comme ma voisine, elle les émince pour en faire une *frittata.*

Ed goûte la *frittata* qu'il pare généreusement d'ail nouveau, mais le goût de l'asperge en disparaît presque. Seul le léger craquement de la tige osseuse nous rappelle sa présence.

Dans une rue d'Arezzo, je croise une autre de ces promeneuses des bois. Le mot *strega,* sorcière, me vient à l'esprit, ou celui de *conjurewomen,* gardiennes sudistes d'une sagesse ancestrale. Qui saurait résister ? Je prends encore quelques asperges. Un couteau à lame courbe, usée et effilée, est au fond du panier. Presque édentée, ma vendeuse est emmitouflée dans plusieurs chandails à la laine saupoudrée de brins de paille. Je demande : « Où en trouvez-vous autant ? » Elle se contente de poser un index sur ses lèvres – sa parole reste scellée. Elle s'éloigne en boitant et je remarque ses chaussures de course, toutes blanches. Puis elle se hisse au niveau des arcades qui longent le *corso,* où, assis à une table, des *businessmen* aux allures soignées se ruent sur ses asperges.

Je prépare en général les miennes au four – disposées sur une plaque avec un filet d'huile, sel et poivre. Le goût n'en est que meilleur. Hors de toute eau, elles gardent intacts leurs sucs et leur texture, sans se noyer ni, pire, mollir. Mais les asperges sauvages sortent du four dures comme de la corde, c'est pourquoi j'ai appris à les cuire très légèrement à la vapeur avant de les rouler dans l'huile d'olive. La qualité de celle-ci est cruciale : si je ne dispose pas de la meilleure sorte, j'utilise du beurre. À chaque bouchée, j'imagine la dame des forêts fourrager dans la campagne – ses collines secrètes par-dessus les vignobles, les années passées à suivre les mêmes rites, son pouce calé et sûr contre la lame courbe.

Je montre à Beppe, grand élagueur de vignes devant l'Éternel, les touffes d'asperges du jardin, et il s'en réjouit. Sectionne les branchettes courbes et sèches. « Comme ça – si on coupe tout en bas juste sous la terre, il y en aura plus l'année prochaine », explique-t-il. Il s'est penché en même temps, joignant le geste à la parole, mais découvre qu'un autre a déjà appliqué la recette. Les vieilles tiges ont été taillées en diagonale, certes pas arrachées. Notre mystérieuse fourrageuse. Ou quelque esprit demeurant en ces lieux au siècle passé qui se fend d'une visite au printemps ? Voire une âme avisée qui vend fleurs et asperges d'un même sac au marché ? Une femme aux lames courbées ? Beppe mord dans une asperge crue et m'en tend une seconde : un goût à aiguiser les dents. Je commence à apprécier ce régal de printemps.

J'ai été étonnée, lors de nos séjours hivernaux, de trouver une nourriture si franchement différente de celle que nous connaissons l'été, qui nous voit plus souvent. Et aujourd'hui, tandis que le printemps continue de s'ouvrir, chaque jour ou presque apporte un goût inconnu. Au *frutta e verdura*, je vois un panier plein d'un spectacle nouveau. Des kiwis nains, fripés ? Des noix en train de moisir ? Non, des *mandorline*, dit Matteo, une spécialité du val du Chiana, longue vallée qui s'étend au bas de Cortona. Matteo en croque une avant de me tendre le panier. Ah, amer *et* acide, je n'ai jamais rien goûté de tel. Je comprends aussitôt que je vais aimer cette nouvelle variété. Matteo les déguste entières, avec la peau duveteuse, lentement, savourant le moment où la coque cède. L'extérieur sauge cache une couche vert fluo, puis une seconde, jaune, avant l'enveloppe tendre, encore embryonnaire, douce et légèrement empreinte du goût de l'amande au centre.

En Californie, je cueille dans mon jardin des amandes sauvages, mais aucune d'entre elles ne semble correspondre vraiment à ces *mandorline*. Les coques durcissent. J'en brise une à l'aide d'une pierre pour goûter le fruit : trace de rose, nuance de pêche, et un arrière-goût pour me rappeler que l'acide cyanhydrique vient aussi des amandes – amères. Une fois mûres, elles gardent leur parfum intense, tandis que l'acidité se transforme en filet d'amertume.

Cette terre est un mystère pour moi. Au bout de sept années, je crois la connaître et soudain, voici que non. J'observe les bienfaits de la saison. Des rivières d'iris sauvages sont prêtes à prendre naissance le long des terrasses. Nous partageons celles-ci avec la fourrageuse, avec les porcs-épics qui se repaissent de rhizomes. Emblème de Florence, l'iris fut autrefois largement cultivé en Toscane pour ses racines qui, desséchées, offrent une senteur profonde et sensuelle de violette et de raisin. Improbable fleur sauvage. À San Francisco, j'achète à l'épicerie de petits bouquets de cinq fleurs, aux malingres boutons qui s'ouvrent difficilement. Ici, je suis presque effarée de les voir si nombreux, si volontaires, fleurissant dans un abandon de jeune femme alanguie.

Tandis que nous rentrons de notre promenade aux asperges, Beppe arrache une plante aux feuilles lisses et épaisses. « Faites bouillir. C'est bon pour le foie. »

– Ça s'appelle ?

– Du coup, je ne m'en souviens plus. Regardez. » Beppe me montre un genre de fougère volubile aux petites feuilles en forme d'éventail. « *Marroncello.* » Je n'ai aucune idée de ce que c'est. Le dictionnaire n'en dit rien. On essaiera – une autre vraie verdure de *primavera*.

Très tôt le matin, comme j'entends des voix qui montent de la route, je jette un coup d'œil à la fenêtre et j'aperçois trois femmes, cueilleuses-chasseuses, qui font de grands gestes en direction de notre jardin. Il me vient à l'esprit qu'elles ont dû repérer des pousses fraîches de quelque chose. Mais elles restent un long moment sur place et je ne vois rien bouger à flanc de colline. Elles finissent par repartir. Pendant que je m'habille, j'entends des freins crisser, puis un klaxon couiner deux fois. Le temps que je regarde au-dehors, et une Fiat bleue trace déjà sur la route. Nous partons aujourd'hui à Petroio, pays du pot artisanal de terracotta. Nous nous engageons le long de l'allée, et j'ai une curieuse impression. Nous apercevons un peu plus loin la route couverte de grosses pierres. Levons les yeux. La haute murette qui soutient la partie ombreuse du jardin s'est effondrée cette nuit, en laissant un trou de cinq mètres sur cinq, plus laid qu'un sourire édenté. Nous dégageons les pierres et montons regarder. Claires et si belles, les eaux vives du printemps qui jaillissent des collines ont détrempé la terre et miné la muraille. Fantômes de péchés qui reviennent nous troubler. Les entrepreneurs imbéciles que nous avions engagés pour rebâtir la terrasse principale il y a de cela six ans n'ont pas aménagé assez de rigoles d'écoulement. Notre longue table jaune d'extérieur penche dangereusement par-dessus l'affaissement.

Nous appelons Primo qui a notre confiance et nous rejoint aussitôt. « *Ma*, hausse-t-il les épaules, les murs tombent. » Il rentre dans la maison et appelle son équipe.

Comme nous ne voyons rien d'autre à faire, nous nous mettons en route pour Petroio, dans la province de Sienne. Nous avons l'intention d'acheter de grandes jarres de terre cuite pour garnir les terrasses – celles qui sont restées debout. Nous nous faufilons dans la ville médiévale haut perchée à la recherche d'abord de quelque chose à boire, mais tout est fermé et la voiture peine à se glisser dans les ruelles les plus étroites que nous ayons jamais vues. Juste en bordure de la ville se trouvent plusieurs *fabbricanti*, et des centaines de pots de toutes dimensions. J'en aperçois un grand comme un jacuzzi californien. L'artisan que nous choisissons fait tout à la main. Nous en avons acheté déjà, fabriqués en usine, qui sont également beaux. Un homme rougeaud, de la couleur de ses pots, se présente, l'air perplexe. Nous demandons à regarder et il nous explique qu'il ne vend qu'aux grossistes. Par chance, il aime parler terra-cotta et nous emmène à l'entrepôt au-dessus des fours, où la chaleur est celle d'un bon sauna. Les jarres à huile d'olive, de toutes les tailles, sont vernissées à l'intérieur. Il y a aussi des pots de culture, des colonnes de jardin, des cadrans solaires, des urnes antiques et des amphores. Des jardinières de toutes les formes connues ou inconnues sont empilées sur plusieurs rangées. Elles sont faites à la main, leurs bords sont arrondis, et leur couleur miellée a quelque chose de vivant, de chaleureux – ici et là, une empreinte de doigt. L'homme nous montre les initiales ou la signature du potier sur le fond.

Il se penche pour déplacer un pot, ses lunettes glissent de sa poche et tombent par terre. Un verre se détache de la monture mais ne se brise pas. Nous voici agenouillés dans la fine poussière argileuse à la recherche d'une minuscule vis. Nous abandonnons, l'homme et moi, mais Ed s'entête et finit par la retrouver, tapie dans l'ombre. Le potier remet la vis en place avec l'ongle du petit doigt et les lunettes sont réparées. Nous le remercions pour son temps et nous préparons à partir.

« Attendez, combien il vous en faut ? demande-t-il.

– Oh, juste quelques-uns – c'est pour les fleurs, à la maison.

– Vous ne les revendez pas ?

– Non. On en veut deux ou trois, c'est tout.

– Bon. C'est que... je n'ai pas le droit. Mais deux ou trois, il n'y a pas de mal ? » Il nous montre les tarifs et nous dit de déduire quarante pour cent. Nous choisissons une troisième urne pour la murette, et trois grands pots, tous ornés de guirlandes et de rainures. Au moment de payer, nous découvrons que nous n'avons pas tout à fait assez. Le potier affirme qu'il y a un Bancomat en ville et nous repartons dans les rues tortueuses, en laissant cette fois la voiture au parking. Petroio veut dire « grande villa », mais la bourgade est à peine plus étendue qu'une vaste forteresse. Personne nulle part. Nous parcourons la petite ville d'un bout à l'autre sans voir aucune banque. L'église la plus ancienne, San Giorgio, est entièrement fermée. Nous repérons un homme en train de promener son chien, qui nous escorte vers un pas de porte que nous n'aurions jamais trouvé. Pas la moindre pancarte et le Bancomat est caché dans un genre de placard.

Nous revenons chez le potier, qui nous aide à charger nos achats dans la voiture. En route, je passe la main sous le siège pour dénicher la carte. « Nous sommes tout près d'Abbadia a Sicille, qui était censé fournir le gîte et le couvert aux pèlerins qui cheminaient vers la Terre sainte. Il y a une croix de Malte encastrée dans un mur, avec l'emblème des Templiers, et...

– Et on oublie le nôtre, de mur ? » m'interrompt Ed. Pas besoin de répondre.

Les gars de Primo sont en train de charger l'Ape (se prononce A-P et veut dire abeille), un véhicule bien commode qui ressemble à un scooter fermé remorquant une plateforme. Ils ont proprement empilé pierres éboulées et sacs de ciment. Une première rangée en bas est déjà en place, avec de grands blocs munis d'ouvertures triangulaires qui laisseront passer l'eau. Tout en haut, nous remarquons qu'ils ont creusé des tranchées et posé des canalisations qui courent du bas de la colline jusqu'aux terrasses. Je désigne le sol de mes deux index pointés. « Que cela n'arrive plus ici. Jamais. » Éloquent geste muet.

Les ruisselets, maintenant canalisés, se jettent en petites cascades le long des bords. Nous nous enfonçons jusqu'aux chevilles. « *Tutto bagnato* », dit Primo – tout trempé. Les passants s'arrêtent et contemplent le désastre. Une femme nous apprend qu'il y a bien des années une petite fille est tombée dans le puits, où elle s'est noyée, et qu'on l'entend crier, la nuit, dans la maison. Troublant, dérangeant. « C'est pour cela que la villa est restée inhabitée trente ans. J'avais peur de venir par là, la nuit, quand j'étais petite. »

– On n'a jamais entendu de cris », répond Ed.

J'aurais préféré qu'elle ne dise rien. Je suis sûre que je prêterai l'oreille, maintenant, dès que je me retrouverai seule.

Elle nous quitte et Primo commente : « Les maisons ont toutes leurs fantômes. » Il hausse les épaules, les deux paumes ouvertes. « Mais ils ne sont pas dangereux. C'est à l'eau qu'il faut penser. »

    Je me réveille la nuit, cependant tout est calme, à l'exception de nos petits Niagara qui se déversent dans le fossé.

SFUSO : VIN EN VRAC

G*ita*, un de mes mots préférés : une balade. Je m'attendais ce matin à voir Ed prendre le chemin des terrasses d'oliviers, son sarcloir à la main. Mais je le trouve le nez dans l'*Atlas vinicole d'Italie*, qu'il consulte souvent au petit déjeuner, pour me dire bientôt : « On va à Montepulciano. On n'a plus beaucoup de vin.
– Parfait. Je veux passer chez le pépiniériste pour acheter du statice à planter sous le noisetier. Et on prendra de la ricotta fraîche dans une ferme quelque part. »
C'est bien pour cela que nous habitons ici, non ? Au cours de nos longs travaux de restauration, j'ai pensé par moments n'être venue en Italie que pour arracher le lierre et repeindre les portes. Aujourd'hui, enfin, le gros œuvre est terminé, et la maison – je ne dirais pas finie, car les vieilles demeures ne le sont jamais – ressemble à une vraie maison.
Nous allons donc nous réapprovisionner en *sfuso*, au litre. Bien des viticulteurs produisent un vin de table à usage domestique, pour les amis et les clients locaux. La plupart des Toscans ne boivent pas de vin en bouteille chaque jour ; soit ils le font eux-mêmes, soit ils connaissent quelqu'un, soit encore ils prennent du *sfuso*. Prévoyant, Ed lave notre énorme dame-jeanne et le récipient chromé d'acier inoxydable au robinet rouge, une innovation qui menace d'éteindre la tradition dame-jeanne.
Une fois celle-ci remplie, pour que le vin ne s'oxyde pas, nous avons appris à verser une rasade d'huile d'olive par-

dessus, qui forme un joint, avant d'enfoncer un bouchon de la taille du poignet. Notre moderne « bonbonne » est dotée d'un couvercle plat, lui aussi inoxydable, qui flotte à la surface du vin. On verse un léger filet d'une huile insipide dans le mince espace qui se trouve entre le couvercle et les bords, puis on ferme le tout sous un autre couvercle. Lorsqu'on ouvre le petit robinet en bas pour remplir son pichet, le couvercle mobile descend avec le vin, et le joint reste intact.

Les familles qui disposent de sept ou huit dames-jeannes conservent en général celles-ci dans une pièce fraîche, la *cantina*, réservée à cet effet, et ne les débouchent qu'au fur et à mesure. Nous avons fait de même, hissant nos dames-jeannes sur la table avant de les incliner pour remplir à l'entonnoir une douzaine de vieilles bouteilles, puis assurer leur étanchéité avec de l'huile d'olive. Nous sommes passés maîtres dans l'art de jeter l'huile d'un geste sec en ouvrant la bouteille. Quelques gouttes, pourtant, demeurent toujours à la surface. J'ai déjà relégué deux de nos dames-jeannes à un usage ornemental dans le coin de certaines pièces. Nous les avions trouvées toutes trois abandonnées sous le conteneur de recyclage ; d'autres en auront eu assez. Mais comment ont-ils pu se résoudre à s'en débarrasser ? J'aime leurs formes généreuses, rondes, féminines, et le verre vert où quelques bulles d'air sont restées enfermées. Nous les avons nettoyées à la lavette et acheté des bouchons neufs. Je me risque : « Tu veux vraiment qu'on continue à se servir de la troisième ?

– Non, tu as raison. Mais ne dis rien. » Ed parle, évidemment, d'Anselmo, Beppe et Francesco qui traitent avec mépris toute nouveauté en matière d'olives ou de vin. Nous installons dans le coffre deux grands cubitainers de vingt litres chacun – ils sont pratiques pour le transport, mais il faut transférer leur contenu sitôt rentré, faute de quoi le vin peut rapidement prendre un petit goût de plastique.

Le tourisme, c'est fantastique. Guide et appareil photo dans mon sac, la bouteille d'eau dans la voiture, une carte étendue sur les genoux – quoi de plus agréable ?

La route de Cortona à Montepulciano, l'une de mes préférées, parcourt les oliveraies en terrasses, les lumineuses et ondoyantes collines aux meules de foin d'or qui éclatent dans l'été. Maintenant au printemps, elles sont d'un vert luisant d'herbes et de cultures. Je vois presque déjà les champs de juillet fleuris de *girasoli*, tournesols géants, chœur d'allégresse des moissons. Les agneaux sont de sortie aujourd'hui. Les nouveau-nés semblent égarés sur leurs pattes hésitantes, et les aînés gambadent sous les pis de leurs mères. C'est le paysage de campagne le plus doux que je connaisse. Seuls quelques inévitables relents de porcherie me rappellent que ce n'est pas tout à fait le paradis. Dans les pentes ombreuses des collines, les troupeaux blancs dorment en masses ébouriffées. Champs de blé, vergers, oliveraies, parfaitement entretenus, se laissent peu à peu gagner par les vignobles du *vino nobile* de Montepulciano.

Chianti, brunello et *vino nobile*, les trois grands vins de Toscane, ont en commun un goût caractéristique, plein et essentiel. Au-delà de quoi, les Toscans sont capables de discuter nuances et demi-teintes jusqu'au milieu de la nuit. J'aime le goût de tous ces vins, souvent même je l'adore. Le nom du cépage, *sangiovese*, suggère que leur production ne date pas d'hier ; l'étymologie est latine, *sanguis* signifiant sang, et le suffixe vient de *Jove*, Jupiter – le sang du dieu. La variété locale de *sangiovese* porte le nom de « Prugnolo Gentile », douces petites prunes.

Nous nous engageons dans une longue allée aux imposants cyprès bordant une *strada bianca*, route blanche sous sa galerie d'arbres. Roulons sous une série d'éclairs vert clair qui obliquent entre les branchages. Ed hoche silencieusement la tête lorsque je récite un vers d'Octavio Paz qui me revient en mémoire : « La lumière est le temps pensant à lui-même. » Cela me paraît vrai d'un certain point de vue, incertain par ailleurs. Les vignobles d'Avignonesi cernent l'une de ces sublimes propriétés qui m'envoient rêver une autre vie dans un autre temps. Villa, chapelle privée et nobles dépendances. Portant en 1780 une robe de lin épais, je parcours le jardin, pichet blanc dans une main, dans l'autre un anneau de lourdes clefs de fer. Qu'importe si je fus *contessa* de cette *fattoria* ou simple domestique, je vois quand même mes pas briller dans le passé, et les pierres dessiner mon ombre.

Paolo Trappolini, le viticulteur d'Avignonesi, est un homme d'une formidable élégance qui ressemble à un portrait de Raphaël. Il parle des expériences qu'il mène dans ses vignobles. « J'ai parcouru la Toscane à la recherche des vieux cépages menacés d'extinction et j'en ai sauvé quelques-uns. » Nous partons dans les vignes où il nous montre de nouvelles griffes, très denses, plantées en *settonce*. Il s'agit d'une méthode latine, selon laquelle un cep prend place au milieu de l'hexagone formé par d'autres espèces. Il nous montre, en haut de la colline, un second dessin, en spirale. C'est la *vigna tonda,* le « vignoble circulaire ». « C'est encore une expérience : on teste plusieurs densités de plants et on vérifie les effets sur la qualité, et la quantité du vin. » Il nous conduit ensuite dans ses chais, dont les murs sont couverts par endroits d'une épaisse moisissure grise. La pièce réservée au *vin santo* dégage une odeur hallucinante de bois et de fumé.

Avignonesi produit de nombreux vins fins que l'on peut déguster ici ou, en plein centre de Montepulciano, au *palazzo* qui porte son nom. Ed aime particulièrement leur *vin santo,* vin doux léger au goût de noisette que l'on sirote après le dîner avec les *biscotti*. Dans les maisons, à toute heure chez les gens, on vous propose ce *vin santo* – ou on vous force à le boire. Il vous attend dans les armoires, et vous devez accepter parce qu'il est fait maison. Celui d'Avignonesi, particulier, est l'un des meilleurs d'Italie. Nous ne pouvons en prendre qu'une bouteille ; il est produit en quantité limitée et il n'y en a déjà plus. On nous a offert un jour deux bouteilles vénérables de *vin santo,* l'un datant de 1953, l'autre un Ricasoli de 1962, achetées à New York et aujourd'hui rendues à leurs origines. Anselmo nous a donné une bouteille du sien. Nous inviterons nos amis à déguster le précieux avignonesi, par une nuit d'été après un grand festin.

Ensuite à Tenuta Trerose. L'ensemble de ces vignobles est planté de manière traditionnelle, par rangées étayées, pourtant une grande parcelle semble couverte de tonnelles basses, comme aux temps des Étrusques. Les bureaux sont installés dans un bâtiment moderne, derrière une villa au milieu des cyprès. Un jeune homme, surpris de trouver des visiteurs, nous donne la liste des prix et nous fait déguster ses vins dans une salle de réunion. Ed, qui a consulté le plus récent *Vini d'Italia*, son fidèle guide annuel, sélectionne un chardonnay salterio et une caisse de différents rouges. Nous suivons notre hôte le long d'une passerelle surélevée dans l'entrepôt rempli de grandes cuves d'acier, de quelques fûts de chêne, et d'innombrables caisses de vin. Il crie et une femme, surgissant entre les caisses, se met à remplir les nôtres en bondissant, gracieuse comme un lynx, de pile en pile. Agrémentés de nombreux sourires et *arrivedercis*, nos merveilleux cartons valent environ quarante dollars chacun.

De discrètes pancartes jaunes indiquent le chemin des différents vignobles – Palazzo Vecchio, Tenuta Lodola Nuova, Vecchia Cantina, La Calonica, Nottola. Nous en reconnaissons les noms après tant de bouteilles ouvertes de ces nobles nectars. Nous prenons la route de Poliziano pour acheter notre *sfuso*. Ed fait signe à quelqu'un, dans un champ, et l'homme nous retrouve dans ses chais. « La meilleure année de la décennie », dit-il en posant deux verres pour nous sur une pile de caisses. Même à onze heures du matin, le rouge sanguin du vin, la fine touche de fraise dans le goût et, voyons, oui, presque une senteur de mimosa, sont délicieux. Nous avons trouvé notre vin de table. Notre hôte remplit nos cubis à l'aide d'un tuyau relié à une énorme cuve. La loi l'oblige à les cacheter et à entrer nos noms dans son ordinateur. Ce dernier les reconnaît et notre homme voit que nous sommes déjà venus. « Ils aiment bien nos vins, les Américains, non ? » et nous répondons oui, au nom de tous nos compatriotes. Ed cale les cubis derrière les sièges, et il nous reste à espérer que les secousses et les pavés ne nous vaudront pas de fuites.

Serpentine, Montepulciano paraît suivre les méandres d'un fleuve, alors qu'en réalité la ville s'étend au-dessus d'une longue arête. Entre deux arcades, Henry James a donné son point de vue « d'un imposant bateau aux mâts trop nombreux, gonflé, chargé, battu par une mer violette ». Les bourgs des collines toscanes donnent souvent cette impression d'un immense navire naviguant sur la plaine.

Sur le toit de Sant'Agostino, une *pulcinella* de fer, qui depuis le XVIIe marque ainsi chaque heure, vient de frapper l'horloge avec son marteau. La rue qui mène au *centro storico*, centre historique, se détache de l'artère commerçante principale, de sorte que la *piazza* reste assez éloignée du remue-ménage quotidien. La façade inachevée de l'église, massive, ajoute au sentiment d'abandon. Un chien de berger sur les marches sera l'individu le plus alerte de la *piazza*. Nous ne rentrons pas cette fois à l'intérieur mais, en longeant l'édifice, j'imagine le polyptyque de Taddeo di Bartolo au-dessus de l'autel, où l'on voit Marie en train de mourir sur le premier panneau, puis entourée de charmants angelots qui l'escortent vers le ciel, tandis qu'à terre les apôtres pleurent sa disparition. Des chaises en plastique blanc sont penchées sur les tables dans un coin de la *piazza*. La place, grande et majestueuse, est tout à nous. Nous jetons un coup d'œil dans le puits sans fond, gardé par ses deux lions de fer et ses deux hippogriffes. Cela devait être agréable de retrouver ses amis au puits en remplissant une jarre d'eau pure.

Plusieurs viticulteurs ont des salles de dégustation à l'intérieur des beaux *palazzi*. Chez Poliziano se trouve un portrait du poète de la Renaissance à qui le vignoble doit son nom. Cette dame qui nous sert de généreux verres recommande vivement deux de leurs vins de réserve, et elle a raison. Trois de leurs crus portent les titres de poèmes de Poliziano : Le Stanze, Ambrae, et Elegia. Stances et élégie ne nous posent pas de problème, mais que veut dire « *ambrae* », le nom de leur vin blanc ? La dame s'interrompt, puis dodeline du chef en essayant de penser à un synonyme facile à comprendre. Elle finit par agiter les mains en souriant, « *Solo ambrae, ambrae* », et son geste indique tout ce qui se trouve autour. Atmosphère est ce que je peux trouver de mieux. Nous prenons plusieurs *reserve* et les vins du poète.

Poliziano a eu beaucoup de succès à Montepulciano. Un

bar de la rue principale porte également son nom, bien que le décor soit purement XIXe siècle. Après le comptoir courbe de marbre se trouvent deux salles aux boiseries sombres, aux tapisseries de style William Morris, dotées de banquettes capitonnées et de petites tables en bois assorti – un salon de thé victorien, à l'italienne. Les deux salles donnent au-dehors, derrière les balcons de fleurs et de fer forgé. Un sandwich, un café, et nous reprenons la voiture. Le jour file rapidement. Je m'arrête une seconde dans une église dont je me rappelle l'intérieur, la Chiesa di Gesù, avec son petit dôme en trompe-l'œil, représentant un escalier qui s'élève autour d'un autre dôme. La perspective n'est exacte que si on la regarde depuis le grand portail, en se plaçant au milieu. Faute de quoi, tout est de guingois.

Le pépiniériste a emprunté son nom à l'imposante église San Biagio, que nous longeons brièvement pour acheter vite de la dentelaire avant la fermeture. San Biagio est l'un des édifices que je préfère au monde, située comme elle l'est au bout d'une allée de cyprès, pour la chaleur aussi de sa pierre dorée qui rayonne au soleil des fins d'après-midi, projetant une douceur colorée sur les têtes des passants levées vers ses pans austères. Si vous vous asseyez sur l'une des longues marches qui cernent l'édifice, la lumière vient vers vous, mais elle semble également rebondir sur la pierre et chauffer votre dos. Faire le tour du bâtiment, dans le halo imaginaire qui le baigne, me donne un sentiment de bien-être. Puis nous le contournons, suivant la route sinueuse qui descend par-dessous, et voyons San Biagio évoluer d'angle en angle.

Nous trouvons un bougainvillée abricot pour remplacer celui qui a gelé, deux statices qui promettent des grappes d'un bleu tendre sous les arbres, et une nouvelle rose grimpante, nommée Pierre de Ronsard, pour une des murettes. Un poète français en voiture avec Poliziano.

« Ah non. » Ed frappe le volant du poing.

« Quoi ?

– On a oublié la ricotta. » Les fermes à ovins se trouvent près de Pienza, des kilomètres plus loin.

Les odeurs des plantes et du vin qui clapote se mêlent

dans la voiture, mais aussi celle, profonde et herbeuse, de l'averse printanière qui se précipite alors que nous reprenons la route de Cortona.
Ambrae ne figure pas dans mon dictionnaire. En prévision du dîner, nous nous sommes arrêtés à la *rosticceria* prendre ces *gnocchi* divins à la farine de semoule. J'ai fait une salade. Ed a sorti d'une caisse l'ambrae de Montepulciano qu'il examine à la lumière. J'en déguste une gorgée – peut-être est-ce bien mon *atmosphère*, saveur probable de la rosée sur le lilas et les feuilles de chêne. *Le vin est la lumière, réunis par l'eau.* J'aurais bien aimé le dire, mais bon, c'est de Galilée.

À LA RECHERCHE DU PRINTEMPS : LES PALMIERS DE SICILE

Palerme : je ne suis pas descendue d'avion depuis cinq minutes qu'un *arancino* en main, je suis prête à goûter ce snack typique des Siciliens. Ed est parti chercher le bureau du loueur de voitures et je me suis dirigée tout droit vers le bar au milieu de l'aéroport. Et c'est là : une bonne rangée de boulettes de *risotto*, frites et faites pour rappeler la taille, la forme des oranges. Je demande : « Qu'y a-t-il à l'intérieur ? »

Un Sicilien aux yeux de ce terrible noir, sans fond comme-un-puits-sous-la-terre, me montre du doigt les beignets ronds : « *Ragù, signora.* » Puis les autres, ovales : « *Besciamella e prosciutto.* » Ses yeux me fascinent autant que ses *arancini*. Traversant l'aéroport, j'ai remarqué les mêmes yeux enfoncés, masqués, byzantins, pleins d'histoire. Au bar, tout en croquant le craquant savoureux du riz, j'observe le défilé de ces Italiens si intensément italiens. Femmes aux monceaux de boucles sombres ondulant en cascades, hommes effilés paraissant glisser sans marcher. Petites filles aux rivières elles aussi de boucles miniatures, et vieux parents courbés d'un travail échinant, leur chapeau à la main. Des foules surgissent en scandant la bienvenue à d'autres Siciliens, le pied à peine posé sur le sol, sans doute juste partis quelques jours si l'on en juge par leurs maigres sacs de voyage. Ed revient, les clefs à la main. Il règle son compte à un *arancino* en commandant

un *espresso*. Prend un air ahuri quand le café arrive, rikiki, avec sa couche d'épaisse *crema*. Il goûte et s'envole.
  Le garçon remarque sa surprise. Il mesure un mètre soixante environ et lève les yeux vers Ed, qui affiche trente centimètres de plus. « Plus vous allez au sud, *signore*, plus il est fort et moins il y en a. »
  Ed rit : « *E fantastico.* » Puis il tire notre unique sac sur ses roulettes et quitte le garage sur d'autres enjoliveurs.
  Sur la route côtière vers Palerme, nous entrevoyons la mer et diverses constructions cubiques de style nord-africain dans le paysage rocheux. À peine entrés dans la ville, nous sommes noyés dans le flot sauvage des voitures, un vrai rallye, si pressant qu'il nous est impossible de nous repérer. Les marques s'évanouissent sur le bitume, le nom des avenues change sans arrêt, nous tournons et retournons dans un labyrinthe de sens uniques. « C'est plus fort et toujours plus vite, qu'il aurait dû dire, le *barista*, tout à l'heure », crie Ed. Au prochain carrefour, il baisse sa vitre et s'adresse désespérément à un homme qui, le feu passant bientôt au vert, fait rugir le moteur de sa moto. « *Per favore*, vous connaissez l'hôtel Villa Igiea ?
  – Suivez-moi », crie l'homme qui démarre aussitôt et part slalomer entre les voitures, regardant de temps à autre derrière lui pour vérifier que nous sommes toujours là. Il faut croire qu'on arrive à le suivre. Ed semble tiré par un aimant, comme malgré lui. Traçant le long des rues comme sur une autoroute, les voitures se suivent de près. Devant, derrière, à gauche, à droite, nous restons à cinq centimètres des autres véhicules, tous minuscules. Si quelqu'un devait freiner, cent voitures s'entasseraient les unes sur les autres. Mais personne ne freine jamais. Arrivé à une intersection, le motocycliste indique la gauche puis fait au revoir d'une main. Il part, lui, sur sa droite en se penchant si bas que son oreille touche presque le sol. Nous voilà lancés sur le rond-point, à tournoyer comme un ballon, avant de nous retrouver délestés dans une rue tranquille. L'hôtel est là. Nous nous faufilons dans le parking et éteignons le moteur.
  « On ne met plus les pieds dans cette voiture jusqu'au jour du départ. Je n'ai jamais vu pire.
  – Ah oui, d'accord », fait Ed. Il a encore les mains agrip-

pées au volant. « On n'aura qu'à prendre des taxis. Tout le temps. Ils ne conduisent pas ici, c'est plutôt un lâcher de taureaux. » Nous prenons le sac et fermons la Fiat, sans la moindre envie de seulement la regarder avant de quitter l'endroit.

Puisque, selon le gérant, nous avons droit à « la plus belle chambre de Palerme », je suis toute prête à remplir la baignoire de sels moussants, à prendre de l'eau fraîche dans le mini-bar, et à récupérer. Comme le temps s'est mis à nous faire la grimace en Toscane, nous avons décidé d'aller chercher le printemps au sud. Les journées délicieuses de début mars se sont transformées en orages et une pluie glaciale s'est abattue sur les fenêtres. Primo, qui a réussi à contenir le terrain glissant derrière la murette, a confié à ses hommes des tâches d'intérieur jusqu'à ce que le sol redevienne sec. Nous étions avec Ed en train de griller devant la cheminée, lorsque celui-ci lança : « Je parie qu'il fait déjà chaud en Sicile. Ça serait sympa de s'envoler, non ? – demain, par exemple ? »
J'ai relevé les yeux de mon livre. « Demain ?
– C'est tout près, vraiment. On va à Florence et on prend l'avion, il y en a pour trois heures, porte à porte. C'est comme San Francisco-Seattle.
– Je ne suis jamais allée à Seattle.
– Qu'importe. On verra ça une autre fois. Mais la météo annonce de la pluie toute la semaine, ici. Et regarde en Sicile, il y a du soleil partout. » Il m'a tendu le journal sur la page météo : de petits traits obliques couvraient le centre de l'Italie, tandis que l'île était ornée de visages souriants stylisés en jaune.
« Mais Palerme me fait peur. Suppose qu'on se trouve dans la ligne de tir des tueurs de la mafia au milieu d'un enterrement, on finira à la une des journaux.
– On n'ira pas aux enterrements. On ne connaît personne, de toute façon, là-bas. La mafia n'a rien à faire de nous.
– Bon. » J'ai dû réfléchir quinze secondes. « Les valises. »

Le lendemain – la pièce en angle est dotée de quatre immenses portes-fenêtres ouvrant sur un balcon. Senteurs de l'air, palmiers, et la mer bleue, bleue, bleue. Grandioses plafonds de six mètres qui ne déparent pas le mobilier Napoléon. Parquets carrelés, grand lit traîneau, chambre fabuleuse, radicalement différente de celle que l'on nous avait donnée initialement dans une autre aile du bâtiment. Elle était d'une obscurité déprimante, et je n'aurais jamais posé un pied nu sur ses tapis. L'employé ouvrit les volets et la fenêtre donnait sur un mur. J'ai dit : « Et les palmiers ? »

Il convint : « On n'en voit pas, d'ici. »

Je déteste me plaindre, Ed encore plus que moi, mais au bout d'une heure nous sommes descendus et avons demandé le directeur. « Notre chambre n'est pas belle. Dans un hôtel de cette classe, je m'attendais à... Il n'y en a pas d'autres ? On a envie de voir les palmiers. »

Il fit la grimace en regardant le numéro de la chambre. Puis dit : « Venez avec moi. » Il nous guida sur plusieurs kilomètres de couloirs marbrés avant d'arriver ici. Il ouvrit rideaux et fenêtres, et la lumière maritime vint rebondir dans la pièce. « *Ecco, signori, Palermo !* » Il nous montra ensuite un salon octogonal aux grands fauteuils dorés dignes d'une salle de bal, comme s'il était prévu qu'un orchestre de chambre nous berce pendant le sommeil.

Et j'ai dit : « Là, je suis bien. »

Le taxi ne tarde pas et se lance au milieu des autos tamponneuses. Oui, nous dit le chauffeur, c'est toujours comme ça. Non, il n'y a pas beaucoup d'accidents. Comment ça se fait ? Il hausse les épaules, les gens ont l'habitude. Nous nous calons sur la banquette, et il a raison, nous commençons à sentir les cadences effrénées de la conduite palermitaine. Les chauffeurs ont l'air sur le qui-vive, comme prêts à s'engager dans un sport de contact. Le nôtre nous laisse près d'une esplanade fermée à la circulation. Maintenant échappés du chaos des rues, nous voici accueillis par le parfum des fleurs. Les marchands ambulants vendent des freesias de toutes les couleurs de Pâques, violets, jaunes et blancs.

Pas les bouquets chétifs que je trouve aux États-Unis, mais de pleines brassées enveloppées d'un papier aluminium rose retenu par de longs rubans.

Nous ne voulons pas perdre de temps à déjeuner et essayons les *sfincione*, pizzas garnies de grandes miettes de pain, puis repartons – palmiers, grandes tablées en terrasses, petites boutiques pleines de sacs et de chaussures de luxe, garçons aux plateaux levés garnis de pâtisseries et d'express. Les pâtisseries ! Les cafés en proposent une variété étonnante. Nous sommes habitués à celles de la Toscane, sèches ; elles sont ici couvertes de crème. Une femme décore sa vitrine d'ananas, bananes, figues de Barbarie, citrons et cerises de massepain, tous réalistes. Et, Pâques approchant, d'agneaux entiers à la laine bouclée et sucrée. À l'intérieur, les présentoirs regorgent de gâteaux aux amandes, tartelettes aux fraises des bois, *biscotti* et, bien sûr, *cannoli*, mais de toutes les tailles imaginables – minuscules comme le pouce ou gros comme un gigot. Deux boulangers se sont arrêtés à la porte du fournil et les clients reculent tandis que les premiers sortent avec précaution. Ils apportent un arbre de presque un mètre, fait de petits *cannoli*, pyramide inflexible ressemblant aux *croquembouches* français de Noël. Les *sfince*, beignets de riz fourrés de ricotta, de cannelle, d'oranges ou de fraises confites, sont préparés en l'honneur de San Giuseppe, dont la fête, *onomastico*, tombe le 19 mars. C'est également en Italie celle des pères.

Les *sorbetti* – pistache, citron, melon, cannelle, jasmin, amandes, en sus des fruits courants – luisent dans les frigidaires. La plupart des enfants semblent préférer les *gelati*, qu'on ne vend pas en cônes, mais insérés dans une brioche. La vue d'un gâteau aux amandes est presque un délice en soi, pourtant nous préférons partager un de ces *cannoli* craquants, fourré de chocolat et d'une crème à la ricotta importée du paradis. Pas de quoi se damner : nous passons le reste de l'après-midi à marcher.

Le premier jour d'un séjour quelque part, il est bon d'aller sans but, d'absorber couleurs, textures et odeurs, de voir qui vit là, de découvrir le rythme quotidien. On jouera les touristes plus tard, en prenant garde de ne pas rater ce qui est digne d'être vu. Déjà étourdis par notre irruption dans Palerme, par l'avion, l'*espresso* sicilien, et le jour éclatant, nous partons au hasard des rues attrayantes, prêts à rebrousser chemin s'il prend un air malsain. Il y a des palmiers partout. J'aimerais pouvoir en ramener un à Bramasole et remplacer celui que les gelées de décembre ont probablement tué. Symboles bien-aimés des climats tropicaux, ils me rappellent aussi l'image de Wallace Stevens : « Palmes comme une main tout au bout de l'esprit. » Imaginer l'esprit en son extrémité sans qu'il ne se termine par un mur tout blanc, par un barrage forcé, ou par un abysse, mais par un grand palmier se balançant au vent ressemble pour moi au bonheur.

Nous découvrons un jardin botanique, poussiéreux et vide, à l'exception de ses cactus, caroubiers, mûriers, agaves et arbustes aux feuilles évasées, primitives. Le palmier semble indigène, mais il fut amené par les Arabes au IXe siècle, avec leurs fontaines, leurs épices, leurs arabesques, crèmes glacées, mosaïques et coupoles. Palmiers et coupoles – dorées, grenade, eau, vert-de-gris – caractérisent Palerme. Audacieux d'avoir couvert les cinq dômes de San Giovanni degli Eremiti d'un rouge brûlé. À l'intérieur, les agrumes et le jasmin en fleur baignent de leur parfum un cloître et son jardin, havre secret à l'abri des rues torturées.

Nous voyons sur le plan que le Palazzo dei Normanni se trouve à proximité, et décidons d'aller aujourd'hui à la célèbre Cappella Palatina. D'après le guide, les mosaïques auraient pour thème le Saint-Esprit et la théologie de la lumière. Ce qui m'intrigue, puisque les deux concepts me paraissent identiques.

Construit à l'origine par ces industrieux Arabes du IXe siècle, le palais a été agrandi au XIIe par les Normands qui en ont fait la résidence de leurs rois. D'ultérieurs occupants et monarques ont laissé leurs propres influences et aujourd'hui les styles se chevauchent à tel point que cette architecture ne se définit que par elle. Les Grecs byzantins ont mis la main aux premières mosaïques au XIIe siècle – *tessera* après *tessera*, cela a dû leur prendre une éternité ; tous les récits bibliques jamais entendus ou rapportés scintillent dans cette salle. Les sols aussi sont garnis de mosaïques ou incrustés de marbres aux motifs orientaux. Le Saint-Esprit et la théologie de la lumière ne sont qu'un aspect parmi d'autres. Il y a tant à voir. Comme Palerme – le moindre centimètre carré fourmille de vie. J'aime ce mot : *tessera* – tesselle. Il semble briller lui-même d'argent et d'or. Il y a toute la saga d'Adam et Ève, le déluge, Jacob aux prises avec l'ange puis, dans l'abside et le dôme, le Christ. Dans le second il est entouré d'anges dessinés en perspective, aux vêtements bien détaillés. Dans l'abside, il donne la bénédiction. Les deux mosaïques le représentent avec de très longs doigts. Je reste un bon moment à observer sa main droite à l'aide de mes jumelles de théâtre. Ce n'est qu'une toute petite scène dans la chapelle plus grande – la main est levée, le pouce joint à l'annulaire, les trois autres doigts raides, tous peints avec délicatesse et nuances de teintes. Le soleil de la fin d'après-midi filtre faiblement sur les murs, mais l'or autour de la scène chante d'une lumière ambre et cuivre.

Le reste du Palazzo est fermé. Nous revenons vers le centre de Palerme et longeons des terrains jonchés de décombres, restés dans cet état depuis les bombardements de la Deuxième Guerre. Nous regardons les vitrines des boutiques qui vendent un immonde bric-à-brac, et évitons les trottoirs bondés et les vendeurs de beignets de pois chiches. Les gens font des courses de dernière minute avant le dîner. Tout à leurs occupations, silencieux, ils ont un air renfermé, souvent las. Lorsqu'ils rencontrent une connaissance, leurs visages prennent les plus vives expressions. Dans le taxi qui nous ramène à l'hôtel, nous remarquons à peine le trafic quasi mortel.

Le réceptionniste s'oppose successivement à ce que nous allions dans les deux premiers restaurants que Ed a sélectionnés pour dîner. Trop dangereux, dit-il, en passant l'index sous le menton. Il se munit d'un feutre et raye des quartiers entiers sur notre plan. « Et celui-là ? » demande Ed, en indiquant un restaurant que notre guide recommande vive-

ment, au nom imprononçable de N'grasciata. « Et qu'est-ce que cela veut dire ?
— Dans le dialecte local, cela signifie "sale", mais ne vous inquiétez pas, c'est une façon de parler. »
De parler de quoi ? pensé-je. Sale, c'est sale. « Vous le conseillez aussi ?
— *Si*, vraiment typique. Ils pêchent leur poisson eux-mêmes. Vous ne verrez pas de touristes, là-bas. Je les appelle, ils vous attendront. »

On nous pose devant un endroit tout simple dont l'intérieur l'est encore plus. Pas de nappes, un poste de télévision quelque part, pas de décorations, pas de menu, une lumière crue et le grésillement des insectes piégés par l'appareil électrique. Le garçon commence à amener les plats. Je raffole des *panelli*, beignets de pois chiches, et des artichauts frits. Puis viennent des pâtes au *pomorolo*, sauce tomate obtenue par décoction, et petits poulpes. Ces derniers ne sont pas tout à fait à mon goût. Je mâche et remâche. Le plat revient et Ed en reprend. On nous présente ensuite d'autres pâtes, des *bucatini* aux sardines, raisins secs et fenouil. Arrive maintenant l'*orata* grillée, que mon dictionnaire traduit par « tête dorée », entourée de *frutta di mare* frits — différents poissons. Je cale un peu. J'aime le poisson, mais par petites quantités. Ed adore, lui, tout ce qui vient de la mer et savoure si ostensiblement ce qu'on nous sert que le garçon se met à tourner autour de nous en commentant chaque morceau. Il remplit nos verres de vin à ras bord. Ses yeux plaintifs ressemblent à ceux du Christ de mosaïque au dôme. De phalange en phalange, ses longs doigts sont couverts de poils noirs et frisés, qui dépassent en broussailles du col de sa chemise aussi. Il a ce genre de tête large et longue qui me fait penser aux photos des pirates de l'air dans les journaux.

Je retrouve un peu d'appétit pour les *melanzane* épicées — avec une touche arabe, à la cannelle et aux pignons — mais je recule devant les calmars farcis (toutes ces ventouses sur les tentacules) et la saucisse de daurade. Est-il en train d'amener la cuisine entière ? Viennent ensuite des pommes de terre frites. « *Signora,* dit le garçon. *Signora.* » Il ne veut pas

croire que j'ai fini de manger. Prend une chaise et s'assoit.
« Il faut. »
Je souris en faisant non de la tête. Impossible. Il lève au ciel ses yeux plaintifs. Pour plaisanter, je montre le calmar et déclare : « *Ho paura* », j'ai peur. Il le prend au premier degré et avale une bouchée lui-même pour bien montrer qu'il n'y a pas de raison de s'inquiéter. Je refuse quand même d'un signe de tête. Il attrape ma fourchette, prélève un petit morceau et se met à me faire manger. Je suis tellement estomaquée que j'ouvre la bouche. Je déteste vraiment cette consistance, on dirait de la gomme à effacer.

Réflexion faite, il apporte des *involtini*, roulés de veau aux herbes et au fromage, mais Ed a fini lui aussi par caler. Il remercie le garçon : « Le meilleur poisson de Palerme », assure-t-il.

Je lui demande en sortant : « Comment peux-tu le savoir ? » Le serveur affiche d'un sourire sa dentition complète. Non, il ressemble plus à un loup qu'à Jésus.

« J'en suis sûr. C'était rustique et sympathique. »

Nous partons tôt. Le marché du quartier de Vucciria est prodigieux. J'ai visité des marchés en France, en Espagne, au Pérou, à San Francisco, et d'un bout à l'autre de l'Italie. Mais voilà *le* marché. Pour les sens : de l'assaut à l'extase. Le dimanche des Rameaux tombant ce week-end, l'assaut est peut-être plus vif que de coutume. Des rangées d'agneaux, éviscérés, dégoulinants, les yeux hors des orbites, sont pendus par les pieds. Leurs menus sabots et les petites queues ont un air tellement triste. Leurs tripes à l'air sont horrifiantes. Mais les arcs-en-ciel des poissons luisant sur la glace, les montagnes de crevettes aux antennes encore frétillantes, les charrettes de citrons bariolées, les fruits confits aux teintes de bijoux, les casiers pleins d'olives, de noix, de graines – le tout sous la houlette des marchands qui crient, chantent, cajolent, plaisantent, jurent, troquent, insistent. Ils sont bruyants, leurs voix, rocailleuses. Se pourrait-il vraiment, comme j'ai lu quelque part, que la mafia fasse ici commerce d'héroïne ? Un vendeur présente son panier d'anguilles qui ressemblent à de l'argent pur. Il se déhanche pour imiter leurs contorsions. Ce marché donne volontiers l'impression d'un carnaval, comparé à ceux de Toscane, plus bourgeoisement décents, dont nous avons l'habitude. J'aimerais disposer d'une cuisine et ramener quelques-unes de ces aubergines lustrées ainsi que des brassées de légumes verts. Mon estomac grogne si fort que l'on croirait entendre un poulain hennir. Les cuisiniers ont ici un paradis pour eux. Je ne mangerai plus d'agneau.

Ed refuse d'aller voir les Catacombe dei Cappuccini, et leurs huit mille carcasses desséchées. J'ai déjà acheté une carte postale qui représente une fille rousse exposée sous vitrine depuis des décennies, ses narines délicates bourrées de coton, un ruban dans les cheveux. Nous avons visité un endroit semblable à Guanajuato, au Mexique. J'étais fascinée ; Ed, révolté. Nous décidons d'aller au Musée archéologique et n'en sortons pas avant la fermeture. C'est l'un des musées les plus fascinants que j'aie jamais visités – cet ancien couvent rassemble tant de choses qui piquent mon intérêt. Enlevées à la mer, ancres et amphores phéniciennes sont rangées autour de la cour. Mystérieuses stèles ornées de portraits, découvertes dans les cimetières antiques de Marsala. Trésors étrusques – certains portent encore des traces de peinture. Ils proviennent des tombes de Chiusi, près de chez nous en Toscane, et se sont de quelque façon retrouvés en Sicile. Nous voyons ici des métopes (panneaux arrachés aux frises des temples) datant des VIe et Ve siècles avant Jésus-Christ, retirés de Sélinonte, l'un des sites grecs les plus importants de l'île. Nous trouvons Demeter, le taureau perse ; Persée, Hercule et Athéna jouent leurs propres triomphes. Héra épouse Zeus, et Actéon est transformé en cerf. Voir ces figures mythologiques familières telles qu'elles étaient représentées sur les frontons des temples ouvre le légendaire à l'imagination. L'imagerie nous vient d'une époque où ces personnages, loin d'incarner quelques mythes abstraits, avaient une réalité pour les gens – renversant télescopage des distances. L'échelle de la représentation, également immense, nous prépare aux ruines que nous allons parcourir.

Impossible de regarder la totalité des douze mille tableaux votifs trouvés eux aussi dans les fouilles de Sélinonte, mais nous poursuivons jusqu'à n'en plus rien voir. Il nous reste alors à visiter salle après salle de sculptures romaines, vases grecs, et en revoilà, et en revoici encore. Nous sinuons de pièce en pièce, nous arrêtant devant des fragments de peintures de Pompéi, un fantastique bélier en bronze du IIIe siècle avant Jésus-Christ, quelques parterres confus de mosaïques. Puis – dehors. Sur le trottoir tout simple, éblouis, hébétés par ce que nous avons vu.

Tout Palerme est une grande fête. Ville difficile, mais stimulante, un défi. Il faut garder un esprit vif, présent ; pas question de s'endormir, de rester passif. Un endroit à affronter, qui restera de ce fait mémorable. Nous passons trois jours au milieu des Palermitains, engouffrés dans la vie de leurs rues, saturés de baroque sicilien, plus baroque que le baroque, la nuque raide à force de lever la tête devant les coupoles. Le bébé dans sa mère ressent-il la lumière, celle que je vois traverser ma main tendue devant un soleil puissant ? Alors peut-être à la naissance un dernier regard dans ce corps derrière soi ferait penser à l'intérieur de la coupole mauresque en briques de San Cataldo, étendue concentrique de pâle lumière.

Palerme nous a fait la surprise d'être amouraché d'Art nouveau, qui porte le nom de « Liberté » en Italie. Les kiosques métalliques autour des Quattro Canti, le grand carrefour du centre-ville, ont tout le charme des célèbres bouches du métro de Paris. Notre hôtel abritait de nombreuses peintures d'Ernesto Basile. Il acheva également la décoration du Teatro Massimo, conçu par son père, et qui vient de rouvrir après vingt années consacrées à sa restauration. Quel duo père et fils. Retrouver leurs influences dans les motifs byzantins, maures, et grecs présents dans toute la ville n'a fait qu'ajouter au plaisir. Frustration : de nombreux endroits étaient fermés. Sans panneau ni indication, fermé, c'est tout.

Les freesias de notre chambre commencent à se faner et

nous décidons de commencer demain matin notre tour de l'île. Nous buvons un jus d'oranges sanguines sur le balcon. On n'entend que les palmiers jouer crécelles dans la brume, et le cliquetis du gréement des bateaux de la baie. Je demande à Ed : « Tu auras envie de revenir ?
– Oui. Il y a des quartiers entiers que l'on n'a pas vus, à Palerme.
– C'est dur de se faire une idée de cette ville. Tout est si stratifié, si brut, si complexe. C'est vraiment intimidant.
– J'ai au fond l'impression d'un parfait chaos dans lequel chacun doit apprendre à survivre.
– Je crois que je ne pourrais pas vivre ici. Je ne serais pas capable de conduire. » Je n'aime déjà pas rouler sur les *freeways* d'East Bay.
« Mais si, question d'habitude. Tu aurais ton pot de yaourt, et si tu rentres le soir avec une bosse sur l'aile, ça te serait bien égal.
– Et les bosses dans la tête ? » Je repense au chaos. Car c'est bien cela. Et je me rappelle soudain une histoire que m'a racontée une femme rencontrée à Milwaukee, à propos d'une de ses connaissances. Je la reprends pour Ed : « C'est un soldat du Midwest, pendant la Deuxième Guerre, qui se trouvait sur un bateau bombardé par les Allemands, dans le port de Palerme. Il a survécu alors que les autres furent presque tous tués. Il a nagé jusqu'au rivage où il est resté caché. Je crois que c'est à ce moment-là que les Allemands ont battu en retraite. Un soir, il est allé jusqu'à l'opéra – il n'en avait jamais vu. À la fin, la musique l'a tellement ému qu'il s'est mis à pleurer. Toutes les horreurs de la guerre lui revenaient en tête. Il est resté debout pendant les applaudissements, et après, à pleurer devant tout le monde. Les gens ont commencé à quitter la salle. Un homme l'a regardé, s'est arrêté, et lui a posé une main sur la tête, comme pour le bénir. Les suivants ont fait la même chose en passant, chacun à son tour.
– C'est l'une des plus belles choses que j'ai entendues. Ça doit être ça, Palerme. »

Les conquérants successifs de la Sicile – Grecs, Carthaginois, Romains, Arabes, Normands et autres – ont dû venir avec des poignées entières de graines de fleurs sauvages. La campagne de cette *primavera* est unanimement fleurie ; fleuves jaunes, cascades violettes le long des roches, bas-côtés bordés de floraisons aux yeux bleutés, vergers d'amandiers aux longues herbes couvertes de marguerites blanches. À y repenser, nous sommes sortis sans encombre de Palerme. Nous ne sommes restés perdus qu'une demi-heure. Si Ed était intimidé par la circulation en ville, une fois sur la route, j'ai remarqué ses nouveaux talents, acquis sur la banquette arrière des taxis. Il se détend à l'idée que les bandes n'existent pas vraiment : la route est une voie ouverte pour se diriger ailleurs. La ligne blanche délimite un centre imaginaire à ne respecter qu'au besoin.

À suivre ainsi la côte et les contours sinueux de l'intérieur des terres, la *Mar Tirreno* et ses sept nuances de bleu d'un côté, les collines couvertes de l'autre de serpentins de fleurs, on comprend facilement pourquoi tant de hordes conquérantes ont désiré cette île. Le paysage est partout composite ou impressionnant. À chaque fois que le parfum des orangeraies et citronniers filtre par la fenêtre, le corps entier s'emplit d'un bien-être langoureux.

Nous atteignons bientôt la rampe de sortie de Ségeste, premier d'une série de temples grecs que nous espérons voir en Sicile – ils rivalisent en nombre avec ceux de la Grèce elle-même. Le temple s'élève avec ses colonnes doriques juste au sortir de l'autoroute, régnant du haut de sa colline depuis le Ve siècle avant Jésus-Christ, ce qui revient à toujours ou presque. Le long du sentier ascendant, nous observons d'immenses pousses de fenouil, hautes de trois mètres et plus. Je me suis toujours demandé comment Prométhée cacha dans une tige de fenouil le feu repris aux Grecs. Dans celles-ci, devant nous, on mettrait facilement des quantités de charbons. C'est à cette occasion qu'il a peut-être inventé le fenouil grillé.

Le guide dit à propos de Ségeste : « Édifice dorique avec son péristyle de trente-six colonnes… sur un stylobate de cinquante-huit mètres sur vingt-trois. L'entablement et les frontons sont intacts. Les bosses utilisées pour installer les blocs du stylobate sont encore en place. La courbe de l'entablement et les abaques ont fait l'objet d'un raffinement particulier. » Bon, d'accord, mais enfin c'est beau, quoi.

À quelques pas de là, l'antique théâtre l'est aussi. La Grèce est le premier pays que j'ai eu envie de visiter. Désir fruit de mon immersion totale dans Lord Byron, lorsque j'étais au lycée. À l'université, mon amie Rena et moi avions suivi un cours sur le théâtre grec. Nous avions demandé des brochures aux compagnies de transport et décidé de laisser nos études pour aller voir le monde. Nous voulions réserver notre traversée à bord de l'*Hellenic-Destiny*, jusqu'à ce que nos parents s'y opposent fermement. Je ne suis toujours pas allée en Grèce. J'ai vu, il y a quelques années, les temples magnifiques de Paestum dans le sud de l'Italie, et mon désir s'est réveillé. « Les montagnes regardent Marathon/et Marathon regarde la mer/et songeant une heure ici seul/j'ai rêvé une Grèce restée libre. » Quelque chose comme ça – cela semble coller au tétramètre iambique.

Comme Paestum, Ségeste est réduite à un silence essentiel, sa pureté ajourée gravée contre le ciel. Pas une âme avec nous, bien que nous ayons vu quelques personnes dans le magasin de souvenirs. Nous voilà seuls avec l'histoire et les hirondelles qui tournoient par-dessus leurs nids.

Nous prenons une chambre dans une auberge de campagne au lit humide où nous nous blottissons l'un contre l'autre le temps de la *siesta*. Le soleil du printemps n'a pas encore pénétré ces murs. Ni la jolie cour intérieure, débordant de sauge et de romarin, ni la chambre au lit de fer et aux plaids colorés, faits maison, ne compensent son absence. Ni encore la vue de la mer. Il gèle. Un rayon rachitique dessine une moitié de rectangle par terre. Impossible de lire avec ces lampes de chevet, guère plus puissantes qu'une guirlande lumineuse sur un arbre de Noël. À quatre heures, nous reprenons la voiture en direction d'Erice, un village médiéval sur la rocaille – l'antique Éryx. Où sont les gens ? Nous sommes seuls, comme à Ségeste. Même la fameuse pâtisserie de Maria Grammatico est vide, si ce n'est l'employé lent et rondouillard (comment faire autrement, en travaillant ici) qui semble s'échiner sur sa cigarette. Le gâteau aux amandes et l'épaisse tarte au citron garnie d'amandes grillées n'usurpent pas la réputation sublime des pâtisseries siciliennes. J'aimerais emporter les restes de ma tarte au citron ; avec ces amandes insulaires, elle est meilleure encore que celle de ma grand-mère sudiste. Erice a beau être un petit village, on s'y perd facilement. Nous regardons les quelques boutiques, puis faisons le tour. Les églises sont toutes fermées. Nous avons appris à ne pas rester sur la sensation passagère d'une ville italienne. Un autre jour, à un autre moment, Erice est peut-être pleine de vie. Chaque endroit a ses congés, ses absences imprévus, son rythme particulier.

Les restaurants finissent par ouvrir. Tôt comme il l'est encore, nous sommes seuls. Ah, d'autres beignets de pois chiches. Nous commandons un *cuscus alla Trapanese*, couscous au bouillon de poisson à la mode nord-africaine de Trapani, qui n'est pas loin d'ici. Le garçon recommande la *spigola al sale*, loup cuit au sel, un plat que je confectionne parfois à la maison. Il apporte sous un bras une bouteille de Còthon, un vin rouge de Marsala, et tient de l'autre un plateau avec notre poisson enveloppé de feuilles de fenouil.

Nous émergeons après le dîner, pour nous rendre compte que nous n'avons aucune idée de l'endroit où est restée la voiture. Nous traversons la ville, dans un sens puis dans l'autre, passons un jardin sombre, remontons la colline. Les rues brillent au clair de lune comme de l'étain poli. Personne nulle part. Où était le restaurant ? Mystérieuse Erice.

Nous retrouvons la chambre et ses draps humides. J'ouvre mon carnet et note : Erice – tours émettrices, étranges rues pavées, et je m'endors.

Nous quittons notre moite *tomba* ; la journée sera grecque d'un bout à l'autre. Sélinonte, plus abîmée que Ségeste, s'étend d'un vaste plateau jusqu'au bord de la mer. Ed lit que le nom de Sélinonte vient du grec et veut dire ache – céleri sauvage. Toute une aire est remplie de colonnes brisées, colossales, par centaines. À terre et en morceaux, elles paraissent plus massives. Nous descendons la pente en direction des ruines qui jouxtent la mer. Nous voyons peu à peu les colonnes dorées du VIe siècle avant Jésus-Christ se dessiner devant les vagues bleues. Dans l'air léger et printanier, nous prenons place sur un rocher pour contempler ce qui est certainement l'un des plus grandioses sites antiques. Les noms des temples « C », « G », « E », ont quelque chose de ridicule. Une fois de plus, nous sommes parfaitement seuls. Nous avons vu les métopes à Palerme et nous les représentons maintenant sans difficulté en place sur les frises. En revanche, il est moins facile d'imaginer comment les Grecs sont parvenus à les hisser.

Mon idée fantasque d'un paradis de printemps ne dure pas. Bientôt le paysage derrière la vitre prend la forme de champs entièrement recouverts d'un horrible plastique. La culture des légumes sous ces arceaux bâchés rallonge certainement les saisons naturelles, pour le meilleur bénéfice des agriculteurs, mais elle afflige la vue. Les cultivateurs n'ont rien négligé – le plastique brille à perte de vue. Aucun fruit ou légume ne connaît autant de manipulations, de tortures, que la tomate. Celles qui poussent sous les serres ont meilleur aspect que goût. Seul un soleil direct leur infuse leur saveur, éveille leur identité. Les bons cuisiniers de Sicile doivent attendre l'été pour faire leurs sauces de tomates.

Nombre des villes que nous traversons sont hideuses. Riches sont celles qui foisonnent de cimenteries. Le béton devrait être interdit pendant un demi-siècle. Les centres historiques sont souvent étouffés par le ciment de l'après-guerre, sous forme principalement de hauts blocs habités, taudis instantanés. Les raffineries et autres usines chimiques n'ajoutent rien à la *bellezza* des lieux. La plus grande partie de cette côte incroyable que nous avons longée est massacrée – partout, le même étrange phénomène : on commence à construire et on s'arrête en cours de route. De fortes sommes doivent être allouées pour le démarrage de projets qui finissent par s'écrouler. Politique du pot-de-vin ?

Jusqu'à quel point faut-il condamner la mafia ? La peur qui plane dans l'air détruit probablement tout sens de l'initiative chez les gens normaux. Au bout de quelques jours à peine, je sens des vagues de rage m'envahir. Je n'arrive pas à imaginer ce que peut être véritablement *vivre* sous la chape d'un tel fléau. Je n'ai entendu personne prononcer le mot « mafia » ; touriste, je ne l'entendrai pas. Les questions tendancieuses sont détournées de telle sorte que la réponse écarte toute spéculation relative à « notre affaire ». On arrive à examiner les petits cailloux de la planète Mars. On fait des bébés-éprouvettes. Je ne comprends pas comment on ne parvient pas à contrer la mafia. Pourtant, imaginer la Sicile sans elle, l'humeur des gens changer du tout au tout...

J'aime autant ne pas avoir à passer d'examen sur l'histoire d'Agrigente. Américaine habituée à celle de son pays, comparativement franche et sans détour, je vois dans ce passé italien une série de circonvolutions d'une complexité désespérante. L'épisode récurrent des ruines grecques ne fait que renforcer mon sentiment. Agrigente, depuis sa fondation grecque au VIe siècle, a été envahie par les Carthaginois, les Romains, les Souabes, les Arabes, les Bourbons et les Espagnols. Le nom antique d'Acragas a changé sous Mussolini, empressé d'italianiser le moindre centimètre de son royaume. J'ai observé un zèle analogue sur la plaque commémorant le séjour de John Keats à Rome, aliéné de son amour et mourant de tuberculose. Il s'appelle là Giovanni Keats, ce qui tendrait à le rendre plus vulnérable encore.

C'est à Acragas/Agrigente qu'est né Luigi Pirandello. Le voyage en Sicile met en scène ses pièces, ses récits, et leur réalité particulière, sous une lumière parfaitement naturelle. La coexistence des ruines grecques et modernes, ajoutée au banal quotidien, serait capable aussi d'affecter mes propres repères d'espace-temps. Pirandello écrivait que le soleil a la force de briser les pierres. Déjà en mars, nous sentons sa puissance directrice dans nos cerveaux, alors que nous parcourons la *Vallata dei Templi*.

Tout au long d'une vallée d'amandiers et de fleurs sauvages s'étale l'ahurissante étendue des vestiges de la ville antique – des égouts jusqu'aux temples. On pourrait rester là des jours sans tout voir. Contrairement aux autres sites, celui-ci est peuplé de visiteurs. Le temple de la Concorde est le mieux préservé que j'aie jamais vu. Il suffirait d'arranger la toiture et le peuple reviendrait communier avec Castor et Pollux, à qui il fut probablement dédié.

Cinq jours plus tôt, je ne savais rien de ces ruines. Aujourd'hui une antique poussière couvre mes pieds sous le cuir des sandales ; j'ai rencontré l'improbable survivance de ces édifices dans les ondulations du temps. Temples, vendeurs des palmes tressées du dimanche des Rameaux, écoliers à cache-cache de colonnes en colonnes, touristes ahuris comme nous, leurs *gelate* fondants – et le tout sous l'intense soleil sicilien. Je suis exaltée. Je n'ai pas le temps de penser que j'entends la voix de Ed : « C'est le choc d'une vie. »

Pourtant, au dîner, nous découvrons bientôt que les temples se perdent les uns dans les autres. Sans doute avons-nous vu assez d'Agrigente pour cette fois.

Le temps de rentrer à l'hôtel et je commence à couler dans ce que j'appelle maintenant la mélancolie des voyages, un profond décalage qui m'étreint quelquefois plusieurs heures à la suite quand je suis à l'étranger. Le plaisir du découvreur cède brusquement à une angoisse désincarnée. Je me fais tout silence sous son emprise. M'imprègne du fait que ceux que j'aime, ou la plupart, n'ont aucune idée d'où je suis et que mon absence parmi eux n'est en rien remarquable ; ils poursuivent leur temps indifférents à ma présence au loin. Alors un immense désir de me trouver chez moi s'empare de mon corps. J'imagine mon lit avec ses piles de livres – de voyages, sûrement – sur la petite table, le soleil d'après-midi peigné par les stores des fenêtres en angle, Sister la chatte venant d'un bond griffer l'édredon jaune. Que fais-je dans cet endroit où je n'appartiens à rien ? Pourquoi ce monde inconnu ? Je me sens l'étrange prise de quelque purgatoire, fantôme soufflé par les vents. Qui sommes-nous, où sommes-nous lorsque nous ne sommes personne ? En bas dans la cour de l'hôtel, on célèbre une noce. Cris, verres et paillardises, l'épouse bientôt échevelée, amplifient mon état d'esprit. D'habitude, je goûterais avec plaisir ma place d'observatrice invisible à la fenêtre, mais ce soir je ne ressens que mon vide devant eux. Eux qui sont à leur place. Moi le radical libre. L'orchestre recommence à jouer après la pause, et deux petites filles aux franfreluches idiotes se joignent pour danser. Je pourrais être n'importe où dans ce monde, ou même dans un autre, et elles danseraient encore. *Avec ou sans moi.* Le jeune marié se retournerait sur sa chaise. Les grands-parents engoncés dans leurs habits de campagne auraient le même air pincé. *Avec ou sans moi.* Et la lune jetterait ses éclats antiques sur les colonnes irrégulières, éparpillées au long de la vallée des Temples, comme elle l'a toujours fait et le fera encore.

Ed déjà dort. Je descends et j'observe la noce s'éparpiller. Embrassades et étreintes. Je me dirige vers le bar pour un verre de *limoncello*, me concentre avec vigueur sur son acidité, ce concentré de vie, et force mon esprit à contempler le visage aimé de ma fille, à onze mille kilomètres d'ici.

Nous reprenons la route au matin, pour trouver en chemin quelques désespérantes laideurs. Pétrochimie – le mot déjà est hideux. Pauvre Gela – je lis que dans ce labyrinthe se trouvent d'intéressants vestiges, mais tout y est si moche que nous passons en vitesse. Ed se rappelle qu'Eschyle a trouvé la mort là, le jour où un aigle a lâché du ciel une tortue sur sa tête. Le destin, comme une prédiction écrite. Un départ vers le mythe. Dont je suis sûre qu'il a influencé Pirandello enfant.

Ragusa – nous y resterons la nuit. Une ville des collines qui ressemble à la Sicile telle que j'imaginais – provinciale, intime et personnelle. Comme d'autres cités des environs, elle fut reconstruite dans le style baroque après le terrible tremblement de terre de 1693. Il y a la vieille ville et la ville antique, Ragusa Ibla. Pour l'instant, nous ne cherchons qu'à nous perdre et y arrivons vite. Nous atteignons Ibla en pleine fête. Comment tant de voitures parviennent-elles à se glisser dans ces rues à peine plus larges que le bras tendu – c'est à hurler de rire. Nous avançons au pas, tournant et retournant en cherchant la sortie. Apercevons l'église de San Giorgio, plus fantaisiste qu'un gâteau de mariage. Elle semble le centre des festivités. Le samedi précédant le dimanche des Rameaux a-t-il un statut spécial ? Nous finissons par quitter Ibla et trouvons le chemin d'un hôtel agréable de la ville haute, plutôt récent, mais d'allure bien assez ancienne pour nous. Il pleut. Nous restons au bar à boire des express, consulter livres et cartes. Les *Americani* sont une nouveauté ici. Deux hommes en costume se lèvent pour venir nous parler, vite intrigués d'apprendre que nous sommes de San Francisco. Ils veulent savoir si nous aimons la Sicile, si Ragusa nous plaît. « *Sì* », répondons-nous en chœur. Ils insistent pour régler nos cafés.

À pied malgré la pluie, nous admirons les balcons de fer forgé et regardons les habitants courir à la cathédrale pour la messe du samedi. Autour des grandes portes sculptées, de jeunes garçons ont disposé en étals leurs feuilles de palmiers délicatement tressées. Tout le monde en achète et nous suivons le mouvement. Ed calera la nôtre entre le miroir et le mur. C'est ce soir mon anniversaire. Nous partons à la recherche d'un restaurant situé à une quinzaine de kilomètres, et nous retrouvons bientôt perdus sur les routes non signalisées. Ce restaurant paraît n'avoir été qu'une illusion. Nous rebroussons chemin et dînons dans une pizzeria aux lumières fluo et aux chaises de plastique orange.

Au petit bonheur, nous tombons sur un cimetière, près de Modica, gardé par une haie de cyprès. Les tombes, extravagantes, sont autant de maisons miniatures finement sculptées, alignées sur les allées. Le baroque exubérant de Modica s'est ici transformé en microcosme. Derrière les portails ou les grilles, on aperçoit les petites chapelles aux autels drapés, les portraits encadrés des morts, les plantes en pots ou les vases fleuris. Les chats se réchauffent au soleil, couchés sur le marbre des seuils. Une femme est en train d'en nettoyer un, comme le pas de sa propre porte. D'un coin de tablier, elle essuie le portrait tout rond d'un soldat de la Première Guerre mondiale. Une jeune fille arrache les mauvaises herbes du monticule de terre d'une tombe récente dans ce vieux sol. Ces morts s'en vont lentement ; les fleurs restent entretenues, cinquante ans après un départ, sur certaines parcelles. Le cimetière de Cortona est également le reflet de sa ville, quoique moins ostentatoire. Cité murée sous les murs des vivants, il brille la nuit des lumières votives qui ornent chaque tombe. Lorsqu'on regarde en bas depuis la piazza del Duomo, on peine à ne pas imaginer les morts en train de se promener et de se rendre visite comme le font leurs parents du haut de la colline. Ceux enterrés ici demanderaient sans doute quelque divertissement plus élaboré, plus théâtral.

Prochaine étape sur notre route, Avola a gardé un certain charme. Les rues sont bordées de maisons baroques à une pièce. Pourrions-nous ramener chez nous une douzaine au moins de ces superbes enfants en sarraus blancs ? Des hommes au coin d'une rue pèsent dans leurs balances à main des coques entassées sur le trottoir. Des camions ouverts sur leurs cargaisons de légumes attirent des foules de femmes toutes chaussées de baskets. Nous passons de ruelle en ruelle en direction de la mer. Impossible de trouver les plages attendues – rêve d'un littoral intact et de limpides eaux insulaires. À la place, mornes plages de ville, fermées, déprimantes hors saison.

C'est à Syracuse que je tombe enfin amoureuse. Dans ma période « hellène » à l'université, j'ai étudié l'histoire, le théâtre gréco-romains, et l'étymologie. Jusqu'à ce que mon grand-père, qui m'y avait envoyée, mette un terme à tout cela. « Je ne te paie pas d'études pour te voir garder la tête dans les nuages. Ce qu'il te faut, c'est un certificat qui te permette d'enseigner, qu'au moins tu aies quelque chose de solide sous tes pieds. » Le message étant : au cas où ton mari – que tu es allée chercher à l'université, et pas un Yankee *, je te prie – viendrait à mourir ou à ficher le camp. Entre-temps, j'adorais Eschyle, les séquelles sévères de la passion, les sculptures de marbre laiteux, l'esprit d'exploration des Grecs. C'est pourquoi Syracuse est l'objet d'une visite terriblement excitante. Puissante Syracuse, antique des antiques.

* Un gars du nord des États-Unis, quoi. *(Toutes les notes sont du traducteur.)*

Seconde après Athènes dans l'ancien monde. Nous choisissons un hôtel de grand luxe dans l'île contiguë d'Ortygie, et notre chambre donne partout sur la mer. Ce n'est pas exactement la fatigue qui nous étreint soudain, plutôt la saturation. Nous passons l'après-midi dans le lit immense, demandons qu'on nous apporte du café, rouvrons les rideaux et regardons les bateaux de pêche pointer – n'est-ce pas un bleu grec – leur nez vers le port.

Après la sieste, nous trouvons Ortygie en pleine effervescence pascale. Les bars exposent des œufs en chocolat de soixante centimètres, enveloppés de Cellophane violette et de rubans. Certains, ouverts d'un côté, révèlent un christ de massepain sur sa croix. D'autres recèlent des surprises. J'aimerais acheter les colombes de massepain, les agneaux dans leurs paniers, les poules en chocolat. Les agneaux ressemblent à des bêtes empaillées, ornés depuis le museau jusqu'au bout des pattes de boucles de massepain. Cette frénésie amandine atteint son comble à l'Antica Dolceria : l'Arche de Noé y est complète avec toutes les espèces, en sus des temples grecs, olives, crayons. Nous devons en convenir, le massepain – *pasta reale* – est un vrai artisanat populaire. En ce qui me concerne, trois bouchées suffiront ; il faut sans doute être né en Sicile pour en avaler plus.

Ortygie est fantastique. Le sentiment d'oppression, vague et intuitif, qui m'a partout suivie se dissipe entièrement. La mafia ne règne pas ici ? Les gens paraissent plus légers, joueurs, crâneurs. Ils vous regardent dans les yeux, comme partout ailleurs en Italie. Le soir venant, nous sillonnons la petite île. Elle possède ses propres ruines grecques, qui reposent au milieu des herbes, à une intersection. Une inscription gravée sur les marches indique qu'il s'agit d'un temple dédié à Apollon. Les épais ficus du bord de mer abritent des milliers d'oiseaux qui chantent leur doxologie du soir. Panoramas sur l'eau, baroques balcons de fer, fenêtres au gothique vénitien, *palazzi* couverts de planches, et tortueuses venelles médiévales – couches et strates de l'architecture et du temps. Soudain les rues se croisent et s'évasent à la piazza del Duomo. La façade baroque et l'entrée de l'église ne vous préparent en rien à la renversante surprise de l'intérieur.

Elle abrite au long d'un de ses murs une rangée de douze majestueuses colonnes du Tempio di Atene, le temple d'Athéna, datant du Ve siècle avant Jésus-Christ. Le soir, des piques de soleil dévalent sur la *piazza*, illuminant les têtes des personnes attablées pour l'*aperitivo*. Des gens simples, dont le soleil, comme les reflets des mosaïques dorées, transforme les visages.

Contrairement aux Lotophages dont parle Homère, je n'ai jamais rien goûté qui me fasse perdre la saveur de mon pays natal, pas même la sauce de tomates, qui est ici la meilleure du monde. Mais partout où nous avons mangé, la nourriture était extraordinaire, fabuleuse. Les amoureux de poissons et fruits de mer ne reviendront jamais de la cuisine sicilienne. Ed planche sur les restaurants avant que nous allions où que ce soit, afin de ne perdre aucune de nos précieuses soirées. Cette fois, pourtant, nous nous laissons séduire par une trattoria, parce qu'elle ressemble à la salle à manger toute simple d'une tante au pays, avec ses armoires peintes, ses vieilles dentelles, ses photos de famille. On nous fait signe de prendre la dernière table de libre. Le menu n'arrive pas. On nous plante sur la table une carafe de vin. Une femme et sa fille tiennent une conversation animée devant la cuisine. Le mari s'occupe de la salle. Flottant de table en table, il garde son verre en main et boit de petites gorgées en prenant les commandes. Un plat d'*antipasti* arrive bientôt – petits calamars, tourte aux légumes, olives. Nous mangeons tout et attendons. Et attendons. Ed lève la petite carafe. Du vin, s'il vous plaît ? Le maître des lieux est tout agité ; son vin n'a pas été livré. Il court de table en table et en pique aux carafes déjà à moitié vides. Ses convives sont un rien ébahis. « Ça va venir, bientôt », nous assure-t-il. Soudain trois hommes en costumes sombres se présentent et le patron leur ferait presque la révérence. Ils gagnent la cuisine. Les femmes sont au garde-à-vous. Nous les regardons depuis notre table sécher leurs mains sur leurs tabliers et lever les yeux au ciel. La mafia fait une descente ? C'est l'heure du racket ? Les hommes ouvrent les placards, se penchent par terre, examinent les fours. L'un d'eux sort un bloc-notes et consulte les autres. Ils semblent un instant en conflit. Le troisième prend un air maussade. La patronne pose quelque chose sur ses assiettes et les fait circuler. Tous gardent le silence en mangeant, puis serrent la main du patron, lui tendent un papier, saluent les femmes d'un hochement de tête et sortent. La salle ne moufte pas. Le maître des lieux les regarde disparaître, puis lâche un cri de joie. Un homme voûté d'environ un mètre vingt arrive ensuite avec une dame-jeanne. Le patron s'exclame à nouveau, débouche le vin et fait le tour des tables pour remplir les pichets. Il lève son verre et les femmes émergent de la cuisine en riant. Les services de l'hygiène sont venus faire une inspection surprise, et tout s'est bien passé. La salle entière lève son verre et... l'on ressert du vin. Suit un service chaotique. Les légumes arrivent dix minutes après le plat de résistance. On nous amène le poisson grillé d'une autre table, mais qu'importe. C'est bon, de toute façon.

Tôt le lendemain matin, je me promène dans la rue, lorsqu'une voiture me dépasse vivement et s'arrête. La cuisinière du restaurant descend d'un bond, me prend la main, m'annonce qu'elle est ravie de me voir et qu'il faut que je revienne. Elle porte de longs foulards et des rangées de bracelets. Je reviendrai, c'est sûr.

Nous sommes prêts à marcher toute la journée. Au musée d'Ortygie, une peinture du Caravage représente l'enterrement en 304 de Santa Lucia, martyre sicilienne qui se creva elle-même les yeux à cause du prétendant qui les aimait – le guide nous servit un commentaire digne d'un grand professeur. Et nous... d'où sommes-nous ? Ah, il a un cousin à San Francisco ; nous devrions lui donner le bonjour à notre retour. Ed adore les peintures de l'Annonciation. Celle de da Messina, toute craquelée, le captive entièrement. Je préfère toujours les petits musées locaux. Ils restent en général près de leurs sources, et immergent le touriste dans l'endroit qu'il visite.

Nous passons le pont, puis traversons un parc avant de

nous engager dans un dédale de rues. Le Museo Archeologico du centre de Syracuse est d'une classe intemporelle. Les arts et les artisanats des vagues successives de la vie de la région y sont agencés et mis en valeur avec une grande intelligence. Commençant avec l'ère préhistorique, nous retraçons le passé de salle en salle, toutes plus édifiantes les unes que les autres. Créations, statues, têtes de lions prises aux ruines du temple d'Ortygie, ex-voto grecs, et un épatant cheval de bronze – oh, mais il y a tant de choses.

L'amphithéâtre de Syracuse – quelle vision fabuleuse. Les gradins de ce grand saladier furent découpés à même la pierre – trois cents degrés convergeant vers la scène. Des couloirs sont creusés pour que les gladiateurs puissent entrer et sortir. L'été, le théâtre grec est toujours joué ici. Cela serait extraordinaire de prendre part à une pièce. Nous n'avons vu que les ruines les plus importantes ; des centaines d'autres temples, fondations, thermes, et mille pierres inconnues jonchent l'île. Cette période est sans doute la meilleure pour tout visiter, puisqu'il n'y a quasiment personne. La solitude des lieux aiguise la rencontre, ce fil des découvertes qui est pour moi le cœur de tout voyage.

Nous entendons vaguement l'orage au milieu de la nuit, mais nous sommes si profondément épuisés après cette journée que rien ne nous réveille avant trois heures du matin. Toutes les vitres de la pièce vibrent dangereusement dans leurs cadres et le lit donne l'impression qu'on secoue le sommier. Séisme. Un bond, et nous voilà à scruter le port qui paraît rouler avec la mer. Comme nous l'avons fait maintes nuits à San Francisco, nous attendons ce que le sort nous réserve. Nous en avons traversé tant que nous sommes maintenant capables de les évaluer sur l'échelle de Richter, quoique celui d'octobre 1989, d'une puissance de 7,5, dépassât de si loin les autres que nous restâmes sans voix. Je pense à ce que devait être la Sicile avant le grand tremblement de terre de 1693, qui a vu une région entière s'effondrer. Mais ce n'était ce soir qu'une bonne secousse, dans les 3,8 peut-être, pour nous rappeler que la Terre a ses propres rythmes, indépendants des nôtres.

Dans la ville baroque de Noto, à l'intérieur des terres, nous tombons sur mon redouté cauchemar d'un enterrement mafieux. C'est seulement peut-être un patriarche local qu'on amène au repos, toutefois nous débouchons dans une rue pour nous retrouver au milieu d'un cortège emperlousé suivi de deux grosses Mercedes. Les hommes qui portent sur leurs épaules la bière dans l'église pourraient obtenir des rôles dans un remake du *Parrain*. Trois femmes pleurent sous leurs voiles. Je prends Ed par le bras et nous rebroussons chemin. Nous avons fait un demi-tour pour visiter Noto. Non que nous voulions goûter encore à l'arrière-pays, plutôt aux glaces locales. Un guide gastronomique indique que les meilleures de toute l'Italie nous attendent dans une petite rue. J'essaie les sorbets mandarine, melon et jasmin. Ed choisit des *gelate* aux amandes, café et pistache. On sert toujours ici plusieurs parfums à la fois. Ed goûte mon assortiment, moi le sien. Convaincus, nous sommes. Arrive un froid crachin. Nous prenons impers et parapluie dans la voiture et marchons nonobstant. Tant pis si nous devons être trempés – qui sait si nous reviendrons jamais à Noto.

Perdus une minute à Catane, nous retrouvons l'aéroport et décollons. La côte grandit peu à peu sous les hublots et nous apercevons une partie du versant est de l'île. « Qu'est-ce que tu notes ? » Je vois Ed en train de dresser une de ses listes.

« De bonnes raisons de revenir – on n'a pas vu les mosaïques de la piazza Amarina, ni les bains arabes de Cefalu. Je n'arrive pas à croire qu'on ait fait l'impasse sur Taormine. Une semaine, c'est court. Il faut aller aux îles Éoliennes – au moins pour le nom – et à Pantelleria pour les vins de *moscato* sucrés. Et quoi d'autre ? »

Des senteurs de citron montent de mon sac, sous le siège, plein de savons au *citron*, d'un petit filet de vrais *citrons*, sans oublier l'assiette en céramique décorée de *citrons* et de feuilles de *citronniers*. « Je reviendrais bien voir les orangeraies sur la côte. » Je me rappelle les collines bordant toutes ces villes baroques, avec leurs clôtures de pierre compliquées qui se

croisent sans arrêt. « Et plus à l'intérieur des terres, peut-être. On n'a même pas pensé à chercher des carreaux pour la salle de bains. Et puis il faut revenir à Syracuse ; le plan parlait de quarante-huit sites et on n'en a pas vu la moitié. »
Je distingue un instant les pentes de l'Etna, puis nous glissons dans les nuages et la Sicile disparaît.

MENU SICILIEN

Une fois rentrés de notre périple sicilien, l'inspiration nous vient d'adapter les goûts insulaires à notre propre cuisine. Nous préparons un dîner pour trois de nos amis cortonais. Curieusement, aucun d'eux n'est jamais allé là-bas. Grâce à Duilio, l'un de nos invités, nous avons une idée de leur sentiment pour l'île. Nous recourons aux services du même plombier, et Ed demande à Duilio : « Tu connais le type qui travaille pour Carlo, celui qui est maigre et qui parle si vite ? Il est italien ?
— Que non, répond Duilio. Il est sicilien. »

Ed a ramené des bouteilles de *moscato* et de *passito* dans son sac de voyage, avec les câpres, amandes, et les fruits en massepain auxquels nous ne pûmes résister. Nous en servons une assiette au dessert. Tout le monde admire la remarquable ressemblance, mais à la fin de la soirée les adorables pêches, poires et prunes sont toujours là.

Pour ce qui est d'authentiques recettes siciliennes, j'ai aimé *La Cucina siciliana di Gangivecchio* de Wanda et Giovanna Tornabene, dont il existe une version anglaise adaptée au garde-manger américain.

Caponata.

J'ai fait la *caponata* pendant des années. La version sicilienne était plus goûteuse que la mienne. Pourquoi ? Eh bien : le concentré de tomates *estratto* (pâte obtenue à partir de tomates séchées au soleil) que l'on trouve en Sicile, l'assaisonnement plus généreux, le sel des anchois. Étalez ça sur pain ou crackers. C'est l'un de ces parfaits *hors-d'œuvre* à garder sous la main pour les invités. Au déjeuner, quelques cuillerées à café de *caponata* donneront un vrai plus à d'élémentaires sandwiches au jambon, et c'est aussi une excellente garniture pour les pâtes – des *penne* par exemple.

Mettre 2 aubergines moyennes à cuire au four sur une feuille d'aluminium, pendant une demi-heure à 180°. Hacher grossièrement une ½ tasse d'olives vertes et une ½ tasse d'olives noires, dénoyautées. Faire revenir 1 grand oignon haché et 3 ou 4 gousses d'ail émincées. Couper les aubergines en petits cubes, ajouter les oignons et mélanger sur le feu. Faute d'une intense sauce tomate sicilienne, ajouter 5 ou 6 tomates séchées à une ½ tasse de concentré de tomate et à 1 tasse entière de tomates en sauce. Émincer 3 ou 4 filets d'anchois. Ajouter 2 cuillerées à soupe de câpres, 1 poignée de persil haché et les olives aux aubergines. Assaisonner avec origan, sel et poivre. Comme toutes les recettes à base de tomates, la caponata *est meilleure lorsqu'elle est préparée un jour à l'avance. Elle se conservera une semaine au réfrigérateur. Pour un total d'environ 6 tasses, selon la taille des aubergines.*

Olivi piccanti.

Émincer 2 petits piments forts – 1 rouge et 1 vert – et faire revenir avec 1 petit oignon en rondelles. Mélanger à 2 tasses de grandes olives vertes, arroser légèrement d'huile d'olive et laisser reposer une nuit au réfrigérateur.

Pasta al limon.

Si l'on me demandait quel ingrédient m'est indispensable à la cuisine, je dirais le citron, car son goût, à la fois affirmé et révélateur des autres, est comme un soleil liquide qui anime les plats. Anselmo m'a offert deux citronniers en pots. Essence des jardins italiens, les citrons ont toujours été prisés au point que la plupart des vieilles maisons comportent une *limonaia*, pièce aux parois de verre où l'on conserve les pots pendant la saison froide. La nôtre, qui sert à entreposer tondeuses et outils, est revenue cet hiver à ses fonctions normales, puisque nos citronniers y ont vu le soleil. Nous les avons ressortis au printemps pour les installer de nouveau devant la maison, près de la porte de la cuisine – il suffit de tendre la main pour en attraper un et l'ajouter à cette recette de pâtes aussi simple que savoureuse. Quand j'en prépare en Californie, j'ajoute souvent une demi-livre de crabe, mais elles sont merveilleuses toutes seules. Avec une salade verte, c'est le plus léger des dîners, parfait pour les lourds lendemains de fête.

Faire cuire des pâtes – spaghetti ou tagliatelles – pour six. Presser suffisamment de citrons pour obtenir une ½ tasse de jus. Égoutter les pâtes, assaisonner et mélanger une ½ tasse de persil italien ciselé, le jus des citrons. Ajouter parmesan râpé à volonté. Selon son goût, faire sauter 1 livre de chair de crabe dans 2 cuillerées à soupe de beurre ou d'huile d'olive, puis ajouter une bonne rasade de vin blanc. Porter à ébullition, mélanger le crabe au jus des citrons et incorporer aux pâtes.

Loup dans sa croûte au sel.

Ne pas croire que le poisson sera salé – la « croûte » retient les sucs à l'intérieur et le sel rentre à peine dans la chair. À San Francisco, je vais prendre le loup au marché à poissons de Clement Street, où ils sortent la bête de l'aquarium et l'assomment d'un coup de maillet. Ce n'est pas le moment que je préfère. Nous sommes ici à deux heures de la Méditerranée et de l'Adriatique. Deux poissonniers viennent au marché de Camucia le mardi, où les poissons sont sagement présentés sur un lit de glace.

Demander au poissonnier d'écailler et de vider 1 grand loup de 1,5 kilo ou 2. Bien essuyer le poisson et garnir l'intérieur de tranches de citron, branches de romarin et quelques autres de thym. Mélanger le jus de 2 citrons et 6 cuillerées à soupe d'huile d'olive, puis en badigeonner le loup entier. Assaisonner de sel, poivre et thym. Garder le reste du jus de citron à l'huile d'olive auquel on ajoutera thym et persil hachés que l'on servira plus tard. Selon la taille du poisson, il faudra pour la croûte environ 4 kilos de sel de mer. Déposer au fond d'un plat à four (celui que l'on amènera à table) une couche de 2,5 cm de sel. Placer le poisson par-dessus et garnir avec le reste du sel jusqu'à couvrir entièrement. Mélanger ¾ de tasse de farine avec suffisamment d'eau pour en faire une pâte dont on brossera la « croûte ». Mettre à four très chaud (préchauffé à 200°) pendant 35 minutes, ou jusqu'à ce que le sel paraisse grillé. Présenter le poisson à table, casser ou couper la croûte, et ramener à la cuisine pour la découpe. Chauffer et verser le reste de jus de citron à l'huile d'olive sur le poisson. Pour 6 personnes pleines d'appétit.

Courgettes à la menthe.

Couper en tranches fines, ou râper, 8 courgettes tendres. Dans le deuxième cas, exprimer le jus. Faire sauter rapidement dans l'huile d'olive avec ail émincé. Ajouter persil et menthe ciselés, sel et poivre, et remuer. Servir juste chaud ou à température ambiante.

Tarte au citron et aux amandes grillées.

Je me rappellerai toujours celle d'Erice. Le croustillant des amandes ajoutait une touche merveilleuse à la texture délicieuse et familière de la tarte meringuée – pâte feuilletée et crème citronnée. Les amandes de Sicile ont un parfum et un arrière-goût particuliers. Comme la fraîcheur fait toute la différence, je commande chaque automne aux États-Unis des noix de pécan du sud que je conserve au congélateur. Au bout d'un mois ou deux, la consistance change légèrement, mais elles se gardent mieux ainsi. À San Francisco, nous trouvons au Farmer's Market du samedi des noix et des amandes fraîches provenant des vergers californiens. Voici la tarte au citron de ma grand-mère, agrémentée de cette touche amandine de Sicile – l'agrément atteignant son comble lorsqu'on la sert avec le *moscato* si parfumé des îles voisines. En réalité, cette recette est celle de Besta, la sœur de ma grand-mère. Besta était réputée également pour son cordial à la mûre, décapant, que mon père refusait d'avaler de peur de perdre la vue.

Battre le jus et le zeste de 4 citrons dans 1½ tasse de sucre en poudre. Mélanger 2 cuillerées à café de beurre fondu avec 4 cuillerées à soupe de farine, ¼ de cuillerée à café de sel. Battre 4 jaunes d'œufs. Fouetter ensemble les jaunes, le beurre et la farine, puis le jus de citron sucré. Incorporer lentement 2 tasses d'eau très chaude, sans arrêter de fouetter l'ensemble, et chauffer sur feu moyen. Laisser cuire jusqu'à ce que la crème soit très épaisse, en remuant sans cesse. Ajuster le feu pour que l'ensemble cuise sans jamais bouillir. Une fois le mélange suffisamment épais, ajouter 2 cuillerées à soupe de crème fraîche. Laisser refroidir un instant. À part, faire monter en neige 4 blancs d'œufs, et incorporer à la fin 2 cuillerées à soupe de sucre. Faire griller au four (175°) une tasse d'amandes coupées en deux pendant 5 à 7 minutes, en remuant une fois ou deux. Attention : cela va très vite de carboniser les noix, quelles qu'elles soient ! Saupoudrer d'un peu de sucre. Verser la crème citronnée dans une pâte précuite, disposer les amandes par-dessus, puis les œufs en neige en dessinant une spirale. Passer au gril jusqu'à ce que la meringue brunisse.

RÉSURRECTION

Beppe arrête de creuser et dresse l'oreille. « *Senta* », écoute, dit-il, « *il cuculo* ». Il ôte son bonnet de laine et passe une main dans ses boucles grises et drues. « Ils reviennent pour Pâques. » Les deux notes légères du chant du coucou se font de nouveau entendre. « Parfaitement à l'heure, cette année. » Magnanime, Beppe plante la lavande le long de l'allée d'où on aperçoit le lac, à l'endroit où, plus tôt, Francesco et lui ont mis en terre cinq jeunes et vigoureux cyprès. Bien fixer un cyprès est vraiment un travail, alors que s'occuper de simples buissons de fleurs ne l'intéresse guère. Chez lui, il maintient avec son épouse la distinction entre *campo* et *cortile* – le champ, la cour de ferme. Les fleurs – un job pour les femmes. Beppe est rapide. Sait-il exactement quel angle imprimer à la pelle, pour que l'opération ne nécessite que trois ou quatre mouvements ? Je détache doucement la plante du pot en plastique et l'installe dans son trou. Aussi vite, Beppe consolide le tout d'un coup de manche ou deux – et c'est fini. J'ai toujours l'impression de devoir creuser avec mon corps entier, quand je le vois ne se servir que de ses épaules, et que le reste ne bouge pas. À l'inverse des danseurs latins, presque toujours immobiles au-dessus de la taille, mais si actifs en dessous. Beppe lève sa pelle qui retombe durement. Sans aucun sautillement, tortillement, ni manœuvre à se briser le dos, courbé sur un sol lourd et sourd. Il dégage la terre aussi aisément que je sors ma spatule de la pâte à gâteau. Et vlan ! en terre, et au suivant.

Beppe est né dans les montagnes isolées de l'est de Cortona. Il nous a emmenés dans ce nid d'aigle, maintenant abandonné, où il fut enfant. Un minuscule *borgo*, une grappe de maisonnettes de bûcherons, presque sans aucune fenêtre. Il a passé les soixante et quelques années de sa vie à travailler la terre.

Très différente de celle de Francesco qui, dur, sec et nerveux malgré ses quatre-vingts ans, besogne avec concentration et âpreté, sa façon de procéder me fascine. Beppe est droit et maigre. Ses pantalons de velours et son pull-over pendent sur sa carcasse, comme accrochés à un cintre. Ses gestes sont comptés et son rythme, régulier. J'adore surtout le voir balancer sa faucille dans les herbes hautes. Sa cadence est celle d'un pendule ; il semble plutôt marquer les temps d'un livre d'heures.

Il s'arrête à onze heures et part chercher un sac à l'arrière de son nouvel Ape vert. C'est le moment d'avaler un casse-croûte – *spuntino*. Il se sert aussi d'une fiasque couverte d'osier tressé, qu'il remplit d'eau du puits. Il la retourne complètement et s'offre une bonne rasade, avec chaque fois le même commentaire : « *Acqua buona.* »

Pendant qu'il fait la pause, je tire de l'eau pour mes vingt-cinq pieds de lavande. Il lance, tout fort : « *Un bel secchio d'acqua, signora.* » C'est une figure qui signifie sans doute que j'en amène beaucoup, mais je prends la chose littéralement, un beau seau d'eau, commode à transporter. Belle eau, je le répète à mes plantes. Étendez vos racines, le cauchemar est fini, vous êtes ici chez vous.

La voiture est pleine de grands pots de marguerites que je vais installer dans le jardin de roses. Je ne demande pas à Beppe de m'aider à étendre les parterres ou à semer les géraniums. Les cosmos et roses trémières que j'ai mis à germer dans la *limonaia* attirent son attention. Il ne refuserait pas de participer à mes petites plantations, mais il en sortirait mortellement affligé. Je décharge deux pots de marguerites. « Vous pourriez me donner un coup de main ? Ils sont gros, ces deux-là... »

À ma grande surprise, il sourit. « *Ah, Santa Margherita* » – la patronne bien-aimée de Cortona qui repose en paix dans sa châsse de verre au sommet de cette colline. Nous glissons ses fleurs blanches, qui s'ouvriront bientôt, entre les lavandes et rosiers déjà bien établis. Elles orneront les contours des feuilles épineuses, à peine sorties, et cacheront les pieds malingres. Contrairement à ce qui se fait, c'est-à-dire laisser les roses toutes seules, je vais tenter de couvrir leurs parterres d'autres fleurs, et on verra bien. « *Venerdi sera* », vendredi soir, « à neuf heures, une procession part de Santo Spirito et monte jusqu'à Santa Margherita », me dit Beppe. « Une grande procession. »

C'est jeudi saint aujourd'hui. En ville les boutiques regorgent de poules grandeur nature en chocolat, d'énormes œufs enveloppés de papiers clinquants, dotés à l'intérieur de cadeaux surprises – mais, comparé à la Sicile, l'étalage reste modeste. Je demande : « Que mangez-vous pour Pâques ? » En fait, je m'interroge sur la « sainteté » dudit jeudi.

« *Tortellini*, une bonne épaule d'agneau, pommes de terre, épinards, *insalata*, un peu de vin. » Soulagé, sans nul doute, d'en finir avec les *fiori*, Beppe part aider Ed sur les terrasses aux oliviers. Je rapporte de la belle eau aux homonymes de Santa Margherita. J'ouvre le coffre pour sortir lobélies, célestines, gueules-de-loup, dahlias, et ces lavandes cendrées dont personne n'a pu me dire le nom. J'ai un sac de graines de tournesol, des paquets de thym et de capucines rampantes, et des volubilis. Ed m'aidera demain à planter tout ça. Près d'un rosier grimpant de la plus grande murette (surnommée muraille de Pologne, car restaurée par des ouvriers de ce pays), j'installe le petit buisson aux fleurs roses et velouteuses en forme de porte-monnaie. Personne encore chez le pépiniériste n'en connaissait le nom.

La mort s'en retourne une fois de plus à ce corps crucifié. C'est curieux, j'ai toujours su que la phrase « Il est ressuscité le troisième jour » était chargée de sens, quelle que soit sa véracité. Mais, tenant cette boule de pâles racines dans ma main, des croissants de terre sous mes ongles, je suis satisfaite de ne pas savoir si je crois. Satisfaite de sentir mon sang ressusciter puisque le soleil revient sillonner l'équateur pour

me rendre la saison que je préfère entre toutes, celle des longs jours d'été.
Peut-être avons-nous été assez intelligents pour les créer, ces dieux. Y a-t-il meilleur moyen d'expliquer le fond nocturne de l'année et comment celui-ci revient à la lumière, sinon par une métaphore de la naissance ? Comment appréhender l'incroyable régénération du printemps sans le récit d'une ascension miraculeuse ? « Eh bien... » Et me voilà qui me cite moi-même à haute voix devant les feuilles penchées de l'anonyme plante rose :

> *... si un Dieu dessine des lignes pointillées pour que le soleil traverse les sphères, tant mieux. Sinon, nous sommes plus que nous ne le savons. Je peux tenir l'anémone et le clou du crucifix ensemble dans mon esprit.*
> *Je voulais la vérité et trouve que nous formons de chair tous nos mots nécessaires.*

Je creuse un trou pour une santoline vert-de-gris, celle que l'on répandait au Moyen Âge sur le sol des cathédrales pour masquer les odeurs humaines.

J'éclabousse le sol autour des racines, puis j'ordonne : « Ressuscitez. »

Bonjour, la grêle – qui martèle mes tendres pousses, rebondit comme du pop-corn sur les pierres. Tempête pour le vendredi saint – où est passée *primavera* ? Les grêlons cessent de tomber et le vent fait obliquer la pluie vers la maison. L'eau s'infiltre dans mon bureau, détrempe mes notes sur l'histoire de la Sicile. Tourbillons d'encre bleue qui ressemblent davantage aux flaques laissées par la marée qu'aux actes connus des Normands. Des abat-vent partent voler dans les tilleuls, claquent en culbutant sur les murs. Depuis la fenêtre de ma chambre, j'observe les colonnes de pluie qui arpentent la vallée et se dirigent droit sur nous. Lorsque le soleil revient, nous nous ruons à la porte, truelles en main, et plantons d'autres fleurs jusqu'à ce que la pluie tombe de nouveau à verse. Alors nous devons battre en retraite vers la grande porte d'entrée et nous sécher sous le balcon.

Le soir, le ciel s'éclaire. La bougeotte nous prend et nous partons en ville boire un *prosecco*. Les rues sont bondées – les gens des environs ont fait des kilomètres pour voir la procession, le chemin de croix. Nous essayons quatre *trattorie* avant de trouver une table dans une sympathique *osteria* – la petite salle confortable résonne aux airs des opéras et nous prenons des *strozzapretti*, « étrangleurs-de-prêtres », pâtes en sauce à la crème et aux noisettes. La serveuse, Cinzia, semble toujours s'amuser des choses de ce monde. Ses mains sont sans cesse en mouvement, elle allume ses chandelles avec de grands gestes sûrs. L'air serein, la propriétaire glisse ici et là. Je lui ai un jour demandé si elle était de Cortona, ce à quoi elle a répondu « non, de Castiglion Fiorentino », à huit kilomètres. Ed est sur le point de commander une bouteille, mais Cinzia pose l'index sur sa bouche, lève les épaules jusqu'aux oreilles ou presque, et lui montre de l'autre main un brolio chianti moitié moins cher. Le premier était un 1994 – elle hoche la tête en levant un doigt de réprimande. Ed prend le bœuf maison braisé au vin, un vrai plat de *casalinga*. Nous partageons une charlotte au chocolat en pensant avec envie à celle, aux pêches, qu'ils font ici l'été.

Au bas de la colline de Santa Spirito, voici une église que je n'ai jamais vue ouverte. Le portail est cerné de lumières et, lorsque nous arrivons, huit hommes portant robes et cagoules sont en train de hisser la croix du Christ sur leurs épaules. Je leur trouve un air effrayant ; le souvenir des robes du Ku Klux Klan passe en éclair dans ma mémoire. Petite, j'ai vu un jour des hommes du Klan réunis autour d'un grand feu. J'ai demandé à ma mère : « Qu'est-ce que c'est ? » « Une bande de vieux crétins », fut sa réponse. « Et plus ils sont vieux, plus ils sont dangereux. » Je me rappelle avoir remarqué ces étranges cagoules en pointe sur certaines peintures italiennes, gardant le visage des médecins de la peste qui se couvraient également de masques terminés d'un genre de bec d'oiseau. Derrière les hommes, huit femmes portent à l'épaule une statue de Marie en pleurs, qui semble peser une tonne. Ils quittent l'église, escortés par les porteurs de torches et nous suivons la procession qui monte la via Guelfa. L'orchestre de la ville entonne un hymne grêle. Nombreux, les gens rejoignent le cortège en marche.

Nous nous arrêtons devant chaque église où d'autres figures sacrées font leur apparition, puis se mêlent à la procession qui glisse dans la ville sombre. Certains chantent avec l'orchestre, et beaucoup portent des chandelles dont ils protègent la flamme du creux de la main. La lune brille, pleine, ou se tait dans le manège des nuages. J'ai le sentiment bizarre de m'être faufilée sous le rideau du temps, d'avoir pénétré un lieu et une cérémonie à la fois étranges et familiers. Cette musique, stridente, semble atonale, comme on pourrait s'imaginer l'entendre après la mort. À l'exception des adolescents qui jouent des coudes en chahutant, les visages restent secrets. Nous sommes tous emmitouflés dans nos écharpes et nos impers sans forme, ce qui ajoute à l'intemporalité. Sans les coupes de cheveux et les lunettes, nous pourrions être au xve siècle. Pour la plupart des gens d'ici, cette célébration est un des rituels annuels. Je ne suis pas spécialiste de ce genre de chose, surtout lorsqu'il s'agit de torches, de cagoules, et du Christ agonisant dont on porte le corps le long des rues. Mais le vendredi saint, je m'en rends compte, est de première importance. Dans le Sud de l'enfance qui a été la mienne, tout l'intérêt se portait sur le dimanche de Pâques, dont le principal événement pour moi consistait à choisir soigneusement nouvelle robe et chaussures neuves. Je me rappelle la joie d'un organdi aux marguerites brodées à la main sur l'ourlet et aux bouts de la ceinture.

Lorsque la procession part vers la ville haute, en suivant l'itinéraire abrupt du chemin de croix dessiné en mosaïques par Gino Severini, puis vers Santa Margherita, nous quittons le cortège pour boire un café. Le vent âpre m'a engourdi les oreilles. Comment arrivent-ils à garder ces poutres sur leurs épaules ? Il nous semble rapidement entendre de nouveau la lugubre complainte de l'orchestre et nous grimpons vite la colline jusqu'à San Marco pour redescendre à la *piazza* où l'évêque délivre un long sermon. Il est maintenant presque minuit et comme nous devons parcourir un kilomètre et demi, dans le noir, pour retourner à pied à Bramasole, nous quittons ces foules plus résistantes que nous.

Dans l'esprit des festivités de Pâques, nous décidons de prendre la voiture le dimanche pour Sansepulcro, ville natale de Piero della Francesca, et de revoir sa prodigieuse *Résurrection*. Le paysage roule en chemin avec nous – vallées vertes et collines boisées, une route sinueuse ponctuée de quelques villages, la Toscane bucolique. Les bas-côtés sont garnis de pissenlits et de pousses violettes, les premiers coquelicots surgissent dans les herbes, les glycines grimpent sur les murs pâles des fermes. Dans ce décor de rêve, nous sommes brusquement stupéfaits de voir une grande femme noire, habillée d'étroits pantalons rayés et d'une chemise rouge aguichante, debout au bord de la route. Nous en trouvons une encore au prochain virage, tout aussi sculpturale et ronde en formes. Son regard nous fixe. Puis, à quelques centaines de mètres d'intervalle, d'autres filles sont ainsi en poste, debout ou assises sur des caisses. L'une d'elles grignote un sac de chips. Nous apercevons bientôt une voiture garée – mais on ne voit personne. Surréaliste. Des prostituées dans l'Italie des champs. Certaines de ces femmes sont majestueuses, leurs cheveux élégamment tressés, leurs lèvres rouges et pleines. Toutes sont vêtues de rouge et de noir.

Qui s'arrêterait ? Certainement pas les hommes d'ici, que les voisins pourraient reconnaître. Et nous ne sommes pas exactement sur l'autoroute, il n'y a pas de files de camions. Nous avons dû croiser une quinzaine de ces femmes, prêtes sur le bas-côté, plus nombreuses que les voitures. Cela me semble bizarre et dérangeant, insensé dans cette vallée arcadienne du haut Tibre, qui sert de décor à tant de tableaux – route de rêve mieux connue sous son nom de piste della Francesca.

J'aime aller à Sansepulcro. En chemin, nous nous arrêtons parfois à Anghiari retrouver ses hautes rues médiévales, d'autres fois à Monterchi, petite ville des collines, hors du temps avec sa vieille *piazza*. La mère de Piero della Francesca était de Monterchi, c'est pourquoi le portrait de la *Madonna del Parto*, Marie prête à enfanter, y prend un sens tout personnel. Le tableau a quitté la chapelle du cimetière pour loger dans un bâtiment réservé en dessous des remparts. Sous son abri de verre, il a perdu un peu de son ancienne allure et cette tension particulière que lui donnait le lieu des morts. Mais la Vierge a gardé son regard fixé au sol, pas seulement lointain et austère, comme certains la décrivent, mais plein d'une attention intérieure et sereine. Je ne sais s'il existe d'autres portraits de la Madonna sur le point de donner la vie. Celle-ci a posé ses mains sur son ventre. Vient-elle de ressentir la première contraction, bénigne ? Le tableau a quelque chose de déroutant – c'est le moment, les femmes le savent, après quoi rien ne sera jamais plus pareil.

Nous sommes tellement habitués aux collines. Pourtant la ville du « Saint-Sépulcre » est plate. On imagine aisément Piero della Francesca traverser la *piazza* en biais. C'est ici qu'il peignait, à Urbino et Arezzo aussi. Provincial dans le sens le plus strict, il a créé un œuvre universel. À déambuler dans les rues égales de Sansepulcro, devant les perspectives linéaires de la *piazza*, les ombres franches découpées par les immeubles droits, je crois sentir comment le plan de la ville a influencé son art.

Au Museo Civico, que nous trouvons généralement vide, un petit groupe de touristes italiens a aujourd'hui obéi au même choix. Les œuvres présentées sont purement régionales, sauf que le peintre du coin s'appelait della Francesca et que trois de ses plus grandes toiles sont exposées dans une pièce à part. Les autres salles sont pleines de haches préhistoriques, de collections de petites boîtes, et présentent deux douzaines de peintures qui offrent parfois un intérêt particulier, mais souffrent de la proximité du maître. Un petit garçon dodu n'arrête pas de tirer le bras de sa mère, l'implorant de partir manger, tandis qu'elle tente de se concentrer sur les œuvres. Il insiste une fois de trop et elle lui donne un petit coup sec sur le crâne, les phalanges repliées, en lui montrant le diable représenté sur une toile.

Nous allons d'abord voir la *Madonna della Misericordia* – même visage que la Vierge de Monterchi, mais plus lasse, plus tendue. Beaucoup se sont rassemblés, en quête de protection, sous son large manteau. Imagerie commune de la peinture italienne, et sans doute rassurante lorsque guelfes et gibelins s'arrosaient d'huile bouillante et que les mercenaires écumaient la campagne, pillant et brûlant tout sur leur passage. Elle a toujours ce quelque chose de serein. Le petit garçon bien en chair s'appuie contre la jambe de sa mère et s'enveloppe de sa jupe. La salle se vide, à l'exception d'un homme qui regarde intensément le San Giuliano de Piero et son air perplexe – voire égaré.

Nous nous asseyons face à la célèbre Résurrection. Le Christ, émergeant du tombeau, est drapé d'un linceul rose craie. Les quatre gardes sont endormis. La gardienne du musée dit que le deuxième en partant de la gauche est un autoportrait de della Francesca. C'est celui des quatre qui a l'air le plus profondément assoupi. « Et regardez, dit-elle en me montrant sa gorge, *gozzo*. » Je n'ai jamais entendu ce mot, mais je le vois aussitôt : goitre. J'ai toujours admiré le cou des femmes dans ses peintures. Étonnant de constater que le sien avait cette protubérance anormale. À son époque, l'eau d'ici manquait d'iode. Et il devait être un homme sans vanité pour ne pas avoir ôté cette disgrâce de son portrait. On voit derrière le Christ un paysage, desséché sur la gauche, et animé à droite par le retour du printemps. La composition est simple, la puissance, palpable. Je dis à Ed : « Il a de grands pieds, comme toi. » Le corps est remarquablement peint. Un homme musclé dans toute sa beauté. Je me demande si T. S. Eliot pensait à cette image lorsqu'il écrivit « Dans la proche adolescence de l'an vint Christ le tigre. » Il s'est arraché, tout-puissant, du Sépulcre. La pâleur de la tombe ne se lit pas sur ses joues colorées, ni sur ses lèvres sensuelles.

Souvent citée, la sensation de Kenneth Clarke devant le tableau décrit le fond de cet étrange magnétisme émotionnel : « Depuis le jour où les hommes comprirent que la graine ne meurt pas dans la terre d'hiver, mais poussera avec force contre sa croûte de fer, ce pays a adoré Dieu, Dieu qui s'élève dans la lumière grise, tandis qu'ils dorment encore. Il deviendra plus tard le dieu de l'allégresse, alors qu'involontaire son émergence première est faite de souffrance. Il semble appartenir aux rêves qui pèsent si lourdement au sommeil des soldats, et il porte en lui-même le regard éperdu, distant, des somnambules. »

Ed lance : « Le même mystère émane de lui que de la *Madonna del Parto.* » Oui, il fixe ce que nous ne pouvons voir. Sur la route du retour, nous retrouvons les femmes au bord de la route qui dévisagent les conducteurs. Je ne lis rien dans leurs yeux. La tragédie, car c'en est sûrement une, ne se montre pas. Nous choisissons un raccourci et, soulagés de ne plus les voir en chemin, retrouvons violettes, églantines, pruniers et cognassiers, ruisseaux printaniers cascadant sur les roches, et arbres à feuilles nouvelles tout rougeoyants de boutons. Mais cela n'efface pas la vérité brutale de ces femmes à louer sur le bord de la route, cette espèce de revers lointain d'un autre chemin de croix.

Ed file de virage en virage ; nous ne croisons aucun véhicule sur de longs kilomètres. Nous rentrons en vitesse pour le vernissage de notre amie Celia, qui expose ses peintures dans une galerie de Cortona. Il y a tellement de monde dans la petite salle que l'on a peine à découvrir les grandes fleurs vives, bleues et jaunes des toiles. Plateau après plateau d'excellentes petites choses, vin à volonté, chacun y va de ses vœux. Vittorio, son mari, nous rejoint avec une assiette de *crostini* aux truffes, coupés en tranches. Ed lui parle des femmes. « Elles viennent du Niger. Je comprends que ça vous choque. C'est la mafia russe qui les envoie ici. Ils leur promettent des carrières dans la mode et voilà le résultat.

– La mafia russe en pleine campagne toscane ? Tu ne parles pas sérieusement, dit Ed. Pourquoi la police ne vient-elle pas les ramasser, pour qu'elles rentrent chez elles ? »

Vittorio hausse les épaules. « La prostitution n'est pas illégale. Contrairement au proxénétisme, mais il n'est pas facile de prendre les types sur le fait. Ils sont toujours prévenus si la police arrive.

– Comment ?

– Par téléphone. Portable. Ils doivent avoir quelqu'un au village, qui surveille la route.

– Je ne vois pas quels clients elles peuvent trouver sur une petite route comme ça.

– Moi non plus, mais il paraît que ça ne manque pas. »

Antonio se joint à nous et nous changeons de sujet. J'ai d'autres questions. J'ai vu un panneau griffonné à la main sur le portail de San Filippo. La bénédiction des œufs aura lieu entre quatre et cinq heures à San Domenico, et de cinq à six à San Filippo. Vittorio explique que le matin de Pâques est le seul dans l'année où les Italiens renoncent à leur *espresso* sur le coude pour préparer un énorme petit déjeuner à l'américaine. Symboles de renaissance, on amène les œufs à l'église pour la bénédiction. « C'est au cours de la semaine de Pâques, également, que les prêtres viennent bénir les maisons. Alors tout le monde fait un ménage d'enfer. Et on en profite pour bénir les œufs.

– On faisait ça à Winona, aussi, se rappelle Ed. Après avoir nettoyé partout, ma mère aspergeait nos lits d'eau bénite, pour nous protéger, puis le prêtre venait bénir la maison.

– Est-ce qu'on vient bénir la tienne, Antonio ? » Ce dernier vit seul, mais sa petite amie refuse de dormir chez lui à cause de la *confusione*. Il répond d'un sourire.

Je ne savais pas que Ed dormait autrefois dans un lit bénit. Cela explique peut-être des choses.

Pâques est jour de tranquillité. À San Cristoforo, l'église que je préfère, on fait passer un panier rouge de petits pains ronds à la vingtaine de fidèles présents. Pain de la vie. Le prêtre bénit la nourriture qu'il arrose de quelques gouttes d'eau consacrée. Une femme a apporté dans sa panière le pain qu'elle servira pour le dîner et lui demande de bénir celui-là aussi.

Ceux, nombreux, qui ont porté les statues à travers la ville doivent gémir sous des compresses chaudes. Nous apportons des pots d'hortensias roses à Donatella et à Anselmo pour découvrir, gênés, qu'ils en ont déjà plusieurs – et des tonnes de chocolats aussi.

Les familles doivent se regrouper autour des longues tables, puis quelqu'un – pas moi – apporte l'agneau sur son plat, bordé de romarin. Je suis bien heureuse de ne pas avoir passé la journée à la cuisine, heureuse de ne pas servir, heureuse de ne pas avoir des montagnes de vaisselle sale à empiler contre le mur. *Va bene*, ce sera pour une autre fois. Ce soir, nous sommes seuls. Honneur à leur fraîcheur, nous goûtons les petits pois bien poivrés avec une bonne lamelle de beurre. Une entrée de plaisir. Bouteille de vin blanc franc, côtes de veau, salade de verdures « mariées », comme disent les Italiens, assaisonnées de notre huile et d'un peu de vinaigre balsamique – cinquante ans d'âge, si précieux élixir que j'en orne mes laitues à l'aide d'un compte-gouttes.

Puisque Ed est catholique, j'escompte qu'il sache tout du calendrier liturgique : « Que veut dire *Maundy* * ? »

Il est en train de couper une poire au dessert. « Hm... je pense que *mandat* vient de la même racine latine.

– Et quel était le "mandat" du jeudi ?

– Laver les pieds des pauvres ? Je crois que c'était ça. Ça vient de Marie-Madeleine qui a lavé ceux de Jésus.

– Tu te rappelles la petite fresque, si dense, de Piero della Francesca qui la représente, les cheveux encore mouillés, dans la cathédrale d'Arezzo ? C'est une scène aussi intime que son Jésus au sortir du tombeau. Dommage qu'elle ne soit pas exposée avec la *Résurrection*.

– Le nom de Marie-Madeleine vient aussi à l'esprit quand on pense à la musique de la procession, vendredi.

– Pourquoi ? »

J'attends. Ed, élevé dans une paroisse polonaise, très catholique, a été enfant de chœur des années durant. Ces rites sont pour lui moins curieux.

« Parce que l'anglais *maudlin*, larmoyant, est une déformation de Madeleine.

– Ces porte-croix de l'autre soir doivent avoir eux aussi de bonnes raisons de penser à leurs pieds, en ce moment. » Je revois ces femmes, déplacées sur le bord de la route. « Est-ce qu'il y avait autant de prostituées que de stations sur le chemin de la croix ? »

Ed récuse d'un signe de tête. « Je suis content qu'on en ait fini avec Pâques. Que le printemps revienne, et c'est tout. »

---

* *Maundy Thursday* : le jeudi saint.

À LA RECHERCHE DU PRINTEMPS :
FLOTS VÉNITIENS

Entichés de printemps italien, nous suivons celui d'avril en Vénétie. Je retourne à Venise après une absence de vingt-cinq ans. Tandis que nous parcourons ce paysage plat, inondé de ciel, je passe en revue mes dernières visites. Le temps dérape et glisse – l'intervalle coulisse au loin ; mais Venise persiste comme un souvenir proche. Je suis intriguée par le temps écoulé, tout autant par le caractère si spécial de la Sérénissime. J'ai lu que les abeilles, leurs poches pleines de nectar, sont mues par des forces magnétiques qui les ramènent aux ruches – c'est mon sentiment pour Venise. Flamboyante, décadente, elle reste pour moi une ville sacrée. Je me laisse piéger par ce qui est beau. Sa situation extrême, face à un exotique Orient, le dos tourné au reste de l'Europe, ne fait qu'ajouter à cette attraction. Je n'avais jamais eu l'intention de m'en éloigner aussi longtemps. Il y a quelque chose derrière – quelque chose que je n'ai jamais réussi à me dire moi-même, que je n'ai jamais vu ou lu dans un monde de livres et d'images vénitiennes. Mais quoi ?

À quelques heures de route seulement au nord-ouest de Cortona, nous entrons dans un autre printemps. Les victimes d'allergies doivent devenir fous ici. Si on laisse la voiture garée une heure, on la retrouve couverte d'un pollen jaune poisseux. L'air précipite dans le pare-brise des bouffées blanchâtres et tourbillonnantes et les rutilants tracteurs écument la poussière des champs. Les brises projettent des nuages d'une fumée d'or échappée de la résine et des pignes des pins. Le vert nouveau des feuilles et des cultures semble reflété par l'air qui prend une teinte d'eau ; nous conduisons sous un éclairage d'aquarium.

En arrivant près du port de Chioggia, au sud de Venise, la terre devient marécageuse. Les rives d'ajoncs penchent et se dissipent dans l'eau. J'ai toujours adoré les odeurs des marais. J'ai passé mes premiers étés dans les îles de Géorgie, qui offrent encore un de mes paysages préférés. Des herbes qui poussent par-dessus la mer. Terre de marées, créatures lisses filles du sol et de l'eau, tressaillements lorsque ce qui ressemblait à un tronc s'anime et ouvre soudain de grotesques mâchoires. L'odeur fraîche, saline, iodée, putrescente même, était toujours signal d'été et de liberté. Tassée dans l'Oldsmobile avec mes sœurs, Willie Bell, les disques, les jouets, les vêtements et ma mère (mon père se faisait conduire séparément par un des employés pour éviter le « chaos »), je me penchais comme un chien à la fenêtre, les cheveux bouclés par le vent, à l'attente des premières senteurs. Personne ne paraissait le moins du monde enchanté lorsque je me mettais à citer Sidney Lanier, poète de Géorgie, et ses *Marais de Glenn*, dont on nous forçait à apprendre les innombrables strophes à l'école. J'imitais le style déclamatoire de notre institutrice Miss Lake :

> *Comme la poule d'eau nidifie secrètement sur le gazon humide*
> *Regardez-moi bâtir mon nid dans la grandeur de Dieu.*
> *Je volerai dans son immensité comme vole la poule*
> *Devant la liberté qui emplit tout l'espace entre marais et cieux :*
> *Avec autant de racines que l'herbe des marais en enfonce dans le sol,*
> *Je m'étendrai solidement sur la grandeur de Dieu :*
> *Oh, comme cette grandeur est semblable à l'ampleur*
> *Immense des marais, des longs marais de Glenn.*

« Vous ne voulez pas la faire taire ? » disait ma sœur qui cornait les pages de son *Mademoiselle* en préparant déjà sa garde-robe pour la rentrée universitaire. Et moi, de m'écrier plus fort :

> *Immobiles et calmes soient les plaines de l'eau !*
> *La marée est son extase.*
> *Marée de la plus grande hauteur :*
> *Et il fait nuit.*

J'aime ce dernier vers coupé. Mon autre sœur rappelait que les marais de Glenn ont rougi du sang de quelque guerre. Ma mère se mettait à chanter *You Are My Sunshine*, que je détestais. Je baissais de nouveau ma vitre pour laisser l'odeur me laver le visage jusqu'à ce que nous croisions les remugles soufrés des usines à papier.

Marais, îles et lagons – odeur de vieux paysages où l'eau fait à sa guise. Ces marécages, ici, se sont sans doute de temps à autre teintés de sang. Les Doges ne gouvernaient pas la paix en tête. Les guides ne font pas grand cas de Chioggia. Mais, version ouvrière et piquante de Venise, elle a tout de suite notre sympathie. Comme son élégante cousine, Chioggia repose sur des terres basses parcourues de canaux et d'un labyrinthe de *vicoli*, ruelles menant aux ponts cintrés. Les couleurs d'étendards des bateaux de pêche se répètent dans les eaux. Les gens s'amassent dans les cafés et les boutiques d'une vaste grand-rue. L'actuelle baisse italienne de la natalité ne doit pas se ressentir ici. De nombreuses jeunes femmes font leurs courses l'après-midi en poussant des landaus, hébergeant parfois un tandem de tout-petits. J'espère qu'on leur permet de changer de place. Je n'aimerais guère que mon premier aperçu de ce monde se limite à la nuque de mon frère. Les restaurants de poissons sont agglutinés près du port. Le poisson sera-t-il vraiment frais ? Nous voyons un homme en transporter deux seaux pleins. Encore vivants, empilés sur les autres, ils battent de la queue. Le linge coloré est pendu à des fils au-dessus des canaux : serviettes à rayures jaunes, pantalons rouges, chemises à fleurs, soutiens-gorge monumentaux, et quelques tristes culottes grisâtres. Je vois au travers d'une fenêtre une femme dans sa cuisine se frotter les mains à l'huile d'olive pour travailler sa pâte avec plus de facilité.

Après avoir comparé les descriptions de plusieurs guides, Ed a localisé un restaurant estimé qui offre des chambres à l'étage. Nous laissons Venise attendre, elle sera pour la fin. Le restaurant se trouve au village de Lorregia, notre point de chute pour quelques jours. Sur la route de Chioggia, les freins se mettent à grincer. Un bruit déplaisant. Nous nous renseignons à l'hôtel sur l'existence d'un garage Alfa Romeo, mais il est déjà tard. Et, pas de chance, demain c'est dimanche. Ed demande s'il peut téléphoner, au cas où quelqu'un serait encore là. S'il faut attendre lundi pour amener la voiture, nous allons être coincés sans pouvoir rien faire d'autre que manger à l'hôtel-restaurant. « Amenez-la *subito*, je vais y jeter un œil », répond le mécanicien.

La femme de la réception, qui est une des propriétaires, prend un air soucieux. « Comment reviendrez-vous ? C'est à treize kilomètres. » Ed demande s'il existe un endroit pour louer une voiture, au besoin. « C'est trop tard. Ils ferment à cinq heures, le samedi. Mais appelez-moi depuis le garage. Je vais voir ce que je peux faire. »

Mes revendications d'égalité féminine s'arrêtent devant les voitures. Il faut que ça démarre et que ça roule. Je n'aime pas regarder sous le capot. Toute cette ferraille compliquée et la batterie qui peut vous envoyer sur la lune si on touche ce qu'il ne faut pas. Je file en haut et Ed part.

La chambre est d'une parfaite sobriété, mais immaculée. Lorsque je séjourne à l'hôtel, qu'il soit austère comme une cellule de moine ou bien grandiose et luxueux, je me réjouis toujours de cette sensation d'anonyme liberté, surtout quand je suis seule. Je retire le dessus de lit, retourne les draps, me mets à la fenêtre, inspecte les tiroirs et le minibar, examine lotions et shampooing, le flacon plein de boules de coton et autres éventuels agréments. Je suis tout le contraire de ma tante Hazel qui voyageait avec son oreiller et un aérosol de Lysol. Elle le maintenait au-dessus de sa tête en arrosant tout ce qu'elle trouvait, puis quittait la pièce une bonne heure en attendant que les microbes agonisent. J'aime les sous-mains de cuir et le beau papier à lettres, le bloc à côté du téléphone et son crayon affûté, les magazines de papier glacé qui décrivent la ville, les peignoirs en éponge. Cette chambre ici, cependant, n'offre pas grand-chose à explorer. Mais la douche est bonne, et j'ai un bon livre.

Où est Ed ? Une heure passe, puis une autre. Il finit par revenir et jette des clefs sur le lit. « On a une Fiat Panda jusqu'à mardi matin. Il faut réparer les freins de l'Alfa et le mécano ira prendre les pièces lundi à Trévise.

– Qu'est-ce qui ne va pas ?

– Rien de grave. Usure normale. Il devrait terminer mardi matin. Tu ne peux pas imaginer la gentillesse de la *signora*. J'ai appelé l'hôtel et elle est venue me chercher, ensuite elle a fait au moins quinze kilomètres de plus pour m'amener à l'endroit où elle a trouvé une voiture à louer chez le concessionnaire Fiat. C'était dans un genre de zone industrielle. On ne retrouvera sans doute jamais où c'est.

– C'est incroyable.

– Elle conduit vraiment comme une Italienne », dit Ed avec admiration. Il ouvre la fenêtre et l'odeur terreuse des *funghi porcini* en train de frire dans l'huile le conduit à la douche d'où il ressort dans une chemise bleue toute propre. Nous descendons à la salle à manger. Après cette aventure, on nous traite comme de vieux amis. La famille entière est au courant du *problema* avec l'Alfa. On nous amène des verres de *prosecco* et tout le monde s'accorde pour dire que l'Alfa est une bonne voiture, que les voitures italiennes ont les plus beaux *designs* du monde.

« Nous vous faisons entièrement confiance, lance Ed au serveur. Servez-nous vos vins préférés, d'ici bien sûr, et les spécialités maison. » C'est ainsi que Ed aime dîner, en louant le chef avant même de regarder son assiette. Plus difficile que lui, je ne suis pas si enthousiaste lorsqu'on nous amène le *lardo* en tranches, en fait de la graisse molle, ou les oursins. J'espère qu'on ne nous apportera pas les *medaglioni d'asino* que j'ai aperçus sur le menu. Je peux vivre sans médaillon d'âne.

Le garçon nous invite à le suivre en bas. La cave voûtée est parcourue d'étagères pleines. Notre hôte furète un moment avant de mettre la main sur une bouteille d'amarone, un des vins que je préfère pour ses arômes sombres. Les plats vont se suivre les uns après les autres. Chance, on nous sert des pâtes avec des légumes, plutôt communs, mais formidables puisqu'elles sont faites maison, et les légumes, cuits à la perfection. Le garçon revient avec des *gnocchetti*, petits *gnocchi*, puis des légumes encore, juste pour que nous les goûtions. La salle du restaurant, pour provinciale qu'elle soit, s'emplit peu à peu de personnes sorties tout droit des boutiques à la mode. La richesse de la Vénétie, même comparée au niveau de vie élevé de la Toscane, est proprement surprenante. Un mouvement a longtemps fomenté pour séparer la région du reste de l'Italie. Économiquement, c'est un pays à part, à des années-lumière de la Sicile. Je me demande combien de ces femmes dans leurs tailleurs Gucci et Escada ont commandé de l'âne en médaillon. Le plat suivant, du lapin braisé, est mitonné avec vin et tomates, pignons et raisins secs. Le goût de fruit de ces derniers s'accorde parfaitement avec la sauce vineuse. La famille confectionne elle-même les desserts, tous alléchants, mais nous préférons demander une sélection de fromages locaux. À la table près de nous, un couple charmant parmi les autres dîne avec le petit, âgé de neuf ou dix ans. Nous l'avons vu lire le menu attentivement et poser des questions au serveur. Les parents semblent s'ennuyer. Alors que lui mange avec délectation et étudie les plats à chaque fois que le garçon passe devant la table. Le père lui a servi un demi-verre de vin, avant d'y ajouter de l'eau minérale. Nous voyons maintenant le fiston examiner le bavarois aux pêches et la tarte aux fraises sur le chariot à desserts, puis se renfoncer sur son siège et commander des fromages. Nous sommes impressionnés. Un gourmet-né.

Comme nous sommes près de la « source », Ed demande une *grappa*. Plaisir divin de monter l'escalier pour se retrouver au lit.

Je déménagerais volontiers sur-le-champ villa Barbaro, une des plus heureuses réussites de Palladio. Le jardin est dénudé, c'est au plus une pelouse, mais la demeure reste un bonheur, avec ses fresques riantes de Véronèse et l'intimité de ses chambres. L'extérieur vous invite au-dedans, contrairement à certaines austères constructions du même auteur, surchargées d'Architecture avec un grand A. En trottant dans les chaussons de feutre offerts aux visiteurs, je m'aperçois que la maison est toujours habitée. Deux pièces à l'accès interdit par des cordons sont pleines de photos de famille derrière les sièges confortables et les lampadaires. Est-il possible que ce soit la facture de l'électricité sur le bureau ? Cela doit vraiment être bizarre de prendre congé le dimanche après-midi pour que les hordes rassemblées puissent contempler les fresques, admirer le paysage, s'imaginer écrire sur le secrétaire doré.

La Panda doit connaître la route. Nous arrivons à ne pas nous perdre. Bassano, Treviso, Castelfranco. Nous ne trouvons aucun de ces mystérieux panneaux, si nombreux en Toscane, qui indiquent *tutti le direzioni* – toutes directions – en même temps à droite et à gauche. Nous nous garons à l'extérieur d'Asolo et nous entrons à pied puisque les voitures sont interdites dans ce monde de rêve, pays d'un de mes écrivains préférés. Non, pas Robert Browning qui immortalisa la ville dans son poème *Asolando,* mais Freya Stark, qui s'installa ici une fois fatiguée de ses voyages hasardeux en Assyrie et en Perse. Quel contraste avec la traversée des déserts : Asolo n'exige rien. J'ai l'impression de me trouver dans une version italienne, plus ancienne, de Carmel en Californie, avec ces nombreux jardins secrets, portails couverts de vigne vierge et charmantes bâtisses. Un endroit où l'on peut rêver de prendre sa retraite un jour, si on a des tonnes de *lire*. Les roses débordent à Asolo. Tous les trois pas, de nouvelles senteurs douces descendent des murs et vous caressent. Je ne cherche ni la maison ni la tombe de l'écrivain. Je suis seulement curieuse de voir les lieux de promenade des nombreuses années qu'elle a passées ici, une fois ses livres fermés. Elle prenait certainement son thé là, près de la fontaine. Je suis sûre qu'elle allait à la papeterie du centre-ville. Je n'en ressors pas avant d'avoir trouvé un cahier vierge jaune qui remplacera celui, bleu, où j'ai décrit nos premières aventures cortonaises, et un album pour les photographies, avec des fleurs peintes en couverture. Je résiste devant les minuscules flacons d'encre lavande, indigo et verte scellés à la cire, et les rangées de beaux stylos très chers. Le plaisir de la bonne papeterie n'est semblable à nul autre. Son attrait est lié à l'agitation provoquée par les fournitures d'école achetées année après année scolaire. Peu de choses que j'ai jamais acquises dépassent les délices des blocs de papier jaune, des carnets à spirale et bristols de couleur, des classeurs de cuir à trois anneaux. Et s'il y a aussi un cartable rouge avec des compartiments et des poches à fermetures Éclair, c'est encore mieux. Le premier de ces souvenirs joyeux revient – l'armoire à papeterie du bureau de mon père. Il me laisse prendre des blocs sténo avec une grande ligne centrale, un crayon rouge que je pouvais affûter là même dans un appareil doté d'un diaphragme prêt à s'adapter à toutes les tailles. Un de ces samedis matin où il m'avait emmenée en voiture à la filature, je fus soudain fascinée par une grosse agrafeuse grise. J'aimais le clac-clac caractéristique qu'elle produisait. La maîtresse à l'école maternelle nous avait dit que les cheveux et les ongles étaient insensibles. Alors j'ai mis mon pouce gauche dans les griffes de l'agrafeuse et j'ai appuyé fort, projetant une foudre d'horribles douleurs sous l'ongle peu épais. J'étais clouée. Mon père jura terriblement et détacha l'agrafe à l'aide d'un tournevis. Le corps se rappelle tout. J'en frémis encore de douleur. « Tu vois cet ongle ? » dis-je en montrant mon pouce à Ed.

« Oui, pourquoi ?

– Tu vois la brisure dans la lunule ? »

Il place mes deux pouces côte à côte. « Oui, je suppose. » Je lui raconte toute l'histoire. « Ouf... J'en ai la chair de poule. Qu'est-ce qui t'a fait repenser à ça ?

– J'ai voulu prendre de l'encre lavande et j'ai eu peur qu'elle se répande dans mon cartable.

– Attends une seconde. Ce vieux monstre d'agrafeuse que tu as à la maison, c'est celle de ton père ?

– Bien sûr. »

Deux journées faciles où nous roulons alentour pour retourner le soir dans notre bastion gastronomique – et fantastique. Le couloir du petit hôtel est garni de photos de famille – hommes au retour de la guerre, bébés choyés, portraits de groupe. Nous aimons cette ambiance intime et la chaleur qui émane de nos hôtes, entre nos allers et retours. Des gens de la ville se retrouvent au bar, trinquent, regardent le football à la télévision, parlent de la première communion de la petite et de l'imbécile qui a embouti le platane en faisant marche arrière devant la poste. Nous participons brièvement, en périphérie, à la vie constante du lieu. Ed leur promet de revenir un jour, à l'automne, goûter le menu de saison. Il jette en partant un regard mélancolique dans la salle à manger.

Ni le train ni l'aéroport Marco-Polo n'offrent d'approche véritable – *primo* – de Venise. D'avoir parcouru le *Veneto*, d'avoir séjourné à Chioggia, je me suis laissé pénétrer d'une autre conscience de ce pays d'eau. J'avais toujours considéré Venise comme un endroit jailli des flots qui, il n'y a guère longtemps, a failli y sombrer et en reste menacé. Nos promenades dans le *Veneto* m'ont permis d'intégrer une conscience réelle, *géographique*, des lieux, et me voilà plus ébahie que jamais. La terre qui soutient Venise n'est souvent rien de plus que ces bancs de sable où j'allais patauger lorsque j'étais enfant à l'île Saint-Simon. L'exploit d'avoir établi un empire sur cet archipel des marais prouve que ses occupants ne manquaient pas d'imagination. Ils ont tissé des digues de saules pour repousser la mer. Furieuse folie ! En guise de fondations, ils ont enfoncé de longs piliers de bois dans l'eau et la vase jusqu'à atteindre les couches argileuses inférieures. Des centaines d'îlots furent ensuite reliés par des ponts, pour donner l'impression de canaux creusés dans une seule et même île. Et certaines voies d'eau ont été comblées, pour altérer encore la vérité topographique des lieux.

Mon instinct me suggère qu'en apprenant à « lire » la carte de ces eaux, je serai qui sait capable de me frayer un sentier vers le point stratégique d'où cet endroit agit sur mon imaginaire. Je sais déjà que ce n'est pas seulement la beauté extravagante de Venise qui se joue de moi. Mon cheminement vers une explication commence peut-être avec cette constatation que la création de Venise va *à l'encontre de toute pensée rationnelle* – « Bâtis ton église (ou ta compagnie d'assurance) sur le roc. »

Nous nous garons dans un garage en dehors de la ville, laissant l'essentiel de nos bagages dans le coffre, et montons à bord d'un bateau qui, une fois traversé une étendue d'eau calme, s'engage dans le Grand Canal. Saint des saints ! *Holy Toledo* * *!* Ma mémoire a réduit la cité en clichés d'aquarelles. Mais – réalité des sursauts du bateau, gondoles au travail, chargées de fruits et de caisses d'*acqua minerale*, péniches de travaux avec leurs planches et sacs de béton entassés. Beauté féerique, compacte, stupéfiante, paralysant l'esprit, des *palazzi* qui bordent le canal et se reflètent dans l'eau – je reste debout à la balustrade, les dents fichées dans la phalange de l'index droit, une vieille manie qui revient si quelque chose me frappe et me réduit au silence. La beauté ne fait pas que passer devant vos yeux. Elle ravit. Je commence à sentir mon esprit s'élever, l'esprit du voyageur lorsqu'il est en présence d'un endroit lui-même au-delà de tout.

Arriver dans Venise semble la chose la plus naturelle au monde. Est-ce ainsi pour tous ? On la connaît si entièrement grâce à tant de films, photos, calendriers, livres. Y a-t-il une autre strate sous cette familiarité trop facile ?

Je sens les souvenirs se presser et je veux qu'ils s'arrêtent au moment où mon pied prend appui sur la *fondamenta*. Venise fut « notre » ville, mon ex-mari et moi. Si nous n'y fûmes que deux fois, nous avons aimé le petit hôtel fleuri où nous retirions le matelas du sommier lorsqu'il chantait trop fort. Notre gondolier à la douce voix haut perchée glissait sur les canaux, se penchait sous les ponts. Eh bien, oui, il chantait *O Sole Mio*, mais il se débrouillait bien aussi avec

---

* Une des exclamations de Superman.

Nessun Dorma. Au marché du matin très tôt, un commerçant avait édifié une ziggourat de blanches pêches mûres. Le moindre poisson de l'Adriatique semblait se retrouver, l'œil brillant, aligné sur la glace, prêt pour les femmes venues avec leurs paniers, et les patrons de bistros secondés de commis hissant sur leurs épaules leurs caisses de vivres. Moi, je suis poursuivie d'une phobie des oiseaux et, place Saint-Marc, je planais sous les arcades tandis que mon mari déambulait au milieu des nuées de pigeons, puis revenait me décrire la *piazza* dans cette perspective que je ne connaîtrai pas. Nous avons trouvé la papeterie aux livres de vélin blanc et aux feuilles marbrées. Nous avons essayé les pâtes à l'encre de seiche. J'ai aimé le cycle de Sainte-Ursule peint par Carpaccio. *Ursula,* allongée à rêver sur son lit élevé, tandis que l'ange met le pied dans la pièce et apporte la fronde du martyre. Quatre ans plus tard nous sommes revenus avec notre fille et avons profité de sa compagnie heureuse au long des canaux. Elle s'était mis un chapeau de paille de gondolier, courait caresser des chats qui ne voulaient pas de ses mains, oubliait son carnet à lacets sur le vaporetto et pleurait la perte de douze petits bouts de verre ramassés en voyage. Curieux de voir quels fragments de mémoire restent en soi. Je ne me rappelle pas si elle a apprécié la lagune, les ponts, la *piazza.* Elle aimait les robinets et le bec de cygne de la baignoire à l'hôtel. Étrange comme la mémoire sait *contourner* les ans pour retrouver le temps et l'espace de vieilles amours intactes. Les souvenirs ne cessent de se presser.

Nombreuses sont les hautes marées qui depuis ont parcouru Venise. Et me revoilà, moi. Avec Ed. Et une autre vie. Nous trouverons ici le chemin qui est le nôtre. Je regarde Ed et ne peux m'empêcher de rire. Ses yeux dans l'hyperespace. Je n'ai qu'à dire : « Venise », il acquiesce.

Il est déjà bronzé, adossé à la balustrade dans sa chemise de lin jaune, quand la ville entière et glorieuse court derrière son regard. Il ressemble à quelqu'un avec qui j'ai envie de m'échapper – et c'est déjà fait. Perspective de journées avec *lui* dans Venise : *bella, bella.* Nous arrivons au milieu des eaux du Grand Canal où le bateau semble balancer. Un petit

choc bientôt et nous sommes à quai. « Un paradis. C'est incroyable.
— Oui. Si Venise n'existe pas dans le vrai paradis, je ne veux même pas y aller. »

L'hôtel, autrefois une tour de couvent, donne sur une harmonieuse *piazza* qui ne fut elle que de l'eau, avant d'être comblée. Qui dit tour dit romance, mais aussi étroitesse. Pour moi, les meubles délicats et la chambre toute petite sont du plus pur Venise. Ed ressemble à Gulliver dans l'espace minuscule.
Nous sommes arrivés à l'heure de la tournée des ombres. Un ami italien de Cortona nous a parlé de la coutume vénitienne de « sauter dans les bars » en fin d'après-midi. D'étroits estaminets sont calés au fond de chaque quartier, et leurs comptoirs donnent souvent sur la rue. Les riverains se retrouvent pour une *ombra*, une ombre, qui est un demi-verre de vin. Le terme provient d'un lieu de rencontre initial à l'« ombre » de San Marco. Les gens passent, boivent un godet, puis s'en vont au prochain. Parfois certains ne se connaissent pas en dehors de cette coutume. « C'est un copain des tournées de l'ombre », disent les Vénitiens les uns des autres. Des *antipasti* sont prêts sur le comptoir, savoureux amuse-gueule d'un genre proche des *tapas* : carrés de polenta fourrés au poisson, *moleche*, minuscules crabes à manger entiers, beignets d'anchois et différentes préparations à base de *baccalà*, morue séchée. On traîne dans un ou deux de ces bars, puis on rentre chez soi. Les groupes se font, se défont, recommencent. Nous nous sommes arrêtés à un bar où les *antipasti* étaient si délicieux que nous sommes restés dîner dans l'arrière-salle. Nous avons essayé les *sarde in soar*, sardines fraîches dans une sauce aigre-douce, un mets des Doges. Venise n'est pas réputée pour ses restaurants, pourtant, dans les petits quartiers, plats authentiques et fruits de mer de première fraîcheur sont servis dans d'intimes *trattorie*. Le répertoire classique comprend le foie de génisse aux oignons (oublier celui de la cantine à l'université), le risotto ou les pâtes aux seiches dans leur encre, la garniture tou-

jours agréable des *risi e bisi*, riz et petits pois, mais aussi le poisson à la trévise rouge, l'un et l'autre grillés ; les soupes de poisson, différents coquillages aux pâtes, et du poisson, du poisson, encore du poisson. Venise et la Sicile, opposés à presque tous les points de vue, profitent ensemble des bienfaits de la mer, d'épices subtils et d'assaisonnements issus d'une longue tradition de dominations étrangères.

Nous laissons le plan dans la chambre. Il nous suffit de marcher. Marcher, marcher encore. À l'écart des grands rendez-vous, les quartiers de Venise sont d'un attrait sans fin. Nous débouchons dans un *squero*, un endroit où l'on fabrique et répare les gondoles. Un homme gratte la peinture noire et je me rappelle qu'autrefois, avant la peste et les lois somptuaires, les gondoles étaient décorées de toutes les couleurs. Je veux montrer à Ed les neuf tableaux de Carpaccio représentant la légende de sainte Ursule. Elle dort doucement dans son lit à colonnes, un petit chien par terre, des plantes en pots sur le rebord de la fenêtre. L'autre côté du lit est ostensiblement vide. Elle a, je m'en souviens, rejeté Conan pour garder sa virginité. Je dis sans raison : « Elle dort toujours, et je ne suis pas revenue de toutes ces années. »

Dans les petites boutiques qui me font penser aux guildes médiévales, nous découvrons broderies de velours ajouré, fruits confits, bracelets d'or brut, têtes de porphyre, pièces colorées de verre soufflé. J'ai hâte d'entrer dans les maisons, d'observer à l'intérieur l'effet de la marée qui lèche la porte du bas, de sentir l'odeur du marbre mouillé, de voir le reflet des eaux onduler sur les plafonds peints, de repousser les brocarts fanés pour laisser entrer le soleil.

Nous nous retrouvons au quai d'où partent les bateaux en direction des îles et sautons dans le premier. Les ports d'escale, à dix ou vingt minutes d'ici, sont bien plus loin de Venise dans l'espace et le temps. Pauvres îlots de roseaux à peine sortis de l'eau – voici ce qui soutient les splendeurs de « la Rouge ». Nous boudons Murano, puis l'île agricole, et débarquons à Torcello.

Nous suivons depuis le quai un canal aux eaux saumâtres en direction des ruines. La vieille cité déserte donne l'impression que les habitants ont fui. La malaria a décimé toute la population, mais il y a de cela des siècles. L'église romane-byzantine de Santa Fosca trouva une place tardive dans l'île, au XIe siècle. Si je savais dessiner, je sortirais tout de suite ma boîte de pastels pour esquisser les courbes délicates du portail. La cathédrale est le plus vieil édifice du lagon. Sa construction a débuté en 639. De cette date jusqu'au XIVe, Torcello a connu la prospérité. Vingt mille personnes vivaient ici, pour la plupart de l'élevage des moutons et de la laine. C'est seulement au début du XIe que les mosaïques ont été posées sur le pavement de la cathédrale. D'autres ont ensuite suivi sur les murs, parmi lesquelles une Madone à l'Enfant, dans un champ de tesselles dorées. Parmi des centaines et des centaines de Madones, celle-ci vaut absolument d'être vue. Comme celle du Jugement dernier, avec ses squelettes en mosaïque.

À la fin du XIVe, Torcello s'est lentement laissé glisser dans un long déclin. Je lis que soixante personnes vivent ici, pourtant nous ne voyons quiconque à l'exception des tentes de fortune où l'on vend des souvenirs. « C'est un endroit génial pour tourner un film. »

Le regard de Ed embrasse le jardin débordant aux nombreuses statues, les contours bombés de la cathédrale, la lumière blonde. « Quel genre de film ?

– Quelque chose qui ne se passe pas maintenant. On est vraiment hors du temps, ici. Mais regarde, cette *casa*, là, est en train d'être retapée. C'est peut-être des gens qui travaillent à Venise et rentrent dormir à Mestre, et qui veulent s'installer ici. Ils seront mieux dans la nature qu'au milieu des gaz d'échappement. C'est sûrement un endroit merveilleux pour vivre.

– À condition d'avoir un bateau.

– Plus un jardin, une cave à vin, et une bonne bibliothèque.

– La prochaine fois, je passerais bien la nuit à la *locanda*.

Si peu nombreux soient-ils, les touristes reprendront toujours le dernier bateau pour Venise. Alors qu'une île, la nuit... » Il ne termine pas sa phrase.

Bondée, Burano est aux antipodes de Torcello ; on se sent tout décontenancé d'y arriver après l'escale précédente, paisible, mais il est vite impossible de ne pas aimer les bâtisses de couleurs vives le long des canaux. Je me surprends à prendre en photo le balcon fleuri d'une maison violette, les filets de pêche étendus à sécher sur la proue d'un bateau jaune, une femme dans l'encadrement de sa fenêtre bleue en train de secouer un napperon rouge. Toutes les couleurs dont on ne peindrait jamais sa propre maison prennent ici un merveilleux air de fête. On a l'impression que les habitants se sont rués à une grande foire aux peintures, offrant au meilleur prix des teintes de citrouille et de lavande. Un grand nombre de mauvais tableaux ont dû trouver leur inspiration au cours d'un aller et retour rapide dans l'île. Du village se dégage un sentiment allègre et ludique. Nous pique-niquons sur l'herbe en surplomb de l'eau, avant d'embarquer sur la navette du retour qui longe San Michele et le cimetière.

Debout près de la proue, je me rends compte que je cherche l'odeur des marais. Étendue sur l'eau verte et pâle, Venise scintille sous le soleil dilué. Bercée par le clapotis des vaguelettes contre la coque, je repense au formidable début de l'un de mes livres préférés, *Speak Memory*, l'autobiographie de Nabokov : « Le berceau se balance au-dessus d'un abysse, et le bon sens nous apprend que notre existence n'est qu'un bref rai de lumière arraché à deux noires éternités. Ces dernières ont beau être d'identiques jumelles, l'homme en général regarde la première, prénatale, d'un œil plus calme que le second abysse vers lequel il se dirige (à la vitesse moyenne de quatre mille cinq cents battements de cœur à l'heure). » Je le relisais hier soir et ne pus que sentir la force de ce passage.

La passion de parcourir ce qui reste du passé est-elle un pont vers « l'abysse prénatal » ? *Tout ceci a eu lieu avant toi.* Et regarde, tu peux tant toucher de choses qui t'ont précédée. Autant de marques claires qui finalement conduisent à soi, court instant d'une échappée de lumière. *Je flotte.* Tout Venise est lueur alluviale. *Chevaucher les eaux.* Je suis envoûtée par le ciel de nacre, les marais, et la Venise de… – je cherche. Oui, voilà, c'est cela, la Venise d'un passé glissant, canal du préconscient.

Mon esprit trouve le repos ; celui que je suis venue chercher au fil de ces eaux. La cité des flots *m'emporte là* comme aucun lieu sur terre ne le peut, ne le pourrait dans une réalité divise de rues, sous les pieds et les pneus, les entrées et sorties d'un espace rompu. Venise est simultanée, comme le temps entier avant notre existence. *Puisque nous venons nager. Créatures adroites de la terre et de l'eau.* Et l'odeur de marais va profond vers la moelle des os, ce vieux fagot.

Je finis par le remarquer : les gondoliers travaillent les eaux *debout*. Ils barrent d'un côté, puis de l'autre. *La Mort à Venise,* écrivit Thomas Mann ; et, donc, bien sûr, bien sûr que nous reconnaissons cet « étrange vaisseau… dont la noirceur unique appartient aux cercueils ».

Mais non, les gondoliers ne sont pas Charon sur le Styx. Bien au contraire, ils vont sur l'eau comme un miracle. Les gondoles ont plus volontiers la forme d'une clef de sol que celle d'une bière. Le lien avec la mort est un conditionnement, une connaissance acquise, pas un savoir vécu. L'eau porte trop d'éclat, lueur délavée d'argent mouillé rose et or, mosaïque bien trop éloignée de la mort. Je comprends enfin pourquoi Shelley, Mann, McCarthy, Ruskin, films, chroniques de voyage – toutes les voies qui m'ont suggéré ce lieu – n'ont pas mené à celui que je sentais sous ma peau. La mort est ce qu'ils nommaient le mystère séduisant de Venise. À mon sens, ils vont à contre-courant. Pour naître, nous traversons les eaux.

De loin, les gondoliers ont des airs somnambules – silhouettes noires de vaisseaux envoyés par les rêves sur les flots inconscients.

Je suis encore dans mes pensées en début de soirée. Nous buvons un verre de vin dans un bar devant le Grand Canal. Est-il toujours si scintillant et clair ? Il sent sans doute mauvais en août. Le garçon est prévenant, sympathique. « Comment peuvent-ils rester agréables malgré les hordes de touristes ? » Un Américain à la table à côté a frappé sur son verre pour qu'on s'occupe de lui. Ses amis font semblant de se pousser les uns les autres dans le canal. Et ce sont des adultes. « Le tourisme les fait vivre. Ils sont habitués à nous. Imagine ce que ça doit être en juillet, avec le Grand Canal jonché de détritus. On serait en train d'étouffer dans la foule, à suer l'ail tant qu'on peut. »

Comme nous ne sommes qu'en avril, les gros troupeaux ne sont pas encore là, mais le monde a envoyé suffisamment de représentants pour que je préfère éviter les curiosités de masse. Et ces touristes trop souvent en shorts et casquettes, à traîner avec eux leurs promos McDonald's. Je croise les bras et braque un regard torve sur mes voisins, qui décidément s'amusent beaucoup.

Je retourne ma chaise pour faire face au canal et suivre les allées et venues des gondoles. Voici un étrange phénomène : les visages des visiteurs convoyés le long des *palazzi*, de la Ca' d'Oro, des fenêtres de dentelle gothique, des embarcadères moussus, et des vieilles façades ombre et roses qui se reflètent, s'élèvent et se brisent encore dans l'eau brossée de bleu – ces visages sont devenus vierges. Leurs contours s'adoucissent. Leurs yeux s'emplissent de beauté et la lumière, limpide, les baigne. Ce qui les voit les change. Ils quittent les gondoles comme de nouvelles personnes.

Nous ne choisissons que des restaurants perdus dans les coins excentrés. Nous nous perdons et nous resituons sans cesse. Après dîner, à presque minuit, les *calle* s'enfoncent dans le silence ; nos pas résonnent et nous ne parlons que par murmures. Les chats endormis au rebord des fenêtres et sur le pas des portes ne lèvent même pas la tête. Nous retrouvons l'hôtel où le réceptionniste nous parle de Padania, un groupe séparatiste. Ils ont aujourd'hui détourné un ferry – ils avaient quand même pris des billets ! – sur lequel ils ont chargé une camionnette déguisée en véhicule blindé. Les armes à la main, ils ont ensuite traversé la place Saint-Marc dans le véhicule, avant d'être rapidement arrêtés. « *Carnivale*. Ils se croient déjà à Carnaval », dit l'employé en haussant les épaules. Vers quatre heures du matin, nous sommes réveillés au son de « Hut, *uno, due, tre, quattro* », sur un pas cadencé. Nous regardons au-dehors et découvrons une vingtaine d'hommes de la Padania, vêtus de noir et marchant comme les oies – flash-back surréaliste du fascisme années trente. S'ils me paraissent bien entraînés, Ed affirme que le pas de l'oie ne demande aucun talent particulier. « J'étais en train de rêver, dit-il, que je patinais sur le Grand Canal gelé, que je traçais des huit piazza San Marco, et soudain je glissais en arrière et je devais me baisser à cause des ponts.

– Et ça veut dire quoi, selon toi ? »

Il s'est rendormi. « Venise *on ice*. Vénus sur glace. Vénus, Venise. Nous à Venise. »

Je ne peux plus me rendormir et je lis les histoires d'amour de Lord Byron avec les Vénitiennes, ses après-midi de lectures sur l'île San Lazzaro où vivent encore des étudiantes arméniennes, et ses baignades du Lido jusqu'à l'extrémité du Grand Canal. Ed est doué pour le sommeil. Sa tête touche à peine l'oreiller qu'il n'est déjà plus là. Je me demande si le dos de Lord Byron était aussi sexy que celui de Ed, si sa peau de lumière paraissait aussi vivante et saine aux yeux de l'épouse amoureuse de quelque marchand de Venise. Loin, là-bas *dans l'abysse prénatal* – le corps réel de Byron au froid ; ébrouant l'eau de ses yeux, il observe les *palazzi* au lever, sa mauvaise jambe s'efforce de lutter contre la marée. *Je sens presque le courant repousser ses membres, ses muscles dans l'effort.* Impossible de lire – mes yeux sont encore imprimés de Venise et la lampe de chevet ne vaut pas mieux que la lune. Rien n'est plus dur à conserver que le passé réel. Le carnet rouge de ma fille, perdu avec ses trésors. Mon livre glisse vers le plancher et Ed n'a pas bougé. Une brève seconde, je me vois également plongée dans l'eau d'un canal. Il faudrait sans doute qu'on m'en lave l'estomac, mais j'aimerais porter l'épisode sur mon *curriculum vitae*.

AUX CONFINS DU PAYS

Les chauves-souris revenues fondent sur nous par à-coups. Elles ne donnent pas l'impression de voler, plutôt de se perdre dans le vent comme des confettis. J'ai longtemps eu peur qu'une d'elles finisse par se coller à mes cheveux, mais après quelques centaines de dîners sous leur trajectoire, j'ai foi en leur système d'écholocation. Je me rappelle en avoir vu une aux rayons X en classe d'anatomie. Leurs os ressemblent au squelette d'un nabot, caché dans une enveloppe de cuir. D. H. Lawrence les décrivait comme « des gants noirs jetés à la face du jour – mais qui retombent seulement », avec des ailes semblables à « des parapluies ». Moi je n'imagine qu'un humain rachitique pris au piège, condamné à manger son propre poids d'insectes. Mais comme elles partagent Bramasole avec nous, qu'elles se replient dans les fentes du stuc et de la pierre, elles finissent par devenir une gentille compagnie.

Elles sont peut-être attirées par le bol d'énergiques *fave*, ou la planche qui soutient une bonne miche de *pecorino* en haut de la murette, desserte si commode. Faute de quoi elles seraient bien les seules créatures de cette province d'Arezzo à ne pas partager cette manie toscane.

Au début ou à la fin du dîner, nous n'avons d'autre choix que de manger les *fave*. Comme prévu, la culture préférée d'Anselmo nous envahit. Nous offrons des sacs entiers de ces jeunes choses tendres aux voisins, aux amis, à quiconque voudra bien en prendre. Le rituel local des *fave* et du *peco-*

rino est l'un des assortiments favoris de la table toscane. Qu'il serve de déjeuner, d'*antipasto*, ou même de dessert, ce mariage sacré ne dure qu'une courte et intense saison. Le *pecorino* choisi est tout frais ; ces deux recrues de printemps vont ensemble par nature.

Grâce à notre ami Vittorio, notre *pecorino* de ce soir n'est pas n'importe lequel. Vittorio a grandi à Cortona où il est revenu travailler chez un viticulteur, après plusieurs années passées à Rome. Il faisait alors l'aller et retour matin et soir pour garder la vie qui lui plaît ici. Il passe à la maison en revenant de ramasser des *funghi porcini* dans les montagnes. Quand nous passons en ville, il laisse un sac de *fave* accroché à sa porte. Vittorio est président du chapitre local de Slow Food, une association internationale dédiée au maintien des gastronomies de tradition et à la préservation des méthodes naturelles d'élevage des mets et du vin. Slow Food * s'oppose donc à *fast food*. Nous avons bien sûr adhéré. Nos assemblées se basent sur des repas de huit plats, arrosés de dix ou douze vins de régions choisies. Ce club ravit mon cœur. Nous nous « réunissons » en même temps que d'autres chapitres dans toute l'Italie. À la fin de la soirée, les votes sont collectés par téléphone, et les meilleurs vins, consacrés.

Tard dans l'après-midi, Vittorio nous a emmenés au fond des collines faire connaissance avec un ami de sa famille, un fermier dont le nom, voilà qui nous surprit, n'était autre qu'Achille. Nous avons attendu qu'il revienne de la traite. Dehors devant la ferme, une baignoire de métal avec un robinet d'eau froide profitait du meilleur point de vue sur Cortona au loin, derrière les vergers parsemant les vallées. Un bidon d'huile d'olive coupé à mi-hauteur, cloué à la murette, abritait le savon et la brosse. Les bancs dans la cour étaient façonnés à partir de troncs évidés. À quelque soixante-dix ans, Achille est arrivé en portant à la main un seau de lait de brebis et un râteau dans l'autre – le manche de ce dernier lisse et usé, ses dents en bois sculpté en forme de branche, nette et bien dessinée. Un râteau qui était son *œuvre*. Bel objet et symbole de son individualité : ce genre d'outil ne coûte rien, et l'homme

---

* Restauration lente !

préfère le sien. Le bonhomme est compact, sérieux et lent. Ses yeux enchâssés de tortue nous ont vus venir de loin. Chaque jour de la vie, le soleil a ajouté une ride à ce visage entièrement plissé et brun, de la couleur d'un vieux gant de base-ball. Nous l'avons suivi dans une pièce contiguë à l'étable où il garde ses veaux. Ses fromages garnissaient quatre étagères murales. Ed a remarqué des couvercles acérés de boîtes de conserve, placés à intervalles le long des cordes. Achille lui offrit un sourire tranquille tout en hochant la tête. Les *topi*, souris, ne peuvent ainsi accéder aux fromages et s'en faire une fête.

De l'herbe flottait à la surface du lait. Le paysan se munit d'une boule de coton dont il couvrit un tamis avant de verser le lait par-dessus. Il prit ensuite une jarre, de présure sans doute, et en ajouta un peu. Je voulais poser des questions mais l'homme n'avait pas l'air d'humeur à converser bêtement. La pièce renfermait une odeur inconnue, puissante, primitive, celle du lait mûri. Au diable les règles européennes de pasteurisation, voici un vrai fromage tel qu'il fut toujours fait. Achille nous a priés d'en choisir un, exempt de la moindre fissure sur la couche extérieure. Puis il l'a fait tourner en me regardant, l'œil fixe (je dois lui paraître aussi exotique qu'il l'est pour moi), en m'expliquant que je devrais répéter l'opération chaque jour. J'ai osé : « Pour quelle raison ? », supposant muettement que l'ensemble n'était pas stable et qu'il était nécessaire de parfaire un mélange.

La tome couleur de paille ressemblait à une petite lune ronde. Il l'enveloppa soigneusement de papier alu.

Sa femme nous rejoignit, un autre seau à la main. Elle portait des bottes et une robe de chambre. Comme son mari, elle était cuite par le soleil. Tous deux respirent un calme extrême, peut-être une timidité née d'années d'isolement. Elle s'est mise sans tarder à tamiser son lait. Dans la cour, une cuisinière à bois est là pour les repas d'été. Un grand chaudron à pâtes, posé par-dessus, témoigne d'un usage fréquent. J'imagine cette femme le soir, toutes tâches achevées, allongée dans sa baignoire, sans rien pour l'envelopper que le silence alentour.

Fraîches, il n'est pas nécessaire de peler les *fave*, on les écosse seulement sur la table avant de les déguster avec le *pecorino*. Le fromage d'Achille est lisse et piquant, sans ce goût d'arrière-grange commun à tant de ses semblables non affinés. Ed coupe une autre lamelle. Je m'aperçois qu'il a englouti un quartier entier de cette lune jaune. Nous traînons sur les terrasses après dîner, un dernier verre de vin en main. Les courgettes commencent à se montrer. Leurs fleurs effrontées mériteraient un Van Gogh ou un Nolde pour rendre la couleur d'or fondu. Nous restons longuement à regarder les tomates, en nous demandant combien de temps il faudra attendre encore avant de pouvoir amener nos grands paniers et les détacher des tiges. Ed frotte une feuille entre ses doigts pour me faire sentir la promesse des fruits mûrs. Les blettes, plus nombreuses que je n'en pourrais mettre dans le risotto, sont prêtes. Nous nous arrêtons devant le carré de *fave*. Quelque chose me dit qu'au printemps prochain je n'aurai plus aucune envie de revoir ces haricots.

Je passe l'après-midi avec Vittorio à parcourir la campagne dans sa voiture, toutes vitres baissées. Ed a pris la journée pour écrire. Nous nous arrêtons rendre visite à un agriculteur occupant une maison qui, datant du xve siècle, est encore la propriété d'une même noble famille – un comte dont la villa se trouve en bas sur la route. Tommaso se réjouit de revoir Vittorio qui a grandi non loin de là et avec qui il jouait dans la grange à foin. Il nous montre une vieille charrette bariolée qui y est toujours conservée. Ces endroits retirés du monde ne deviennent jamais familiers ; on passe, on fait une incursion dans le mode de vie ancien qu'on ne peut qu'imaginer.

Je pose des questions à propos de la chapelle à l'arrière de la maison, et Tommaso m'apprend avec nonchalance qu'elle est restée fermée depuis Napoléon, comme si sa venue datait de mercredi dernier. « Avant, dit-il, les pèlerins s'arrêtaient trois jours ; le comte leur offrait le gîte et le couvert. » À l'écouter parler, on croirait presque qu'il s'agit du même, celui qui vit ici, et des mêmes dépendances.

Je demande timidement à visiter l'intérieur de la chapelle. Tommaso nous introduit chez lui. J'observe rapidement les pièces dépouillées où il vit avec son frère ; lits de fer, armoires, rideaux de lin aux bords dentelés, souvenirs d'une sœur ou d'une épouse, quelques photographies au mur. Aucun poste de télévision, pas trace d'un appareil moderne, pas même un transistor. Austère comme une cellule et propre comme un sou neuf. Nous traversons ces couloirs médiévaux sans éclairage. Tommaso marche d'un pas assuré. Nous le suivons sans rien voir jusqu'à ce qu'il tourne enfin – chcling, chclang – une lourde clef dans une porte. J'aperçois d'abord une baignoire de cuivre, du matériel agricole et quelques tonneaux. Mes yeux s'habituent peu à peu à la lumière grise qui coule d'une haute fenêtre ronde, unique, et je distingue bientôt plusieurs fresques : un saint et une madone. Un vide blanchâtre indique qu'un tableau a été retiré. « Il est maintenant à l'église. Arrêtez-vous en chemin et le curé vous montrera San Filippo, qui a vécu très heureux ici. » Cette chapelle est étrangement sophistiquée pour un corps de ferme. Le comte voulait peut-être que les pèlerins en sueur puissent rester assez loin de ses jardins privés.

Tommaso nous emmène à la cuisine et nous sert du *vin santo*, le verre de l'hospitalité que l'on offre dans toutes les fermes. Son goût est celui d'un sherry un peu raide, j'en ai bu à toutes les heures de la journée dans quantité de maisons. Tommaso prend place sur une chaise à l'intérieur de la haute cheminée et se rappelle comment Vittorio et lui s'installaient là, il y a des années, et discutaient devant le feu. Tommaso est tout l'inverse d'Achille, si sérieux. Sa vie est confinée dans un petit périmètre, mais il est lui aussi grand parleur, un conteur. Il étend ses jambes et mime la façon dont les *contadini* se réchauffaient autrefois l'hiver, restant près du feu à remuer la polenta. J'examine la cuisine d'un regard et ne trouve aucun appareil de chauffage. La coutume ancestrale doit donc être respectée par les nuits de janvier.

Tommaso nous montre ses vaches « Val di Chiana », blancs bovins qui finiront steaks florentins, fameux grillés au romarin. Il a quatre bêtes adultes et trois veaux qui nous fixent de leurs grands yeux sombres. Il leur a mis des rubans rouges autour du cou pour repousser le mauvais œil. Je me suis toujours demandé comment ces steaks Val di Chiana pouvaient faire l'orgueil des menus toscans, alors qu'on ne voit nulle part les bêtes dans les champs. Elles sont élevées enfermées, dorlotées, chouchoutées, mais cruellement attachées à leurs mangeoires. Immenses, elles atteignent trois fois la taille d'une vache commune.

Collé à la maison, un jardin clos et fleuri, laissé à l'abandon, évoque la longue absence d'une femme. De vieux rosiers grimpants sur leurs pieux de métal fleurissent à profusion. Une branche de minuscules boutons jaunes s'est échappée de son support pour s'épandre sur la clôture où elle balance aux vents.

Je suis prudemment mes amis entre les canards et les poulets. Ma vieille phobie des oiseaux est ici aussi un handicap, pas seulement dans les *piazze* au milieu des pigeons. Si Tommaso devait sentir ma peur des poules, il penserait que je suis folle. Deux dindes blanches picorent près de la grange. Ce sont les oiseaux les plus laids du monde.

Nous passons en voiture devant la villa du comte, repliée sur sa mélancolie, cernée de châtaigniers, et nous arrêtons à l'église. Stanislao, l'un des Polonais qui nous ont aidés à construire notre long mur de pierre quand nous sommes arrivés à Bramasole, et sa femme Reina vivent auprès de Don Fabbio, le prêtre de la paroisse. Reina, qui garde les fourneaux, entretient également la maison et l'église. Stanislao, maçon, fait de petits travaux le week-end dans la propriété. Le samedi, parfois, quand il vient aider Ed à la maison, Reina me donne un coup de main au jardin. Petite et nerveuse, elle a une énergie terrible. Le prêtre est dans le jardin, en train d'enseigner le catéchisme à deux enfants. Reina nous fait entrer et nous montre en chemin le bureau de Don Fabbio. Cela pourrait être celui de saint Jérôme, tel qu'il est représenté en peinture. De la fenêtre ouverte tombe la lumière du soir sur la table jonchée de livres reliés, certains restés ouverts, d'autres retournés. Il ne manque que le lion endormi près du saint. Nous trouvons dans le couloir la toile sombre provenant de la chapelle de Tommaso. Des photographies de tous les paroissiens disparus sont alignées sur plusieurs rangées sur un mur de l'église. Vittorio y reconnaît beaucoup des visages familiers de son enfance. Nous laissons Reina à son repassage des nappes d'autel, et Don Fabbio aux jeunes ouailles aux cheveux roux.

Élevée dans une bourgade, j'ai vite senti que le mors trop serré m'empêcherait de respirer. J'ai eu hâte de partir. L'appel des grandes villes était puissant. Je me rappelle pourtant avoir ressenti un bref attrait pour la vie à la campagne.

Mimo, la grand-mère de mon petit ami, vivait près de Mystic, qui n'était qu'un carrefour entre coton et tabac. Une véranda courait tout le long de la maison de deux étages. Il y avait toujours dans son garde-manger des tartes aux noix de coco, ou meringuées au citron. Dans les chambres très simples, les édredons étaient pliés au pied de chaque lit. La véranda donnait sur les champs et Mimo s'asseyait là, l'après-midi, pour écosser ses haricots. Elle ramassait de temps en temps un éventail au manche de bois qui représentait Jésus-Christ, et s'en servait pour chasser les mouches. Assise sur la balançoire, je lisais *Anna Karénine*. Je ne fais pas grand cas de mon ami dans ce souvenir-là. Dans la poussière vaporeuse des champs, le soleil se couchait cuivré et splendide, entre orange et raisin acidulés, avec une écume d'or, puis un rose de layette. Une fois le globe incertain disparu, l'air des champs de tabac virait au bleu, comme la surface d'un lac. Nous jouions le rôle de témoins fort sérieux. Chacun de ces après-midi aurait pu être celui du Jugement dernier. Ce après quoi Mimo allait se servir un double gin-tonic.

Dans ce livre que j'adorais autrefois, *L'Esprit du Sud* *, W. J. Cash avance que la qualité de cet air serait à l'origine du romantisme sudiste – on voit les choses derrière la brume, et l'on peine à distinguer le réel. La vie de Mimo me faisait envie. Elle faisait vrombir le moteur de sa Buick de cahot en cahot le long des routes de terre, et surveillait les hommes qu'elle payait aux cultures. Veuve depuis longtemps, elle dirigeait l'exploitation, préparait conserves et confitures,

* *The Mind of The South.*

aidait les vaches à vêler, cousait, cuisinait, et poussait d'un pied ferme la contre-porte, dès notre arrivée, pour nous ouvrir les bras.

Maintenant que je redécouvre la campagne, je me demande à quoi ressemblent les vies d'Achille et de Tommaso. De longues années durant, j'aurais pensé *quel gâchis.* J'aimais plutôt le côté dramatique de l'existence – et si quelqu'un se jetait sous un train pour *moi.* Mais j'étais assez sûre de ne pas devenir l'élue d'un élan de cette sorte.

Je ressens aujourd'hui le charme des aurores, des levers de soleil, la satisfaction de vivre dans ce royaume vert que j'ai choisi. Je rejette de plus en plus l'idée de passer sa vie à glorifier le travail. Cette harmonie mouvante entre l'ambition, la solitude, la stimulation, l'aventure – comment la trouver ? Je me rappelle avoir entendu le ministre de la Justice Ramsey Clark quand j'étais étudiante. Il prononça quelque chose du genre : « Le jour où je mourrai, je voudrais être tellement épuisé que vous n'aurez plus qu'à me jeter à la ferraille. » Il voulait être totalement consumé par la vie. Impressionnée, j'en ai fait également ma philosophie. Comme j'écris, j'ai aussi un penchant pour la méditation et l'isolement, et j'ai réussi à garder un équilibre décent la majeure partie de mon existence. Ces dernières années m'ont poussée bien trop fort au-dehors. Au terme de cinq ans dévoués à la présidence de mon département à l'université, j'ai offert ma démission et me suis vite aperçue que, quelques mois plus tard, pratiquement personne n'avait plus souvenance des grands changements que j'avais cru opérer. Il restait seulement l'intime satisfaction d'un travail bien fait. Vu le temps consacré à la tâche, le stress, les problèmes à foison, cela ne me semble pas beaucoup. J'avais voulu repenser le département de A jusqu'à Z et j'étais prête à rédiger d'innombrables mémos, rapports et évaluations, sans oublier d'infinies et accablantes réunions. Gratification ou dépression ? Donner ou prendre ? – se laisser presser comme un citron n'est certainement pas nager dans le bonheur. Quoi qu'en pensent les autres, le produit de mon travail, de ma créativité, reste l'expression de la joie naturelle avec laquelle nous sommes nés et que nous gardons en nous. Mystic en

Géorgie n'était pas un endroit pour moi. Dès l'âge de trente ans, je serais devenue un enfer ambulant. Je trouve si bizarre d'être maintenant capable de mener ici une vie sensible et poétique. Le soleil fait-il toujours gondoler la peinture sur la maison de Mimo ? Les champs se troublent-ils sous la chaleur bleue ? Dites, Tommaso, Achille, avez-vous envie de mourir tellement épuisés qu'on n'aura plus qu'à vous jeter aux orties ? *Cette Américaine, quand même, as-tu jamais rencontré de femme qui ait peur d'un poulet ?*

Anselmo prend son temps. Dans son bureau, aujourd'hui fermé, il prenait toujours le temps de parler. Les murs étaient couverts de photos de ses maisons où il espérait bien qu'un nouvel acheteur viendrait laisser son âme. Maintenant jardinier, il entoure de soins attentifs les tipis de bambou qui étaieront les tomates. Il m'apporte des roses de son propre jardin et des plants de fraisiers. Mieux encore, il nous guide dans nos excursions. Lorsque Ed lui demande un chariot pour rentrer les citronniers l'hiver prochain dans la *limonaia*, il nous conduit tout de suite chez son voisin, un forgeron d'Ossaia. Le *fabbro* fait un dessin et promet que nous aurons notre chariot, assez bas pour glisser sous les pots, dès la semaine prochaine.

Anselmo nous fait signe de le suivre. Je demande : « Quelle est cette fleur ? », en lui montrant un épais buisson niché dans la pierre.

Ed renchérit : « Il y en a partout sur les murs, en ville. Ça ressemble à des passiflores. »

Anselmo nous lance un regard incrédule : « *Caperi.* » Il en arrache plusieurs boutons. « J'en planterai dans votre murette. C'est dangereux pour la pierre. Il faudra les surveiller. » Des câpriers – sauvages, partout. On ne l'aurait jamais cru.

Anselmo nous amène dans sa grange – un désordre de roi. Au fond se trouve un équipement complet de viticulteur, tout couvert de poussière : tonneaux, fûts, bouteilles et un grand *torchio*, cuve à lames cerclée de métal et dotée de leviers où l'on presse le raisin. Ed admire la chose de cet air que prennent les hommes en regardant une voiture neuve. Il hoche la tête et fait le tour. Anselmo nous explique le mécanisme. Puis il attrape sur l'étagère deux bouteilles de son *vin santo* maison. « À boire avec les *biscotti*. » Son élixir me paraît bien sombre. Je me demande depuis quand il nous attend sur l'étagère.

Nous ne sommes pas loin de la maison de sa sœur et de son beau-frère qu'il veut nous présenter. Nous montons dans sa grosse Alfa et nous voilà très vite, les pneus crissant sur le gravier, dans leur jardin. Sa sœur l'accueille sur le perron comme si elle ne l'avait pas vu depuis des années. Son beau-frère, en train d'élaguer les poiriers de son long verger en espalier, nous rejoint en courant. Anselmo nous annonce : « *Stranieri* », les étrangers. Le *vin santo* des « étrangers » ne tarde pas à faire son apparition. « C'est le vôtre, aussi ? » demande Ed à Anselmo, mais non, c'est celui que fait le beau-frère. Celui-ci remarque que Ed regarde le verger. J'aperçois un peu plus loin une tôle ondulée, posée sur des piquets, au-dessus ce qui pourrait être une piscine. « On peut aller voir ? » s'enquiert Ed.

« *Certo*. » Les rangées d'arbres fruitiers sont élégantes. Les poiriers évasés donnent des poires de même forme. Ces arbres sont vigoureux, à l'exception d'une section affublée d'un grand trou, où l'on voit des racines dépérir et des feuilles tombées. Le beau-frère, affligé, tire sur une barbe qu'il n'a pas, la bouche tordue d'une moue méprisante.

« Que s'est-il passé ? » demande Ed.

Anselmo lève lentement une main mouvante en l'air, geste qui signifie quelque chose comme Dieu du Ciel. « *Porca miseria* », ajoute le beau-frère, misère de porc. Il montre la structure de tôle. « Les archéologues ont découvert une villa romaine, là-dessous, et ils font des fouilles. En creusant, ils nous ont bousillé un arbre. » D'évidence, un tel sacrifice n'est pas justifié à ses yeux. Mais, en Italie, ce qui se trouve sous votre terre ne vous appartient pas. « Ils ont massacré un olivier. » Il indique du menton l'arbre en question, resté sur un tertre au milieu du fossé. Péché mortel.

« Une villa romaine ?

— La colline est un vrai musée. Ce n'est pas une villa qu'il

y a là, c'est une ville entière. Tout le monde le sait, mais il paraît que c'est une découverte. » Il hausse les épaules. « S'ils me le demandaient, je leur montrerais où se trouve la maison d'Hannibal. Mais ils ne veulent rien savoir. Ce qui leur plaît, c'est de creuser. »
Hannibal a vaincu Flaminius à quelques kilomètres d'ici. Le nom d'Ossaia, qui signifie ossuaire, vient des cadavres que l'on est venu empiler après la bataille. Au-delà du verger, le beau-frère nous conduit à travers champs vers les ruines d'une maison en pierre qui paraît certes vieille, mais pas de deux mille ans. « *Sì*, Hannibal a vécu ici. »
Nous retournons aux fouilles. Nous distinguons, sous le toit de tôle, une mosaïque au sol, grecque, en noir et blanc, et l'agencement de plusieurs pièces. Il y avait ici une vaste villa, avec vue imprenable sur le jardin de nos hôtes. Les fouilles sont interrompues en cette saison.
Sur le chemin du retour, Anselmo nous apprend qu'il y a quelques années, ils ont ajouté une pièce à leur maison. « Ils ont trouvé un parterre de mosaïque à l'endroit même où ils ont coulé les fondations. »
Nous nous arrêtons encore parler avec une veuve qui lui demande de l'aider à vendre. Anselmo a fermé boutique, mais suit encore quelques affaires. « Peut-être qu'elle vous plaira, sa maison. Il faut tout refaire. » Il me regarde dans le rétroviseur, et manque d'écharper un cycliste.
« M'intéresse pas. » Anselmo passe le portail et se gare dans la cour de terre où les poulets fuient en courant. Une femme vêtue d'une robe noire à l'ancienne apparaît, courbée comme une virgule. Elle est plus âgée que Cortona. Lorsqu'on nous présente, elle prend ma main dans la sienne, petite et sèche, et ne me lâche plus tandis que nous faisons le tour du propriétaire. Elle parle sans arrêt, comme si elle anticipait de plonger bientôt dans le silence éternel. J'ai peine à voir ses adorables petits lapins, entassés dans un clapier. « Elle voit autre chose en les regardant, dit Ed. Elle se les imagine rôtis dans le fenouil. Et elle se fiche bien de leurs jolies petites oreilles. » Puis elle parcourt l'*orto*, où pousse une abondance de légumes, jette un coup d'œil à ses deux vaches, et ouvre grand les portes du rez-de-chaussée. Ah,

une maison entièrement à refaire, avec mangeoires et *cantina* intactes. Le moindre centimètre carré est occupé par du matériel viticole – des douzaines de dames-jeannes paillées, en train de moisir, des fûts de chêne et des bouteilles. Dans une petite pièce immaculée, elle me montre une table en coin où elle fabrique encore ses pâtes s'il fait trop chaud, là-haut, dans la cuisine. Les étagères sont garnies de conserves de tomates. Une chaise droite au siège recouvert d'une peau de vache reste près de la porte, à l'air. Reprisage et tricot sont posés dans leurs paniers. Sa main étant toujours liée à la mienne, je sens sa bague presser mes doigts. J'aimerais qu'elle me lâche, mais je suis en même temps flattée de cet attachement rapide. « Je crois qu'elle veut qu'on achète sa maison, chuchote Ed en anglais.

– On est encore en 1750, ici. »

À l'étage, elle ouvre les pièces où ses parents vécurent jusqu'à leur mort. Garni d'un dessus blanc, le lit de fer est défoncé de chaque côté, comme pour suggérer les corps des deux visages de la triste photo sépia au mur. Lit. Chaise. *Armadio*. Autre chaise, percée, pour le pot. La chambre de leur fille est identique, si ce n'est une reproduction lugubre du Christ, dans un autre cadre, garnie de branches de palmier mortes, et d'une photo ovale du jeune époux. Le regard féroce, les lèvres fermées, sans doute en costume de mariage, il fixe le lit qu'ils partagèrent chaque nuit, toujours plus vieux qu'ils ne l'auraient imaginé le jour où l'appareil photo saisit les pupilles brûlantes. Un dentier aux gencives bien roses flotte dans un verre d'eau. Le sien ?

Comme la plupart des cuisines italiennes, celle-ci respire une propreté constante. Même les robinets sont astiqués. Inévitablement, notre hôtesse nous sort son *vin santo*, puis les *biscotti*. Durs comme la pierre, ils datent peut-être aussi de 1750. Elle est merveilleuse à regarder. Comme elle raconte à Anselmo, à la vitesse du son, qu'elle va partir vivre chez sa fille, que cette maison est trop lourde pour elle, j'ai le temps d'observer ses yeux vifs et intelligents, ses cheveux noués sous le foulard noir. Son corps mince est plein de force. Je sens sur mes doigts la marque de son étreinte – au moins a-t-elle dû me lâcher pour nous servir à boire.

Elle referme le portail derrière nous et fait au revoir d'une main jusqu'à ce que nous soyons loin. Haute au plus d'un mètre quarante, elle dégage l'énergie d'un derviche tourneur. J'aimerais connaître son histoire. Je voudrais la voir confectionner ses pâtes et boutonnières. Je songe à quoi elle rêve.

Je demande en chemin : « Ça me désole de la savoir partir dans un appartement à Foligno. Qui va acheter la maison ?
— Elle veut le double de ce que ça vaut. Je ne crois pas qu'elle ait envie de vendre.
— Elle est superbe, pourtant. La mangeoire ferait un salon fabuleux, avec une ouverture sur la terrasse.
— Moi, j'aime bien la *loggia*, en haut », dit Ed.

Anselmo opine du bonnet. « On ne sait jamais ce qui leur plaira, aux étrangers. Mais c'est sûrement des étrangers qui seront assez fous pour acheter. »

« Attendez-vous à six heures de *festa*, dit notre amie Donatella. Giusi a installé de grands fourneaux dans la grange et il y aura six cuisiniers. » Giusi est la sœur de Donatella, qui participe à l'entretien de la maison quand nous n'y sommes pas. Elles sont le contraire l'une de l'autre. Donatella est d'une beauté sombre et anguleuse qui rappelle la Joconde. Son humour est ironique. On croirait plonger au fond de ses yeux noirs. Aux États-Unis, Giusi serait la reine des promos de lycée et de leurs anniversaires. Elle serait capitaine des « pompom girls » du football. Elle est jolie, sociable, joyeuse et toujours dans le ton. Elles sont à la fois sœurs et les meilleures amies. Quand nous revenons à Bramasole, la maison est fleurie, la cuisine, pleine de fruits, il y a du café, du pain et du fromage, et nous n'avons jamais besoin de nous précipiter quelque part après les heures fatigantes passées dans l'avion. Elles cuisinent toutes deux parfaitement, bonnes élèves de leur mère qui fait toujours ses raviolis.

C'est la première communion des deux jeunes fils de Giusi. Donc, la fête. Nous n'avons vu leur mère de plusieurs semaines, tant elle est occupée à préparer sa *festa*. Après la cérémonie, environ quatre-vingts personnes se rassemblent dans la maison de montagne que Giusi partage avec son mari Dario et les parents de celui-ci. Le frère de Dario et sa petite famille habitent une autre maison dans la propriété. Ils n'ont besoin de presque rien acheter pour manger. La famille entretient un grand potager, élève poulets, lapins, agneaux et oies. Les hommes chassent, et gardent à portée de gâchette une réserve de sangliers.

Tout ce qu'ils produisent se voit, et surtout aujourd'hui. Nous arrivons à midi et la fête bat son plein. Giusi me fait visiter la maison. Cela fait presque deux ans qu'elle remet tout à neuf. Elle a gardé la chaleur particulière de l'ancienne ferme, mais aménagé de jolies salles de bains, des escaliers sûrs, et une cuisine parfaitement moderne. Toutes les surfaces, la moindre poignée de porte, le plus petit robinet, étincellent. Les vitres sont nickel. Dehors, le *prosecco* coule à flots et les femmes font passer des plateaux de *crostini* – *antipasti* toscans, rondelles de pain couvertes de diverses garnitures : *porcini*, cèpes, fromages forts et foies de volailles hachés et marinés. Ils ont installé une grande table en U sous une tente blanche, décorée de ballons et de serpentins de couleurs. Les deux garçons sont assis à un bout, leurs parents de chaque côté. Nous avons jeté un coup d'œil à la grange où les mains sont nombreuses à travailler. La table au centre est encombrée de tartes aux fruits, d'immenses bols brillants de salades et légumes. Les femmes portent toutes des robes à fleurs. L'intérieur tourbillonne de mouvements colorés. On émince, on pèle, on compose les garnitures. Dans chaque plateau, jeunes poireaux, carottes et asperges sont élégamment liés d'une feuille de ciboulette. Je fais connaissance avec la mère de Giusi, non sans une certaine surprise. Jeune, rousse, elle ne ressemble en rien à ses filles. Elle a fait des *cappelli del prete*, mèches de pâtes dénommées bonnets-de-prêtres.

Nous allons bientôt découvrir que l'on sert deux sortes de *pasta*. Tout le monde a droit à une portion généreuse de tagliatelles garnies d'une riche sauce au sanglier, *cinghiale*. Nombreux sont ceux qui en reprennent et je traque avec mon pain la dernière goutte de la délicieuse garniture. Viennent ensuite les bonnets-de-prêtres aux quatre fromages.

Avec du rab, encore. L'armée efficace des femmes s'abat sur nos assiettes et les remplace après chaque plat. Quelqu'un dans la grange doit faire une vaisselle folle. On sert maintenant l'agneau, élevé ici même et rôti en plein air, avec de petits légumes et de la ciboulette. Nous entendons au loin vaches et moutons. Ils ignorent qu'il leur faudra quitter ces prairies luxuriantes et qu'ils viendront un jour servir de mets de choix dans les assiettes fleuries. Deux chiots tachetés passent de main en main autour de la table, où on les caresse et cajole. Il y a quelques années, ç'aurait été de vrais bébés, mais le taux de natalité est ici au plus bas – les enfants se font rares. Une petite aguicheuse de quatre ans, en robe rouge, profite tant qu'elle peut de ses charmes. Ses admirateurs ne la lâchent pas d'un poil. Les deux communiants se sont éclipsés avec plusieurs de leurs amis. L'un des deux s'est vu offrir un ordinateur plein de jeux, et ils se sont réfugiés à l'intérieur pour en découdre avec leurs nouveaux ennemis. Des carafes de vin pleines remplacent aussitôt les précédentes, vides. Je cale. La table gémit sous les victuailles. Ed continue. Encore un peu d'agneau ? Je le vois lever la tête, souriant : « *Sì.* » Et des *patate* ? « *Sì.* »

Trois hommes arrivent soudain, qui apportent quelque chose d'immense. Tout le monde se précipite vers eux en criant, les appareils photo crépitent. Trop grand pour le four d'ici, un gigantesque bœuf du Val di Chiana est resté à rôtir dans la cuisine d'un hôtel et vient nous rejoindre sur un plateau assez grand pour qu'on y pose un homme. Des assiettes de bœuf et de pommes de terre sautées circulent bientôt. Je cède, j'en prends. Oh non, c'est trop bon. Je n'en peux plus, c'est seulement pour le goût. Ed bâfre comme un seigneur. Deux Italiennes lui ont demandé s'il travaillait dans le cinéma, et il est devenu très disert. Arrive la salade. Puis tarte aux fruits, *tiramisu*, et le retour des deux communiants qui galopent comme des poneys. Ils découpent timidement un gâteau à trois étages et offrent les premières parts à leurs parents. Le gâteau est garni d'épaisses couches de crème au citron. Et *grappa* et *vin santo*. Je n'en reviens pas. Ed prend des deux. Il se retrouve bras dessus, bras dessous, au milieu d'autres hommes avec qui il entonne un chant que je ne connais pas. L'accordéon résonne et on se met à danser. Je n'ai jamais tant mangé de ma vie. Ed a englouti de prodigieuses quantités.

Cinq heures et nous sommes les premiers à partir. Nos amis Susan et Cole, qui se sont mariés chez nous quand la maison était encore en travaux, doivent arriver pour le dîner. Nous apprendrons plus tard que la plupart des invités sont restés jusqu'à onze heures du soir, le bœuf faisant de nouvelles apparitions.

Nos amis, en avance, sont assis sur la terrasse. Nous sommes très heureux de les voir, mais à peine capables de parler ou de marcher. Ed fait une description du déjeuner, qui finit par : « J'espère que nous serons aussi invités pour leur mariage. Faut imaginer. » Nous nous effondrons trois heures de suite pour émerger à l'heure douce et parcourir ensemble le jardin, où nous cueillons laitues, courgettes, oignons et plantes aromatiques pour une salade toute simple et une *frittata*. Pour eux. Nous ne voulons ni manger ni boire des trois journées à venir. Et sirotons de l'eau tiède tandis que nos amis goûtent un grand *brunello*.

Le matin, nous sommes réveillés par un camion qui grince le long de l'allée. Anselmo guide le conducteur qui roule en marche arrière. Nous arrivons en bas à temps pour trouver les deux hommes en train de décharger le *torchio*, le grand pressoir à vin qu'Anselmo nous a montré dans sa grange. « *Un omaggio* », dit-il avec entrain. La chose trône devant nous au milieu du jardin. Nous le remercions chaleureusement, tout en nous demandant où l'énorme appareil va bien pouvoir nicher. Anselmo se lance dans ses explications mécaniques puis en vient aux détails de fabrication du *vin santo*. Que nous ne soyons pas là à l'automne, que nous n'ayons pas beaucoup de raisin, cela ne semble pas compter. La première fois que nous avons visité la maison, une des pièces était encore garnie de fils tendus en hauteur et Anselmo avait noté : « Ça, c'est pour faire sécher les grappes du *vin santo*. » Susan et Cole, fervents jardiniers, nous rejoignent et nous assurent qu'ils seront heureux de venir aider à vendanger nos vignes. Anselmo a trouvé notre maison. Nous a aidés d'un bout à l'autre des travaux. Maintenant à la retraite, il a transformé deux de nos terrasses en éden potager. Ils nous a baladés en voiture, présenté les gens de la campagne, montré leur façon de vivre. Il a assisté Ed à qui Beppe et Francesco ont enseigné l'art de la vigne. Je sens un petit frisson en acceptant ce cadeau. Il nous offre son *torchio* comme on passe le flambeau.

La nuit n'est jamais noire. Les étoiles brillent de leurs puissants kilowatts. La lune, vague sous les vieilles vitres, apparaît vacillante dans le carreau du bas et monte tout en haut. Un rêve d'insomniaque. L'unique rossignol, qui doit vivre dans le chêne vert au-dessus de la maison, troue le silence de ses notes insistantes. L'aube est l'heure la plus douce du monde. Aux derniers instants de la nuit, les oiseaux reviennent en chorale. L'un de nous deux réveille l'autre. *Écoute, ils se mettent à chanter.* Ils sont si nombreux, nuage incantatoire qui s'élève, transport, invitation. Puis le ciel – non, pas le doigt rose de l'aurore, mais une effusion rouge pâle sortie de l'indigo, lumière du plus grand calme par-dessus les collines. La chanson pressante des oiseaux continue d'enfler sur ce règne absolu. Taupes, campagnols, porcs-épics, serpents, renards, sangliers, toutes les créatures évanouies dans la nuit retournent avec nous au jour au son de cette musique. La fraîcheur profonde de la terre s'oublie dans ces notes, dans les couleurs qui fusionnent et foisonnent. À mesure que le soleil prend de l'éclat, elles s'aiguisent et se divisent. Mais où est le coucou à cette heure ?

Nos amis s'éveillent au son d'un oiseau qui répète « Ouiit, ouiit ». Ed guette chaque jour celui qui reprend, selon lui, l'air de *West Side Story* : « *When you're a jet, you're a jet all the way, from your first cigarette...* » Nous partons ensemble dans le jardin. Depuis le début du printemps, j'ai photographié chaque fleur nouvelle aussitôt aperçue. Les plus incroyables sont ces orchidées sauvages, blanches et violettes. J'ai acheté à Asolo un album qui a pour couverture un dessin médiéval de fleurs sauvages. Il est plein aujourd'hui de coquelicots contre les murs de pierre, de nielles des prés, lupins pourpres, santolines, œillets, lis, églantines, et cette anonyme plante bleue à piquants. Les fleurs jaunes, si nombreuses, sont les plus difficiles à identifier, herbier en main. Il y en a simplement trop qui se ressemblent.

Nous retirons les feuilles de roses tachetées de noir et celles atteintes de la terrible rouille. Ces dernières atterrissent dans un sac avant d'être détruites. Susan me montre comment bouturer les roses roses devant la maison, mes préférées. Survivant à trente ans de négligence, elles trouvent encore le moyen de s'épanouir et de répandre un parfum net et pourpre, particulièrement sensible tôt dans la matinée. Nous passons des heures au jardin et sur les terrasses à cueillir des fleurs des champs, puis allons à l'*orto* remplir un panier de salade pour le déjeuner.

Aux États-Unis, nous nous téléphonons à huit heures du matin deux ou trois fois par semaine, échangeons rapidement quelques petits mots sur les activités de nos filles, toutes deux à l'université, discutons de la librairie de Susan, de ce que nous arrivons à lire. Quelques journées à nous promener, visiter un musée, préparer les dîners puis rester dehors à la douce lumière des lucioles et de la Voie lactée, ravivent notre amitié. Nous nous posons la même question l'une à l'autre : « Pourquoi avons-nous si peu de temps à la maison ? », mais n'avons pas de réponse.

Comme le chant des oiseaux, comme les nuées de papillons et d'abeilles, les fleurs bénévoles et prodigues me ravissent car elles sont tout bonnement l'offrande de la terre. Je suis en train de me répandre devant Cole et Susan sur les plaisirs de la vie à la campagne, lorsqu'une amie anglaise appelle pour dire que, à peine arrivés, ils ont trouvé deux bébés sangliers noyés dans le puits. Ils ont dû repêcher à la houe leurs carcasses gonflées et putréfiées.

Au dîner, Cole demande pourquoi nous sommes si attachés à cet endroit. « Est-ce de revenir à une vie plus simple ? Vous effacez de vos têtes la grisaille citadine quelques mois chaque année ? »

Détendus et heureux dans le soir, à la lueur des lanternes le long de la murette, nous en convenons devant les lasagnes et le *vino nobile* qu'ils nous ont apportés. Je me rétracte au moment du dessert. « Ce n'est pas tout à fait ça. C'est aussi la fin d'un siècle affreux, ici. Les choses ne sont pas vraiment plus simples. » J'évoque la mafia russe qui place des prostituées le long de la piste de Piero della Francesca. Les camions de l'autoroute qui polluent furieusement. Les grèves insupportables, si fréquentes qu'un encart est toujours réservé dans le journal pour annoncer ceux des services publics qui ne fonctionneront pas. « D'une façon générale, ils s'en sortent mieux que nous. La vie quotidienne a gardé une qualité ici.

– Les rapports ordinaires avec les gens sont différents, directs, personnalisés, dit Ed. L'Amérique se braque trop souvent sur le long terme, et le long terme est un vœu pieux.

– Il y a peu de criminalité, les gens ont des manières, la nourriture est bien meilleure et, comme tout le monde le sait, les Italiens savent s'amuser. » Je me rends compte que je viens de dire « manières », que je parle comme ma mère. « J'aime la courtoisie des gens dans la rue, dans les magasins, même le facteur a toujours un mot pour sourire. Quand les gens s'en vont, au restaurant, qu'on les connaisse ou pas, ils disent bonsoir autour d'eux. »

Nous évoquons nos récentes excursions aux confins du pays, les vies que nous avons aperçues. Nos collègues expatriés nous disent à quel point Cortona a changé. Mais ces changements furent rapides – et nécessaires – après la guerre. Leur rythme s'est apaisé. L'animation propre de cette ville est intacte, des mesures ont été prises pour protéger la région, et la vie culturelle de ce bourg minuscule a de quoi couvrir de honte la plupart des cités moyennes des États-Unis. Je pense à la génération montante – Giusi, Donatella, Vittorio, Edo, Chiara, Marco, Antonio, Flavia, Evan – qui conserve intactes les bonnes traditions. Lorsque notre Rita bien-aimée a pris sa retraite l'année dernière, un jeune homme a pris sa relève au *frutta e verdura*. Contrairement à bien des villes de campagne, celle-ci n'a pas perdu ses jeunes au profit des grandes métropoles. J'ai assez dit, ne veux pas en rajouter.

Un groupe qui descend de Cortona passe près de la mai-

son en chantant. Ils marchent d'une seule voix. Dans ma vie ordinaire, je ne m'imagine pas faire cela un mercredi soir. Nous écoutons la chanson inconnue.
« C'est ça – la douceur italienne.
– Aussi douce que ce parfait aux pêches, ajoute Ed. Il est si bon que j'en ai mal aux dents. »

Ces dernières journées viennent d'ajouter des centaines d'images à mes archives intimes. Les racines profondes du pays de l'intérieur font contrepoids au monde intellectuel. C'est une autre réalité, puissante. Mon imagination me renvoie au souvenir joyeux de la ferme d'Achille dans les montagnes. Il est peut-être en ce moment occupé à savonner le dos de sa femme dans l'air plus frais du soir. Pourrions-nous installer une baignoire dehors ? Et la grande et longue fête de Giusi, tout en un jour, maintiendra dans le temps sa générosité, l'intensité d'une telle célébration. Ed rêvera sans doute de l'arrivée du bœuf sous la tente – sonnez trompettes, gravez armoiries. La *signora* qui dort près de la photo de l'homme au regard si brillant vient de vivre cent ans. Elle garde encore ma main enfermée dans la sienne, et c'est depuis son monde qu'elle voit le nouveau siècle. Anselmo ne fait plus de vin au fond de sa grange, mais ses yeux veillent toujours sur nos vignes. Nous élèverons le nôtre un jour. Son beau-frère, l'ami intime des Romains et d'Hannibal, est possédé du temps comme un diable vous possède ; il veut la vie *maintenant* de ses poires et olives.

LES RACINES D'ÉDEN

Ed part très tôt sur les hautes terrasses. Il veut y détacher une racine de lierre qui menace une murette. S'il ne le fait pas, les tentacules iront se nicher entre les pierres et il ne faudra que deux jours, ou peut-être vingt ans, pour que le mur entier s'effondre sur nos rosiers. Il s'arrête regarder les quinze colombes blanches de notre voisin Placido fondre sur la vallée. Libérées quelques minutes matin et soir, elles volent en formation ouverte, puis repartent vers leur cage d'un unique élan. Ed sursaute en sentant sur sa gauche quelque chose remuer. Une femme vient de surgir de derrière le chêne vert, munie d'un sac de toile et d'une canne pointue. Madame Fourrage !

Elle ne perd certainement pas contenance d'être ainsi découverte. Accueille Ed d'un « *Buon giorno, signore, une bella giornata* ». Bonne journée. Indique la vallée du bout de son bâton.

Toujours poli, même si c'est peut-être elle qui nous pille nos jonquilles, Ed se présente. « Vous êtes le professeur de Suisse, dit-elle.

– Non, *americano*.

– Ah, *sì* ? Je croyais que vous étiez suisse », répond-elle avec une pointe de doute. Le matin est doux, pourtant elle porte deux ou trois couches de pull-overs, un foulard noué autour du cou, et des bottes en caoutchouc. Elle sourit, de l'or brille. « Letizia Gazzini, dit-elle d'une voix qui porte. J'ai vécu ici il y a bien des années. » Elle ouvre son sac. « Et j'y

reviens toujours. » Elle a déjà ramassé plusieurs sortes de légumes, et des escargots dans un sac à part. Elle tend une petite botte noueuse. « Vous aimez les poireaux, bien sûr, elle farfouille dans son sac et en sort d'autres. *Prenda, prenda* », prenez, prenez. Puisqu'elle les donne.
 Ed est pris totalement au dépourvu. Il aime son visage hâlé, creusé, ses yeux noirs et luisants. Prend les poireaux offerts. « La maison, elle était à vous ? », il est désarmé. On nous a dit un jour que de vieilles sœurs de Pérouse, accrochées à leur bien, ont laissé l'endroit trente ans à l'abandon.
 « *No, no, signore*, mon mari était métayer, nous vivions sur le côté, là », fait-elle en montrant avec sa canne. Ed ne s'en souvient que trop ; toutes les parties contiguës étaient murées lorsque nous avons acheté la maison, et nous les avons fait rouvrir sur les trois niveaux. « Des années de dur labeur. Mais mon mari est mort, maintenant, et moi je suis toute seule. » Elle s'interrompt. « *Insomma* », conclut-elle, ce qui signifie enfin, bref, que voulez-vous que je vous dise.
 Ed répond que nous aimerions en savoir plus sur ce qui pousse sur nos terrains. Peut-être peut-elle nous montrer où cueillir de quoi faire une *mescolanza*, un mesclun. Si elle veut bien ?
 « *Ah, sì, sì, certo.* » Bien sûr, elle le fera. Elle lève encore sa canne, puis disparaît derrière les *ginestre*.

 J'arrache les jeunes pousses indésirables qui parsèment les lits de roses, et déterre les plus dures, épineuses, diaboliques. La brouette se remplit chaque fois vite et le tas de mauvaises herbes, plus bas dans le jardin, épaissit comme une meule de foin. Le temps de retirer les broussailles des terrasses, et d'autres meules s'élèvent. Ed et Beppe les brûleront dès qu'il aura plu. Les herbes sèches posent un risque d'incendie, c'est pourquoi au début de chaque été les gens de la vallée attendent les premières pluies pour les brûler. Ce qui a pour conséquence d'empester l'air tout juste rafraîchi. Ces feux me font toujours peur, même si l'on veille sur eux muni de plusieurs seaux d'eau, au cas où le vent pousserait les flammes sur les – bonnes – herbes sèches. Ce printemps, un fermier pourtant expérimenté est mort carbonisé, lorsqu'un brasier brusquement réveillé a mis le feu à ses vêtements.

J'assouplis la terre du bout de ma fourche-à-courber-les-échines. Les parterres sont prêts, c'est le moment des semis. Hier et avant-hier, nous sommes allés chez les pépiniéristes remplir la voiture de fleurs nouvelles. Ils nous ont tous offert quelque chose au moment du départ. La *signora* court après nous et : « *Un omaggio e grazie.* » Elle me tend des campanules, des rosiers, un fuchsia. On a nous donné deux fois des coleus bourgogne, une plante que je n'aime pas. On croirait une survivance d'explosion nucléaire. Évidemment, ils se portent à merveille dans leur lointain petit coin. On nous demande parfois ce qui nous ferait plaisir. Après avoir examiné, et acheté, des dizaines de plantes, il est brusquement difficile de trouver quoi choisir. Un de ces petits pots offerts il y a deux ans s'est transformé en vrai buisson, couvert de boutons jaunes qui restent vivaces deux mois.

Les commerçants sont nombreux à faire des cadeaux à leur clientèle – un T-shirt pour fêter l'anniversaire de la boutique, de beaux calendriers au nouvel an, une fois aussi une boîte de quinze sortes de pâtes alors que nous venions de laisser deux cent mille lires, environ cent vingt dollars, dans un magasin *discount*.

Je finis par apprécier les plantes offertes plus encore que les autres. Un géranium de l'année dernière qui a doublé trois fois de taille, une lavande naine spécialement parfumée. Peut-être est-ce la générosité qui donne envie de s'en occuper plus soigneusement, ou les présents ont-ils tendance à s'épanouir naturellement. J'en viens même à m'attacher aux coleus.

Une dernière tâche après une journée de travail au-dehors. Nous amorçons la pompe à main et cheminons lourdement avec notre eau glacée pour arroser abondamment la lavande et les nouveaux cyprès. Une fois bien ancrés, ils n'auront plus besoin d'eau. La Promenade au Lac, autrefois jungle, puis sentier, est devenue une allée. L'année prochaine, d'autres vignes la borderont sur le côté droit (il est trop tard pour en planter maintenant), et une rangée de lavande poussera à gauche.

Ed a mis au four des aubergines à la *parmigiana*. Il a ramassé des laitues et mis la table dehors pendant que dans la baignoire je lisais des poèmes d'Horace. Y a-t-il chose plus splendide qu'un homme cuisinier ? Je descends mon nouveau carnet jaune d'Asolo, dans lequel je note mes idées pour le jardin. Avant d'aborder le sujet – il y en a pour la nuit – je lis à Ed quelques vers d'Horace :

> … *Au printemps le sol lourd est meurtri par les graines nouvelles.*
> *Belle la terre en couches, sous la brise nerveuse d'ouest.*
> *Les champs ouvrent leur cœur, une vapeur irrigue l'air.*
> *L'herbe grandit confiante, car le jeune soleil ne la gâtera pas.*
> *Les griffes nouvelles des vignes ne craignent pas l'orage du sud*
> *Ni la pluie glacée jetée de biais par la bise du nord –*
> *Non, bravement elles bourgeonnent et montrent toutes leurs feuilles.*
> *Et il en fut ainsi depuis le début du monde,*
> *Tant l'aube de ces jours est brillante et fervente.*

J'aime les deux derniers vers. Horace pourrait s'asseoir à notre table, sans avoir à demander que l'on remplisse son verre des vins de ce pays. Il dirait à quel point peu de choses ont changé. Mais il nous rappellerait qu'il y a encore trop de fruits sous les branches des poiriers.

Nous sommes en phase avec la terre. C'est une mère et nous aimons ses fruits. Après avoir redonné vie à ce qui était déjà là en train de suffoquer sous les broussailles et le lierre, nous passons au projet plus ambitieux de composer une structure. Dans les jardins Renaissance et ceux, classiques, qui les suivirent, un axe central faisait généralement office de lien entre l'agencement de la maison et celui du jardin. Les allées constituaient chacune une entrée en matière, quand des sentiers plus étroits offraient çà et là un regard profond sur les jardins. Les dimensions du nôtre sont pratiquement celles de la maison, et les terrasses du bas et du haut, réunies, représentent grossièrement la moitié du jardin. Quelques vestiges classiques ornent la haie de buis, sous la forme de cinq boules topiaires marquant les intervalles. Il est temps de penser à un avenir pour ce jardin, de trouver un chemin dans cette philosophie de verdure. Je pense à ce que l'on voit depuis les fenêtres du haut, à ce qui a su durer les premières années, mais surtout à mon plaisir, avant de chercher ce qui poussera ou pas. Ed s'intéresse à ce qui attire abeilles et papillons. La lavande séduit tout spécialement les papillons blancs : un vrai dessin animé. Musique en tourbillon – les bourdons des abeilles sont la ligne de basse des gazouillis, croassements et arpèges des oiseaux. J'aime voir dans la maison des fleurs coupées chaque jour. Nous respirons ensemble les senteurs qui courent sur notre chemin, s'élèvent le long des murs dès le petit matin. Les teintes de pêche mûre de Bramasole font rimer le jaune, le rose et les fleurs d'abricot.

Les terrasses étant posées abruptement les unes au-dessus des autres, le jardin se compose de parties bien distinctes.

Sur un côté de la maison, un rectangle ombreux que nous appelons la Tonnelle au Limettier s'étend sur deux mètres peut-être, avant de donner accès aux terrasses de fruits et d'oliviers. Pour nous épargner de répéter sans cesse : « Je veux dire, après le buisson de lilas en allant voir le lac », ou : « À l'est de la maison sous les *tigli* », nous avons donné un nom à chaque section. Nous avons même baptisé individuellement les oliviers. La famille, les amis, nos écrivains et nos lieux préférés sont immortalisés ici sous la forme d'un arbre. Nous n'avons pas encore vérifié lesquels ont péri sous les gelées.

Comme elle donne sur la vallée et sur les Apennins, la Tonnelle au Limettier est notre salle à manger de midi. Le jardin du devant, où nous vivons du petit déjeuner jusqu'au dernier décompte des lucioles, mène au bout d'une série de marches sur une longue terrasse. Celle-ci, la plus grande, porte le nom d'Allée des Roses. De chaque côté de la pelouse poussent maintenant cinquante rosiers. Je suis épatée de voir le gazon s'épanouir de lui-même, dense et profond. L'herbe est variée, sauvage et abondante. Depuis quand a-t-on des pelouses que l'on n'a pas plantées ? Le haut de la Grande Muraille de Pologne, construite la deuxième année en ces lieux, souligne le bord inférieur de cette terrasse. Un second mur, d'origine, suivi d'une haie de buis taillés en boules, délimitent l'autre bord. Un arceau de fer forgé orne

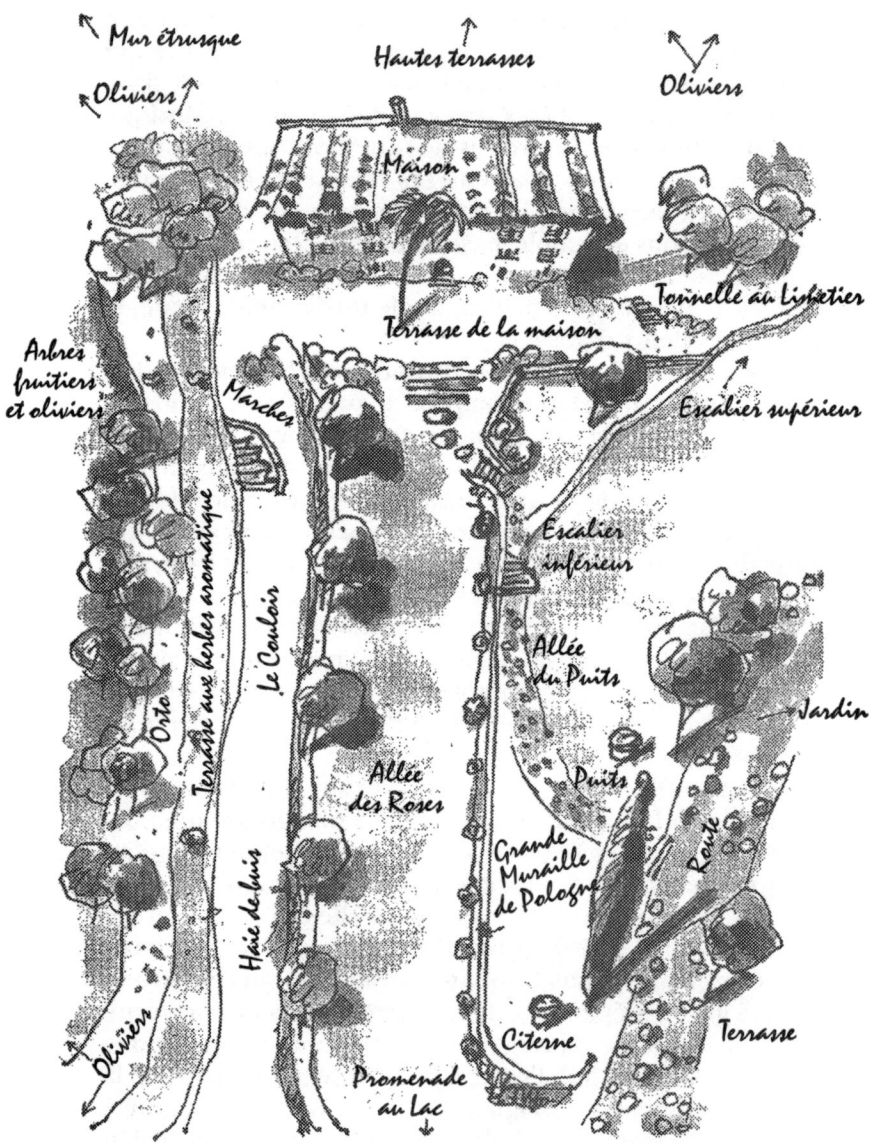

l'extrémité de chaque mur, l'un couvert de jasmin, l'autre bientôt orné de deux Mermaid, une variété de rosier grimpant à fleurs jaunes.

Une certaine géométrie est donc respectée. En déblayant la jungle folle des années d'abandon, nous avons tenu compte de la haie plantée là et rétabli, perpendiculaire à la maison, un rectangle bien net. C'est ici, en édifiant le grand mur, que nous avons exhumé une partie d'une route ancienne, aux dalles serrées et posées en biais. Nous en avons retiré l'étage supérieur, mais le suivant est encore là dans l'herbe. J'ai dû lire quelque part que les voies romaines pouvaient être encaissées jusqu'à trois mètres cinquante.

Un petit escalier courbe conduit sur la gauche à l'Allée du Puits, autre trouée dans le jardin qui abrite le puits et la citerne, où nous entretenions auparavant une belle haie de lavande, de romarin et de sauge. Nous ne savions pas qu'il fallait les tailler très court avant l'hiver. Nous avons vu en Californie, dans un champ de vigne débordant de lavande, un jardinier couper celle-ci presque au niveau du sol. Faute d'avoir jamais taillé les nôtres, le gel n'a épargné que deux plants sur l'ensemble.

Le Couloir prend à droite depuis l'Allée des Roses, flanquée de part et d'autre de la haie de buis et d'un haut mur de pierre. Du sol où poussent ici camomille et menthe sauvage se dégagent des senteurs d'origan et de menthe poivrée. Elles attirent, j'en suis sûre, le serpent noir et blanc qui a élu domicile dans la roche sous le robinet. Le vieux puits et la source que nous avons découverts lors de notre deuxième été sont dans le Couloir. Il se perd dans une profusion de lilas, débouche dans le grand jardin et continue ensuite vers ce qu'on a appelé la Promenade au Lac. De ce point jusqu'au bout de la propriété, nous avons planté cyprès et lavandes. Nous voulons défricher par là une piste – médiévale ? romaine ? – couverte d'herbes, qui mène finalement en ville, une fois emprunté la voie romaine dans laquelle elle se fond. Nos grands panoramas se trouvent à cet endroit. La majeure partie des jardins est dédiée volontiers aux oliviers, aux vignes, amandiers et autres arbres fruitiers. Quelques arpents restent le royaume des genêts et de la rocaille. Les deux terrasses du haut sont consacrées aux plantes comestibles et aux légumes ; la plus proche aux *erbe aromatiche* et aux laitues, tandis que la seconde est le domaine d'Anselmo, son méga-*orto*, sa grande folie.

J'ai des ambitions pour chacune des sections. Le croquis nous persuade sans doute que nous savons ce que nous faisons. « Pense vivace, dit Ed. On ne va pas inventer la brouette tous les ans – on sème des tonnes de trucs et ça ne tient pas. Ce qu'il nous faut, c'est des plantes qui se débrouillent toutes seules. Tu te rappelles cet été où j'ai passé des heures à traîner des brocs d'eau pour les trente oliviers ? » Nous les avions installés sur les terrasses les moins accessibles, sans deviner qu'il ne tomberait pas une goutte d'eau, cette année-là, de mai à août. Sur deux hectares, les questions de taille et de quantité sont des problèmes à part entière. Nous avons été lents à nous situer dans le temps. Mais cela vient, enfin – un esprit de progression, d'échelle, qui doit encore s'affiner. « Pense arbustes. » Et il entame une liste : hibiscus, forsythia, houx, laurier-rose.

« Je n'aime pas le laurier-rose. Ça me fait penser aux autoroutes.

– Bon, eh bien enlève-le.

– Si on ajoutait des roses ? On pourrait poser des arceaux le long de la Muraille de Pologne. »

Nous rentrons pour découvrir que mon amie Julie, experte ès rosiers, nous a envoyé un e-mail : « Alerte à toutes les Sirènes. Attention aux "Mermaid". Capables d'atteindre douze mètres, elles ont d'horribles épines crochues. »

Trop tard. Deux innocentes Sirènes entrent en terre demain.

Je repense ce soir à Humphrey Repton. Un de nos ancêtres du côté de mon père. Mon arrière-grand-mère s'appelait Elizabeth Repton Mayes. Son souvenir ne subsiste que grâce à mon *middle name* et cette photographie d'elle en train de bercer dans ses bras mon grand-père nouveau-né.

Il fut sûrement le bébé le plus laid de l'Angleterre de la fin du XIXe. Il agite ses petits poings serrés sous le regard amoureux de sa mère. Elle mourut alors qu'il était encore petit garçon. Le père partit en Amérique et fit ensuite venir son fils, lequel traversa l'Atlantique à l'âge de neuf ans avec pour tout bagage une petite valise et un sac de pommes. Depuis la balustrade, il vit sa tante Lily disparaître sur un quai de la vieille Angleterre. J'ai toujours été insensible à cette histoire – impossible que le froid et autoritaire Daddy Jack ait jamais pu être un enfant vulnérable parti seul vers un pays lointain. Je le vois plutôt sillonner le pont en train de terroriser les passagers.

Elizabeth avait donc pour aïeul Humphrey Repton (1752-1818), paysagiste qui lança la mode du jardin à l'anglaise. Mon propre grand-père ayant été tyran, j'aime savoir que d'autres hommes dans la famille appréciaient arbres et fleurs. Le père de Humphrey était receveur des impôts ; peut-être avait-il lui aussi quelqu'un pour nourrir sa révolte.

D'instinct, mes préférences vont à ces parterres négligents, abondants, exubérants, où les fleurs semblent prêtes à crouler. J'aime les pieds-d'alouette bleus et les digitales si longs qu'ils plient et se balancent à la première brise. Un monde de lis jaunes se tournant au soleil, des fourrés de gardénias qui s'assombrissent le soir, quand leurs fleurs blanches et pures nous parlent déjà de lune. Dauphinelles, érythrines, cheveux-de-Vénus, fraisiers, et autant de roses roses que possible.

Humphrey rédigea cinq traités et cinquante-sept guides. Les dessins et les plans de ses jardins étaient couverts de calques pour distinguer l'avant de l'après. Ne serait-ce que le titre de son premier ouvrage, *Croquis et suggestions de jardins paysagers*, m'en dit long sur ce qu'il fut. Informel, humble, ouvert. Ses observations, esquisses et conseils offrent au lecteur toutes les libertés – ses dispositions d'esprit paraissent si éloignées de mon grand-père, l'homme qui fréquenta *l'école des coups durs*, appelait mes amis « petites têtes », et pensait qu'écrire *la tête dans les nuages* était passible de poursuites. Le style des jardins de Humphrey influença peu à peu celui, plus rigide, de ses collègues italiens. Je cherche pour

Bramasole un mélange des deux, qui se fasse à nos goûts et nos bizarreries.

Avec seulement un peu plus d'une acre, sur un total de cinq, dévouée à nos fleurs insouciantes, je sais que Humphrey ne me consacrerait pas un de ses petits Livres Rouges. Mais je garderai son esprit dans mes plans.

Cet hiver à San Francisco, je me suis mise à lire des livres consacrés à l'évolution du jardin à l'italienne. Je sais que Pline l'Ancien parlait de créatures imaginaires sculptées dans le buis, et de noms reproduits par les vins et les fleurs. Perdu, son jardin se trouve, croit-on, près de Città di Castello, à quelques kilomètres seulement de Bramasole. Il recevait parfois dans son jardin, où les plats, légers, étaient convoyés à la surface d'un bassin creusé, sur des oiseaux artificiels et autres vaisseaux miniatures. Des jets d'eau s'élevaient tandis qu'on s'asseyait. Sa vision des jardins se confondait avec celle d'un bonheur sucré, philosophie de l'*otium*, d'une vie dévouée à l'élégance et la liberté intellectuelles.

Calée sur l'oreiller tandis que le vent agitait les arbres et décapait les vitres d'une pluie battante, salée et brumeuse, j'ai lu *Jardins de villas italiennes* de Marella Agnelli, et *Le Jardin de la Renaissance italienne* de Claudia Lazzaro. Je me voyais bientôt prendre la décision de composer un jardin aux sentiers inondés. Pour que les invités puissent s'y abandonner à bord de petits bateaux. On connut des jardins alimentés de fontaines, capables de simuler la pluie et un vent mugissant. J'ai été ébahie d'apprendre qu'un jardin n'était pas seulement voué à entourer des murs, offrir un agrément, mais qu'il était aussi le lieu de la surprise et de la distraction – un jet arrosait vos pas sans prévenir, et il se trouvait un *giardino segreto*, jardin secret, dans l'autre plus grand. Qui ne rêverait à l'idée d'un vrai jardin secret ? J'ai planté de hauts tournesols en double cercle, de façon à former une petite pièce ronde. Ils atteignent pratiquement mes genoux. En juillet, leurs grandes fleurs et feuilles masqueront presque la circonférence. J'espère des enfants au nombre de nos invités. Petite fille, j'aurais adoré ce jeu de l'espace. *Scherzi d'ac-*

qua ou *giochi d'acqua,* les farces d'eau, plus que tout autre aspect de l'histoire des jardins, révèlent une autre culture. Ils sont la signature du jardin italien. Vous quittez une allée et vos pieds foulent une dalle qui déclenche un jet d'eau. Vous vous retrouvez trempé. Fouillez les livres, ces jeux d'eau étaient attendus et appréciés. On ne se froissait pas de rentrer chez soi dans une soie bleue mouillée. Certes, je ne connais personne de plus de dix ans qui aimerait se faire doucher en visitant mon jardin. Mais je reste convaincue par l'eau ; elle y a sa place, apporte au tout une joie aussi évidente que les fleurs. L'eau est une musique, les oiseaux viennent s'y baigner, elle est un mouvement. Et les crapauds s'y prélassent.

Les statues me semblent indissociables des vieux jardins italiens. Elles servaient une idéologie, symbolisaient une philosophie, rappelaient l'intérêt du maître des lieux pour le théâtre ou la musique. Je me rends compte aujourd'hui que leur présence pouvait simplement être ludique, comme celles des grottes à l'entrée des jardins Boboli à Florence, où trois enfants de marbre plongent les uns sous les autres. J'adorais, quand j'étais petite, le globe de verre brillant, monté sur un piédestal dans le jardin de mes grands-parents. Le chêne s'y reflétait de travers et mon visage s'y affichait complètement distordu. Les rayons du soleil y trouvaient un éclat si vif, si argenté, que j'espérais les voir prendre feu.

De tous les jardins que j'ai vus aux États-Unis, peu intègrent le jeu. J'ai rencontré une femme à Dayton dont le long jardin en pente avait pour garniture des boules de bowling. Au milieu des buissons et arbustes conventionnels, elles avaient certainement de quoi surprendre. J'ai posé la question : « Comment vous est venue l'idée de faire une collection pour le jardin ?

— C'est parce que j'en avais une, au début. Elle était très jolie, recouverte de neige. » Mon interlocutrice s'est interrompue, à la recherche d'une raison ; je compris mon erreur de la pousser à extraire une idée rationnelle d'une simple fantaisie. Mais elle poursuivit : « N'importe qui peut planter des fleurs. » Long silence. « Pour les boules, il faut un vrai jardinier. »

La décoration des jardins est un besoin, une tradition persistante en Toscane. Dans les jardins de campagne, des jarres d'huile d'olive sont coiffées de géraniums en pots. La clôture métallique d'une maison de Camucia est ornée de notes de musique. Dans les rayons consacrés au jardinage, toute une statuaire est offerte – David grossiers de terra-cotta, Flora, Vénus, les quatre saisons, des naïades, les Sept Nains. J'ai vu chez les antiquaires des fontaines de travertin parcourues d'inscriptions en latin, et divers ornements trop précieux pour les laisser dehors.

Les fantaisies topiaires, si italiennes, semblent le produit d'une éternité. J'imagine Ed sur une échelle, à retailler nos boules de buis pour composer navires, dragons, le pape, un cerf entier avec ses bois. Un *palazzo* des Medici arborait, lui, loup, chien, bélier, lièvre, éléphant, sanglier et autres créatures. L'entrée d'un hôtel de Camucia est ornée d'écureuils de buis. J'ai découvert un paon taillé dans le jardin d'un voisin. Pourquoi pas une Ferrari, un verre à vin, le « doigt », ou un gardien de but ?

Au fil de mes lectures sur les anciens jardins italiens, je parcours mentalement ceux de nos voisins de Cortona qui, sur une échelle plus modeste, perpétuent nombre de traditions communes aux grands parcs historiques – sentiers de galets, pelouses étroites, des pots, des pots, encore des pots bien disposés pour les fleurs et les citronniers ; volières, haies de buis ou de laurier, tonnelles pour les repas dehors. Je n'ai jamais vu de rosiers aussi fleuris que ceux de la Toscane. Ils sont souvent plantés le long des clôtures, ou – curieusement – laissés à eux-mêmes au sein d'une même rangée. Les parterres fleuris et les pelouses ondoyantes sont très rares ; ils ont trop besoin de ce que les Toscans conservent par instinct : l'eau. Un petit jardin peut abriter jusqu'à cinquante pots de tailles diverses, ainsi qu'une *limonaia* pour les agrumes, les géraniums et les hortensias. Le jardin public de Cortona s'ouvre sur une zone ombragée avec bancs et plates-bandes disposés autour d'une fontaine où nymphettes et poissons s'amusent enlacés. Au-delà, le parc prend le nom de Parterre et s'étend sur cinq cents mètres le long d'un mur, d'où il offre de profonds points de vue sur le lac Trasimène et la vallée. L'allée de tilleuls, assez large pour offrir un passage à deux voitures à chevaux, fait référence aux jardins plus formels. Aujourd'hui ne s'y croisent que promeneurs et joggeurs. Si je n'ai vu nulle part de parc à flanc de colline aussi joli que celui de Cortona, nombre de villes médiévales en possèdent un collé à leurs vieilles portes, où les habitants viennent trouver un répit hors des pierres surchauffées de leurs étroites ruelles.

La conception italienne d'un jardin rigoureux, géométrique, s'oppose entièrement à mes préférences naturelles. Elle repose sur une esthétique foncièrement différente. De tout temps dans l'histoire, les fleurs n'ont tenu ici qu'un rôle secondaire, derrière les statues, le dessin des allées, les fontaines, haies, pergolas et pavillons.

Comme l'expliquait Ippolito Pindemonte en 1792, le jardin italien est plus volontiers « régi par le soleil et le marbre que par l'ombre et l'herbe ». M'y promenant, j'ai ressenti cette austérité, l'aspect désespéré des quadrillages bien dessinés et de leurs interminables haies de buis. Ils paraissent faits contre nature. Mais dans une lente osmose, j'ai fini par aimer ce sens architectural, conceptuel, de l'espace, la façon dont l'agencement du jardin reflète si souvent les proportions de la maison, celle dont les statues, escaliers et balustrades concourent à donner l'impression de chambres extérieures. C'est la Méditerranée, où l'on vit dehors autant qu'à l'intérieur. Dans les très grands jardins, une stricte maîtrise de la nature cède en quelque endroit aux vergers ou aux bois, derniers chaînons entre la demeure et la vie sauvage, belle idée survivant aux époques et aux architectures. Les premiers théoriciens du paysage construit parlent d'une « troisième nature », la première étant indomptée, la seconde, agriculture, et la troisième, accouplée aux concepts de beauté et d'art.

Si les jardins en soi restent à mes yeux hautement artificiels – qu'ils soient formés aux lois sudistes de l'églantier, de l'azalée et du camélia, ou négligemment entretenus à la californienne –, la réflexion en délivre le sens. L'Italie, il y a peu, était sur-fragmentée. Le château, le village fortifié ou la villa nés de la nécessité se voulaient une protection contre le monde. C'est pourquoi tout jardin devait évidemment rester clos, confiné ou conçu dans le but de faire oublier les chaos et périls de l'autre côté du mur.

Je ne sais que me rendre et me rendre encore à l'idée italienne de beauté. Comment introduire dans mon propre jardin les notions que j'ai appris à apprécier ? J'aime les arrangements rapides et détachés de Humphrey, sa perception rustique du confort et de l'aise. Puis-je les juxtaposer à la géométrie et l'espièglerie italiennes, ces antipodes créateurs de surprise ?

Les livres sur les jardins sont instructifs, mais frustrants. Leurs photographies n'offrent pas de profondeur, la perspective est limitée. Pire : impossible de sentir les strates des parfums quand l'œil suit les sentiers, impossible de se baisser et frotter quelque épaisse verdure, ni de détailler la lumière fracturée par les jeunes feuilles du saule. Je me suis quand même laissé transporter par des pages brillantes sur les jeux grandioses de la Villa d'Este. Luxueuses délices que ces eaux culbutant des poitrines de femmes, des bouches de dauphins, le long de cascades artificielles, d'escaliers dessinés sur les collines abruptes – les images taisent ici les clapotis, jaillissements et gouttelettes que l'on se penche pour mieux ouïr.

Deux heures au Roseto Botanico de Cavriglia valent un hiver de lectures. Juin est le mois idéal pour voir – sentir – le jardin de la Fondation Carla Fineschi, la plus vaste roseraie privée au monde. Je me mets aussitôt à noter le nom des roses qui nous plaisent, nonobstant le fait que nos pépiniéristes vendent bien souvent des rosiers anonymes et que jamais peut-être nous ne retrouverons ceux-là. Toutes les sortes de roses – Bourbon, Chinoises, Damask, Thé, Ramblers – ont leur lit et le moindre buisson est parfaitement décrit. Nous nous perdons, Ed et moi, et nous retrouvons plus tard. Parmi ces milliers de fleurs, nous espérons identifier les deux espèces qui appartiennent à l'histoire de notre maison. Nous repérons tous deux la Reine des Violettes au parfum indécent – ressemblante, mais les nôtres sont plus rondes, plus proches de la pivoine. Peut-être la *nonna* qui occupait Bramasole n'en connut-elle jamais le nom. Ou les roses des campagnes n'ont pas droit aux arbres généalogiques. Appelons-la Rose de la Nonna. Nous finissons par simplement nous promener, observer les jardiniers tailler les pousses fanées, et les autres personnes se pâmer sous les parfums. Quelques rosiers sont en vente derrière les jardins. Nous en choisissons trois, dénommés Sally Holmes, qui prendront place dans l'allée à l'entrée, grappes blanches et plates entre les lavandes. Je ne raffole pas des roses blanches, mais pourquoi pas celles-là, qui mordront le clair de lune ?

Avec son ambiance paisible de couvent, et ses rares visiteurs, le musée Firenze Com'era (Florence comme elle l'était) est l'un de ceux que je préfère. Je suis fascinée par la douzaine de peintures qu'il détient du peintre flamand Justus Utens, représentant les villas des Medici. Ce sont des demi-lunes (peintes en 1599 pour orner les voûtes de la villa d'Artimino) qui offrent chacune une vue aérienne des maisons et jardins initiaux. Le tout présente une rare synthèse de l'agencement idéal d'un extérieur de ce temps. La Villa Pratolino comprend une suite élaborée de bassins à flanc de colline qui se déversent les uns dans les autres. Les jardins de Lambrogiana se composent de quatre grands carrés, bordés de pergolas, divisés en quatre autres plus petits et dotés de bassins de même forme à l'entrée. Les cours intérieures de toutes ces villas sont curieusement vides – il y a peut-être un puits, mais aucun ornement. Si je gagne jamais à la loterie, je ferai aménager un parc d'une taille semblable. D'avoir lu les ruminations hilarantes de George Sitwell (papa des merveilleux et excentriques Osbert, Sacheverell et Edith) sur ses jardins, avec collines, lacs artificiels et autres manipulations ambitieuses de la nature, je suis et reste fascinée par les architectes d'aussi vastes paysages.

J'ai pris des notes à peine entrée dans le jardin botanique San Pietro à Pérouse. Le centre partage aujourd'hui ses lignes pures, ses cours et terrains déserts, et ses austères cellules monacales, avec un institut d'études agronomiques. Pas un guide de l'Ombrie ne mentionne pourtant cette oasis de paix. La brochure fournie à l'entrée détaille (en italien) le symbolisme raffiné et le jeu des nombres du jardin médiéval, dédié à la méditation. Récemment reconstitué, il est jouxté par un second, consacré lui aux plantes médicinales et clairement agencé. J'y ai découvert que la *parietaria*, cette herbe qui pousse dans la moindre lézarde de nos murs, a un passé. Dénommée *elxine* en latin, elle a le pouvoir de pousser les calculs hors des voies urinaires, de guérir les plaies et d'apaiser la colique. Les gens du voisinage m'ont appris également qu'elle était cause de vives allergies printanières. Je lui témoignerai plus de respect lorsque j'extirperai ses racines tenaces. Une version rosâtre de ce que nous appelons en Californie surelle jaune porte ici le nom d'*acetosella*. Cette plante basse et allongée que Beppe nomme *maroncella*, ici cataloguée *pimpinella* (*sanguisorba* en latin), soigne tout de la peste aux ulcères. *Santoreggia*, la sarriette, en laquelle je voyais juste de quoi agrémenter soupes et salades l'été, se révèle un puissant aphrodisiaque lorsqu'elle est mélangée à du miel et du poivre. Même la mélisse sauvage m'apparaît sous un jour nouveau : ses feuilles produisent des rêves d'or. Comme je ne suis pas bien sûre d'avoir jamais vu l'or en rêve, j'en essaierai une infusion. Et la fleur de bourrache est d'un bleu parfait, tache vive parmi les simples.

J'ai gagné de mes lectures un sentiment désagréable – celui d'une connaissance mal étayée, donc étroite, du jardinage ! Dans mon nouveau cahier jaune, j'esquisse une liste de possibilités nouvellement entrevues pour mon jardin d'échelle plus ordinaire, à commencer par quelques croquis de pergolas. Celui qui tomberait dessus penserait voir des échafaudages ou des tunnels de métro. Toute personne en Toscane disposant d'un jardin a aussi une pergola, et pas seulement parce qu'on y aime la vigne vierge. En pierre, châtaignier ou saule, elles orientent le regard, offrent un point de référence, et protègent du soleil – contraste aisé et définition quasi géographique. Déjeuner sous le délicieux balancement des vignes rend d'humeur plus festive, tandis que les gouttes de soleil ricochant sur la table embellissent les visages et séduisent des convives tout prêts à se réjouir. Pourquoi n'ai-je jamais tressé une pergola de saule en Californie ? J'en colle une en surimpression sur le souvenir de ma maison de Palo Alto. J'aurais dû supprimer l'affreuse haie de genévriers et la remplacer par une jolie tonnelle.

J'ai une habitude sans doute propice à libérer des flux d'hormones bénéfiques, purifiant le sang et fortifiant le cœur. Quand je ne peux pas dormir, j'imagine prendre dans mes bras tous les animaux que j'ai aimés ; je reviens à mes moments de vrai bonheur ; je vais par les rues de Cuzco, San Miguel, Deya, j'en extrais les points de vue, fenêtres, visages et sons. Je pense à ceux que j'aime sans réserve. J'ajoute maintenant à cette pratique celle de passer en revue les jardins de toutes les maisons où j'ai demeuré, en dépit d'aucune considération financière. Je suis plus coutumière de rénovations d'intérieur, centre d'intérêt des femmes de ma famille, toutes du genre à déclarer : « Je n'aurais jamais dû tapisser cette salle à manger, surtout avec ces grues de Mandchourie sur le point d'atterrir. Je me demande toujours s'il n'y en aura pas une pour le faire dans ma soupe. J'aurais dû mettre de la *laque* jaune vif, et puis il faudrait un miroir sur le buffet, au lieu de ces appliques ridicules... » Je me demande si, taraudées d'insomnies, elles recourent au même genre de pratiques.

Le carré est la base de l'organisation traditionnelle des grands jardins italiens. Je savais cela, bien sûr. En revanche, j'ignorais qu'on appelait quinconce une structure de quatre arbres plantés aux angles d'un carré, qui encadrent le cinquième au centre. Depuis Cicéron, quantité de jardins sont une série de quinconces reliés par des sentiers. Le buis était communément utilisé pour les haies, cependant certains quinconces étaient bordés de sauge, de romarin, de lavande ou de myrte. À l'intérieur, les jardiniers plantaient des lis, des roses, ou des bulbes du type hyacinthe, narcisse et crocus. Les allées de pergolas servaient de frontières aux jardins, ainsi que de promenades couvertes.

En parcourant les inventaires des jardins séculaires, je m'aperçois que beaucoup de fleurs appréciées à l'époque le sont encore aujourd'hui – cyclamen, jasmin, chèvrefeuille, sarriette, clématite, anis. D'autres sont tombées en désuétude : hysope, mélisse, cumin noir, myrte, balsamine, bironie noire, vigne vierge. Les herbes étaient souvent utilisées à la place des fleurs. L'iris et le lis orangé *(giglio selvatico)* sont fréquemment mentionnés. Ils poussent tous deux spontanément à Bramasole, et je me demande depuis combien de temps ils sont acclimatés.

Je me réjouis de voir certaines des plantes que j'ai choisies ici sur les listes des herbes et fleurs communes de la Renaissance. J'ai planté l'été dernier de l'hysope, *issopo*, comme bordure. J'ai été récompensée par ses longues fleurs tenaces, piquantes et pourpres, prêtes semble-t-il à former d'épais buissons. Francesco admit qu'on pouvait en frotter les ecchymoses. J'ai planté aussi de la mélisse, pour découvrir qu'elle était du même groupe que la menthe sauvage que j'appelais citronnelle. Son odeur ressemble à l'huile dont ma mère me frictionnait le soir, quand les moustiques grouillaient et que je restais à jouer dans l'allée et les cours des voisins. J'en coupe aujourd'hui des branches que je pose sous la table quand nous dînons dehors. Peut-être cela sert-il à quelque chose ?

Autre cousine de la menthe, j'ai planté de la sarriette par accident. J'avais acheté au marché un pot de *santoreggia*. « Vous mettez les fleurs et les feuilles » fut tout ce que me dit la vendeuse.

« Dans quoi ? »

Elle leva les deux bras. « Dans la cuisine, *signora*. *Insalata, zuppa*, ce que vous voudrez. » Puis je suis tombée par hasard sur le terme latin de *satureja hortensis*, traduction de *santoreggia*, mais aussi de sarriette, et j'ai ainsi fait le lien.

Le jasmin pousse sur un arceau et le long de la balustrade en fer qui longe la terrasse du haut. J'ai aussi planté tôt du chèvrefeuille. Son parfum me ramène tout droit sur une route de Géorgie éclairée par la lune, où mon grand amour du lycée en ramassa une brindille qu'il posa dans mes cheveux. Nous nous sommes embrassés et sa bouche me parut dure et ferme avant de s'ouvrir, brusquement pleine de vie. Les fleurs de chèvrefeuille n'étourdissent personne, mais je peux me pencher à la fenêtre de mon bureau, contempler cyprès et collines – et inhaler en sus de leur senteur miellée, sur la route sableuse oubliée du soleil derrière Bowen's Mill, là où le vent berce les longues épines des sapins, l'*aftershave* Royal Lime dont s'était aspergé un petit gars timide, il y a des années et des kilomètres de cela. Timide, je ne l'étais pas ; j'ai attendu des semaines qu'il veuille bien m'embrasser.

Les parfums du Sud sont puissants. Je garde toujours un pot de gardénias à l'ombre. Ils me font penser au vieux géant du jardin de ma grand-mère, aux senteurs que je croisais lorsque je rentrais tard, à ses feuilles vert de noir sous les fleurs éclatantes qui paraissaient nimbées de lumière blanche. J'en cueillais une et la laissais flotter dans un verre près de mon lit. Quand je me réveillais, tard aussi le lendemain matin, leur senteur avait envahi les quatre coins de la chambre ensoleillée. Le jardin géorgien de ma famille n'avait rien de spécial, il était simplement agréable, quoique vers la fin août tout semblât épuisé. Nous avions des camélias, des lilas, des azalées, des myrtes, des pieds-d'alouette, des renoncules que nous appelions boutons d'or, et une haie noire de spirées.

Je m'y étais constitué une cachette d'où je ne répondais pas lorsque ma mère m'appelait à la porte de la cuisine. Derrière les longues tiges aux fleurs blanches, je la voyais enrager. J'aimais bien épier. Mon autre cachette, tout aussi stratégique, mais cette fois près de l'entrée, se trouvait sous le porche, derrière la rangée d'hortensias bleus. J'y reconnaissais les chaussettes noires et les jambes velues du facteur, les jupes des amies bridgeuses de ma mère, j'y recueillais des bribes de conversation – Lyman Carter qui « courait », les électrochocs de Martha à Asheville.

J'ai ici des hortensias roses et blancs en pots, aux fleurs

grosses comme des têtes de bébé. Ed a installé un banc de pierre auprès d'eux, d'où je peux presque me cacher là-haut pour surveiller le jardin, ce qui reste moins excitant que les allées et venues autour de la maison de mes parents.

 Je m'aperçois bientôt que le jardin est un lieu où poser sa mémoire, au rythme des saisons qui la maintiennent alerte. Ed aime aussi les lilas. Sa ville natale du Minnesota en était toute fleurie, et le spectacle devait être plaisant au sortir des hivers terribles. Sa voisine, Viola Lapinski, la « vieille fille » (il s'est rendu compte il y a peu qu'elle avait alors moins de quarante ans), en composait des bouquets qu'elle apportait à sa famille lorsque, le samedi soir, elle venait voir chez eux *Gunsmoke* à la télévision.

 Il faudra que je demande à ma fille, dont le tout premier mot fut *flava*, fleur, si sa mémoire garde une trace de notre jardin de Somers, dans l'État de New York. Les érables, à l'automne, recouvraient le sol d'un manteau de feuilles jaunes qui atteignait mes genoux, et elle s'y enfouissait avec le chien. C'est là, le long du mur, que j'ai planté mes premières herbes aromatiques. Je n'en ai jamais eu depuis un éventail aussi complet. Un jour qu'elle creusait devant moi, Ashley a trouvé un flacon améthyste de quelque remède, vide, qu'elle garda des années. Côté rue, une haie de pivoines éclatait chaque année. Ashley pensait qu'une fille aux lèvres trop maquillées venait embrasser les bords de leurs petits globes roses. Que se rappelle-t-elle ? À Palo Alto, sa chambre avait une baie vitrée. Elle mettait le pied dehors chaque matin entre lauriers-cerises, citronniers, kumquats et néfliers. Leurs senteurs légères ont dû rester en suspension dans les canalicules de son cerveau. J'aimerais qu'elle se souvienne d'une tonnelle de vigne vierge. Peut-être suffit-il d'en bâtir une ici.

 Les odeurs opèrent comme la musique et la poésie, libèrent des émotions muettes qui parcourent le corps. Houles lymphatiques, pensées non cognitives. Ed longe les lilas et au même moment sa mère repose un vase de lavandes cendre sur la table basse ; son père offre une boîte de *toffees* à Viola

dont les cheveux sont enroulés sur des canettes de jus d'orange puisqu'il y a messe demain. Lawrence Welk rebondit encore *, et la pièce est présidée par les tons sombres du tableau du Christ derrière la télévision. Il s'interrompt pour regarder tout le monde depuis le jardin de Gethsémani. *Ses yeux vous suivent partout.*
Le jardin enveloppe également la mémoire du présent. Mon passé ne connaît pas de lavandes, de citronniers en pots, de balcons exubérants de géraniums corail, de trémières fleurissant deux par deux, de grands rosiers, de dahlias – mais je sais maintenant qu'à quatre-vingt-dix ans (si je vis jusque-là) un sachet de lavande me ramènera au jour où Beppe en planta cinquante pousses. Je reverrai leurs nombreux étés, les papillons blancs et les abeilles autour de la maison, noyés puis émergeant de la brume des lavandes. Rien sans doute n'évoquera le souvenir de cette herbe innommable qui sent le poisson avarié, ou de cette autre, poisseuse, qui me fait rentrer en courant prendre un antihistaminique.

☆

« Si on plante tout ce que tu as mis dans ton cahier jaune, on va finir par vivre dans un jardin botanique.
– Ou un éden, peut-être. » Ed m'a donné l'étymologie du mot paradis. Il vient du grec *paradeisos*, qui signifie jardin ou parc, plus lointainement de *dhoigho*, mur d'argile ou de terre, ainsi que de l'avestique *pairi-daeza*, synonyme de circonvallation – ce qui est cerné de murs. Le paradis est un jardin aux remparts d'argile. La Genèse ne parle pas d'édification, l'un quelconque des sept jours, cependant j'imagine un haut périmètre de briques dorées signées du pouce divin. À condition que Dieu ait des mains, bien sûr. Le mur de l'Éden était-il couvert de Mermaid, roses à croissance rapide ? Les nôtres semblent enfoncer leurs racines et s'épanouir à peine plantées. Sans doute les *rugosas magenta* derrière la maison y ont-elles fleuri aussi, leurs bas branchages abritant le serpent.

* Star de la télévision américaine des années 60 à 80.

Peut-être un nouveau pommier serait de mise chez nous. Nos pommes sont maigrelettes et ne tentent personne.

Je suis intriguée par la « byronie noire » des inventaires botaniques plus récents – quoi que cela soit. J'ai l'impression d'un lacis sur les tombes de Cathy et de Heathcliff. Un auteur de leur temps recommande de planter des œillets par intervalles d'un mètre, et de choisir entre eux marjolaine, muguet, renoncules et thym. Le thym et la marjolaine donnent de la texture tout en recouvrant le sol nu. « Et des zinnias ? demande Ed. Ces bons vieux zinnias, simplissimes. Qu'est-ce que tu me réserves encore dans ce cahier jaune ?

– OK. J'oublie les plantes. Occupons-nous plutôt de la pergola. Et il nous faut au moins une statue. Une fontaine, aussi.

– Ça sera *tout* ? Pourquoi pas une *folie*, tu sais, ces vieilles maisons de plaisance ? Et j'aime bien ces espèces d'ermites ornementaux dont tu parles en ce moment. On pourrait aussi installer des fausses ruines sur la Promenade au Lac. Une voûte brisée, un reste de porte, un mur effondré – de quoi s'asseoir, quoi.

– En voilà une idée géniale. Un endroit où s'asseoir… »

Ed prend un air ahuri. « Non, attends, marche arrière. Je plaisante. Tu ne me prenais quand même pas au sérieux ? »

CUISINE DE PRINTEMPS

ANTIPASTI.

Beignets de fenouil de Paolo.

Je mangerai toujours ce que prépare Paul Bertolli. Un jour il m'a servi des tendrons. J'ai demandé : « Des tendrons de quoi, au fait ? » Il a tressailli, mais à peine. « De veau. Ça vous plaira. » Il me sait plutôt délicate et s'efforce de m'éduquer. Lorsqu'il était chef chez Panisse, j'avais sa permission de l'assister de temps à autre au piano. La première tâche qu'il me confia consistait à étêter une montagne de pigeons. Leurs paupières bleutées et fermées me perturbaient mais, comme je ne voulais pas me contenter de laver les salades, je me suis mise à trancher les têtes. Né de parents italiens, Paul garde des affinités profondes avec la vie de ce pays. Son génie est de savoir révéler l'essence de tout ce qui passe par sa cuisine. Son plaisir d'exercer et son intégrité sauteront aux yeux de quiconque veut bien lire, et appliquer, les recettes de *La Cuisine de Panisse*. Il a récemment fait construire une *acetaia*, bâtiment dédié à l'élaboration complexe du vinaigre balsamique. L'un de nos premiers invités ici, il nous a aidés à installer notre cuisine prototype. En Californie, j'aime fréquenter son restaurant d'Oakland, « Oliveto's », surtout lorsqu'il célèbre le retour de la truffe ou des *porcini*. Voici, intacte, la recette des beignets de fenouil qu'il m'a confiée. Pour éviter fibres et filandres, choisissez du fenouil jeune. Ses beignets sont délicieux servis avec un fromage frais, *tallegio* par exemple.

200 g de cœurs de fenouil lavés.
200 g de feuilles tendres.
1 tête d'ail entière pelée.
2¾ tasses de chapelure épaisse, émiettée du jour.
¾ de tasse de parmigiano reggiano râpé pour l'occasion.
1 œuf entier.
½ cuillerée à café de sel.
Poivre du moulin.
¾ de tasse d'huile d'olive.

Ôter les tiges et ne garder que la partie centrale, tendre, des bulbes, et les feuilles. Hacher le tout grossièrement sur la planche à découper. Couvrir d'eau dans un saladier puis égoutter soigneusement. Cuire à la vapeur, sur feu très chaud, 12 à 15 minutes, avec les gousses d'ail pelées, ou jusqu'à ce que l'ensemble soit devenu très tendre. Laisser refroidir, puis hacher menu. Ajouter une proportion de 1¾ tasse de chapelure et le parmesan râpé. Puis l'œuf entier, sel et poivre du moulin. Mélanger à la fourchette jusqu'à obtenir une pâte épaisse. À l'aide de deux cuillers à soupe, préparer des beignets de taille égale. Ensuite, un par un, les passer dans un bol où l'on aura déposé le reste de la chapelure, et former de petits pâtés réguliers. Faire chauffer l'huile d'olive dans une grande poêle à frire. Vérifier la température de l'huile en jetant une miette de pain : elle doit grésiller et se mettre à « danser ». Frire les beignets à feu chaud en les retournant avec une écumoire. Les déposer ensuite sur du papier absorbant avant de les dresser sur le plat. Servir chaud.

Beignets d'artichauts.

Pour moi qui suis du Sud, le mot « friture » reste un enchantement. Enfant, j'ai rencontré peu d'artichauts, sinon sous forme de « pickles ». Mais c'est un vrai plat de tradition. Au marché du mardi, les légumiers en vendent cinq tailles différentes. Quand je veux les fourrer d'une farce à base de pain, d'herbes et de tomates, je prends les plus grands. Si je veux les frire ou les servir crus, je préfère les tout petits aux rayures violettes. Quelle que soit la grosseur, il faut enlever tout ce qui semble fibreux ou dur.

Choisir 10 petits artichauts. Ôter les feuilles extérieures et couper les tiges le plus près possible du cœur. Couper en quartiers et essuyer avec du papier absorbant. Faire chauffer de l'huile de carthame, d'arachide ou de tournesol. Battre 3 œufs dans un bol avec ¾ de tasse d'eau. Y plonger rapidement les artichauts, puis les retourner dans une assiette de farine assaisonnée. Ôter tout excès. Faire frire dans l'huile (à 175°) jusqu'à ce que les beignets soient dorés. Égoutter sur un papier épais, puis dresser sur un plat avec des quartiers de citron. En hors-d'œuvre pour huit personnes.

PRIMI PIATTI.

Odori.

Dans les boutiques et les marchés, le vendeur de fruits et légumes vous donnera le plus souvent cette poignée d'*odori*, littéralement « odeurs, herbes », arômes pour la cuisine : tiges de persil et de basilic, une ou deux branches de céleri, une ou deux carottes. Quand je ne fais ni bouillon ni ragoût, le petit cadeau du marchand finit par se flétrir au frigo. Un jour que le placard était vide, Ed a haché les *odori* et inventé cet accompagnement tout simple pour les pâtes. Nous en avons ensuite garni la *focaccia*, ou les feuilles ouvertes d'un artichaut, pour remplacer le beurre ou la vinaigrette.

Hacher finement 2 carottes, 2 branches de céleri et 3 gousses d'ail. Les faire revenir dans 2 cuillerées à soupe d'huile d'olive en veillant à ce qu'elles restent fermes. Ajouter basilic et persil ciselés, puis 2 autres cuillerées d'huile et laisser cuire à feu doux 2 à 3 minutes. Préparer des spaghettis pour deux, les égoutter et garder 2 cuille-

rées à soupe de l'eau de cuisson que l'on réincorpore dans les pâtes avec un peu d'huile d'olive. Mélanger 4 cuillerées à soupe de parmesan râpé aux odori. Le résultat devrait avoir la consistance du pesto. Incorporer aux spaghettis. Pour deux personnes.

Risotto Primavera.

« Le meilleur repas de ma vie », dit une amie après un dîner simple, composé de *risotto* et de légumes de printemps. Bien sûr, ce n'était pas vrai, mais la petite montagne de *risotto* au milieu de la table, cernée d'une couronne de primeurs colorés et goûteux, peut inspirer ce genre de sympathique déclaration. Voilà par excellence un dîner de printemps. Rien n'empêche de servir aussi un poulet rôti, mais cela me suffit – avant le mesclun, les quartiers de poires et le gorgonzola. On prépare également ici le *risotto* aux orties. Ces horribles choses sont un régal de printemps lorsque les feuilles sont toutes jeunes. Certains Farmer's Markets californiens en vendent parfois. Il faut les hacher grossièrement, les blanchir, puis les incorporer au *risotto* une minute avant la fin de cuisson.

Préparer, et assaisonner, les légumes séparément. Écosser 3 livres de petits pois frais que l'on cuit rapidement à la vapeur. Nettoyer 1 botte de carottes nouvelles, puis les couper en tiges de même taille environ que les asperges. Faire cuire à la vapeur sans laisser ramollir. Briser les tiges de 2 livres d'asperges à l'endroit où elles offrent le moins de résistance, puis passer à la vapeur ou cuire en cocotte. Porter à ébullition 5½ tasses de bouillon assaisonné et une ½ tasse de vin blanc, puis laisser frémir. Dans une autre casserole, faire sauter quelques minutes 2 tasses de riz arborio *et 1 oignon finement haché dans 1 cuillerée à soupe d'huile d'olive, puis incorporer peu à peu le bouillon pour que le riz ait bien le temps de l'absorber. Poursuivre en remuant jusqu'à ce que le riz soit cuit. Certains l'aiment presque en bouillie, mais il sera meilleur al dente. Ajouter le jus de 1 citron, incorporer environ 1 tasse de parmesan* râpé, et assaisonner. *Placer dans chaque assiette les légumes autour du riz. Pour six personnes.*

Orecchiette aux légumes.

Ces *orecchiette,* pâtes en forme de petites oreilles, s'accommodent fort bien d'une garniture de *quattro formaggi : gorgonzola, parmigiano, pecorino,* et *fontina.* On les sert souvent au printemps avec des légumes.

*Faire sauter 2 bottes de blettes avec ail et petits oignons hachés. Faire cuire suffisamment d'*orecchiette *pour six. Égoutter et mélanger aux légumes. Si vous aimez les anchois, faites-en sauter une dizaine de filets, émincez et mélangez aux blettes. Incorporer une ½ tasse de parmesan râpé, ou servir séparément.*

☆

Orecchiette aux crevettes.

Le mélange est amusant, puisque pâtes et crevettes ont une forme similaire. Cela étant, c'est un plat plutôt consistant.

Écosser suffisamment de fèves pour remplir 1 tasse, puis les faire revenir dans un peu d'huile d'olive jusqu'à ce qu'elles soient presque cuites, et ajouter 1 petit oignon émincé, et 2 ou 3 oignons grelots de printemps. Laisser cuire jusqu'à ce que les oignons soient tendres, puis assaisonner et passer au mixer pour en faire une purée. Laver, sauter à l'huile d'olive 1 livre de crevettes et 4 gousses d'ail entières non pelées. Ajouter une ½ tasse de vin blanc, faire chauffer quelques instants à feu vif, puis baisser. Jeter l'ail. Cuire des pâtes pour six, égoutter, et mélanger avec la sauce verte ; en garder un peu pour ajouter aux crevettes dans la poêle. Répartir les pâtes dans les assiettes, et les crevettes par-dessus.

SECONDI.

Veau de printemps.

Cette recette simplissime, composée telle quelle en découvrant que je n'avais plus de tomates pour mon ragoût, est devenue chez nous un classique. Le goût délicieux et pur du citron met en valeur celui du veau, viande par ailleurs fort tendre.

Essuyer soigneusement 3 livres de veau coupées en morceaux. Saupoudrer de farine et faire brunir rapidement dans une cocotte. Verser 1 tasse de vin blanc sec. Peler finement l'écorce de 2 citrons et ajouter dans la cocotte avec sel et poivre. Couvrir et laisser cuire 40 minutes à 175°, ou jusqu'à ce que la viande cède sous la fourchette. Remuer et ajouter le jus des 2 citrons. On ne le mettra qu'à la fin, faute de quoi le veau durcirait. Remettre au four cinq minutes. Mélanger une poignée de persil ciselé. Pour six personnes.

CONTORNI.

Fèves, pommes de terre et artichauts.

La grande primeur du printemps, et la plus appréciée, ce sont les *fave* crus. Ces fèves fraîches n'ont rien à voir avec celles que j'ai pu trouver dans les supermarchés américains, qu'il faut blanchir puis laborieusement peler, grain après grain. Celles-là peuvent garder un certain goût, mais en vérité un haricot qu'il faut peler n'est plus un haricot frais ! Des amis ici en Toscane nous ont servi un bol de fèves crues dans leurs cosses, en fin d'après-midi, avec une boule de *pecorino* et une bouteille de vin. Chez d'autres amis encore, le rite des *fave e pecorino* trouva sa place en fin de dîner, avec salade et autres fromages. Cette alliance sacrée convient, semble-t-il, à chaque instant. La recette qui suit peut accompagner escalopes de veau ou filet de porc, mais fera un heureux plat de résistance au printemps.

Couper en quartiers 6 petits artichauts et les cuire à la vapeur pour les attendrir seulement. Égoutter, puis réserver dans de l'eau citronnée. Peler et tailler en quartiers 1 livre de pommes de terre blanches (on peut utiliser de petites pommes de terre roses nouvelles). Passer à la vapeur sans finir la cuisson. Écosser 2 livres de fèves, aussi fraîches que possible, et cuire à la vapeur, légèrement encore. Faire chauffer 4 cuillerées à soupe d'huile d'olive dans une grande sauteuse. Faire revenir 2 ou 3 oignons grelots hachés (ou l'équivalent d'échalotes), et 3 ou 4 gousses d'ail émincées. Ajouter les légumes, thym ciselé, sel et poivre, et arroser du jus de 1 citron. Remuer doucement pour obtenir un mélange homogène et achever la cuisson. Servir chaud. Pour six bons appétits.

Légumes au four, fenouil tout spécialement.

Plus le four est grand, plus on y mettra de légumes différents de la saison. Je finis par les préférer cuits ainsi, plutôt que grillés. Le goût de chacun en ressort accentué, alors que le gril impose sa propre saveur fumée. Le fenouil trop « rôti » est incroyablement bon. J'en vole des morceaux à peine le four éteint.

Huiler généreusement une plaque à four à quatre bords (antiadhésive), ou un grand plat. Disposer quartiers de poivrons, d'oignons, de fenouil, de courgettes, courge, tranches d'aubergines, têtes d'ail entières, et tomates en moitiés. Arroser légèrement d'huile d'olive, saupoudrer de thym haché, ajouter sel et poivre. Enfourner et cuire à 175°. Au bout de quinze minutes, commencer à inspecter courges, courgettes et tomates, et retirer si elles sont cuites. Retourner aubergines et poivrons. Tout devrait être à point en une demi-heure maximum. Dresser sur un plat. L'ail doit être manipulé avec grand soin. Les invités le pèleront dans l'assiette pour l'écraser sur du pain.

☆

Autres légumes au four.

Depuis que mon amie Susan Wyler, auteur de plusieurs livres de cuisine, m'a montré comment rôtir les asperges au four, je n'en ai plus jamais fait à la vapeur. Même brûlées et craquantes, elles restent délicieuses. Les haricots verts fins gagnent eux aussi à cuire de cette façon. Le four révèle les goûts cachés. J'ai deux centaines d'oignons qui poussent comme des dingues dans le jardin, et je me suis mise à les préparer ainsi. Une touche de vinaigre balsamique leur confère une surprenante douceur. Le poulet rôti s'entendra bien avec ces oignons-là rassemblés autour de lui.

Disposer les asperges sur une seule couche dans un moule à gâteau ou à tarte. Verser quelques gouttes d'huile d'olive par-dessus, sel et poivre. Faire rôtir cinq minutes – sinon jusqu'à ce que les asperges cèdent sous la fourchette – à 200°. Faire cuire les haricots verts à la vapeur, rapidement, sans qu'ils perdent leur fermeté. Bien les remuer pour ôter toute humidité, puis faire rôtir avec quelques gouttes d'huile d'olive, cinq minutes à 200°. Disposer les oignons pelés superficiellement – laisser une couche ou deux de peau blanche – dans un plat à four antiadhésif. Tailler une large croix sur le dessus. Verser généreusement huile d'olive et vinaigre balsamique, et assaisonner. Faire rôtir 40 minutes à 175°. Surveiller une fois ou deux en cours de cuisson et ajouter huile et vinaigre s'ils ont l'air sec.

DOLCI.

À *primavera*, les fruits ne sont pas encore mûrs. La plupart des kiosques à *gelato* restent fermés – il fait froid. Les desserts sont encore souvent ceux de l'hiver, châtaignes grillées dans la cheminée, servies avec une tranche de *gorgonzola*, ou les *baci*, baisers chocolatés de Pérouse, agrémentés d'un verre de *limoncella* ou d'*amaro*, voire pour les fortes têtes, de *grappa*. Un étal au marché du mardi propose des fruits secs. Marinés au vin, avec épices et zeste de citron, puis servis avec des *biscotti*, les fruits secs reprennent vie, assez pour nous faire attendre les primeurs estivales.

Fruits marinés au vin.

Léger et fin, ce dessert maison rejoint la catégorie *comfort food*. Faites passer les *biscotti* que l'on trempera dans le vin sucré. Les enfants détestent ces fruits-là.

Couvrir d'eau bouillante 1 livre de fruits séchés – abricots, pêches, cerises et/ou figues – et laisser reposer une heure. Porter à ébullition 2 tasses de vin rouge, une ½ tasse de sucre, un peu de muscade et zestes de citrons en spirale. Ajouter en mélangeant 1 tasse de raisins secs (blonds et bruns), puis les fruits égouttés. Réduire immédiatement le feu et laisser cuire dix minutes. Retirer les fruits. Faire bouillir le reste du liquide jusqu'à ce qu'il épaississe et remettre les fruits. Ce sera meilleur le lendemain. Saupoudrer chaque portion de pignons grillés.

Coucher de soleil glacé.

Une glace toute simple, mais les oranges sanguines ont une touche décidément sauvage et exotique. Est-ce le mot « sanguin » qui frappe l'imagination, quand on remplit un verre de ce jus écarlate ? Ou le choc du fruit coupé en deux, dont les moitiés soudain révèlent une pulpe luisante, carminée et vineuse... Le goût se laisse prendre en fait par la douce fraîcheur des strates aigres-douces et fondantes de ce sorbet sanguin.

Confectionner un sirop en faisant bouillir ensemble 1 tasse d'eau et 1 tasse de sucre qu'on laissera ensuite cuire environ 5 minutes à feu doux, en remuant constamment. Ajouter 2 tasses de jus d'oranges sanguines, et 1 citron pressé. Mettre à rafraîchir au réfrigérateur. Une fois bien froid, passer à la sorbetière selon les indications du fabricant. On peut aussi glacer le mélange dans des bacs à glaçons, à condition de « casser » une première fois la couche glacée et de la remettre au freezer. Servir avec feuilles de menthe ou de citronnelle.

☆

Quatre-quarts au gingembre.
La cuisine est un code génétique. Dès qu'il s'agit de desserts, j'en reviens souvent à ce que je sais de la cuisine de ma mère où officiait également Willie Bell. Si le gingembre n'a rien à voir avec l'Italie, il aime beaucoup les fruits. Mon bagage dit « à main » aurait de quoi rendre perplexes les inspecteurs des douanes, s'ils devaient en examiner le contenu. Ils trouveraient une bouteille de sirop de canne, puisqu'il est impossible d'avaler un biscuit au petit déjeuner sans beurre *et* sirop de canne, ainsi qu'une autre, parfois, de sirop de maïs pour accompagner certains desserts comme celui-là – un vieux classique.

Mélanger 3 tasses de farine, une ½ cuillerée à café de sel, 1 cuillerée à café de levure, 1 cuillerée à café de bicarbonate de soude, 1 cuillerée à café de muscade, et 1½ cuillerée à soupe de gingembre. Faire une crème à partir de 1 tasse de beurre et de 1 tasse de sucre. Prendre 4 œufs et séparer le blanc du jaune. Verser les jaunes battus dans le beurre et le sucre. Battre 1 tasse de sirop de maïs allégé dans le mélange précédent, puis ajouter à la farine, alternativement, avec une ½ tasse de crème. Battre les 4 blancs d'œufs jusqu'à ce qu'ils soient fermes, puis ajouter au reste. Verser dans un moule à manqué, ou à bordure unie, beurré au préalable. Mettre une heure au four à 160°. Laisser rafraîchir brièvement puis renverser dans une assiette.

☆

Oranges sanguines au vin santo.
En l'absence de *vin santo*, prendre du cognac. Voici un dessert palpitant, surtout avec une tranche de gâteau au gingembre. Plus tard dans la saison chaude, les pêches rem-

placeront les oranges. Il suffira de les faire cuire cinq minutes à feu doux.

Faire bouillir 2 tasses d'eau, 1 tasse de sucre, 4 cuillerées à soupe de vin santo *avec 3 ou 4 clous de girofle. Ajouter les quartiers de 6 oranges sanguines pelées, puis réduire le feu et laisser mijoter 10 minutes. Égoutter, laisser refroidir. Mélanger 3 tasses de crème de* mascarpone *avec une ½ tasse de sucre, une ½ tasse de vin blanc et le jus d'un citron. Servir le* mascarpone *dans des bols, et les oranges par-dessus.*

DES CERCLES SUR MA CARTE

MONTE OLIVETO MAGGIORE. Journée de rêve sur la route. Le paysage macule tout le pare-brise de vert. Les châtaigniers en fleur se languissent sous la pluie. Nous traversons la vallée, contournons Sinalunga perchée sur sa colline, et cheminons vers Monte Oliveto Maggiore, l'un des plus grands monastères d'Italie. Cette verdure ! Les collines semblent éclairées de biais par des rampes lumineuses – vert néon, vert poison, vert velours, vert de vie, de salut. À l'âge de cinq ans, j'aperçus un jour une mousse d'un vert irrésistible et bondis dessus. Je me suis aussitôt enfoncée dans la fange. Mon père, dans son costume de lin clair, jura et vint me repêcher. J'avais sauté dans la fosse septique à l'air derrière la filature. Des algues épaisses et luisantes en recouvraient la surface. Ce vert est innocent ; j'ai foncé dedans et roulé comme un cheval.

Nous commençons à entrevoir un paysage sauvage d'argile, *crete,* érodée, commun à de nombreuses peintures siennoises. Impressionnantes, menaçantes à la fin de l'été, les crevasses sont pour l'instant attendries par les herbes. Les moines qui ont choisi ce lieu voulaient vraiment troquer le monde derrière eux contre cette retraite contemplative. Je tente d'imaginer un voyage ici dans les années 1500. Trente kilomètres étaient le maximum que l'on pouvait escompter couvrir en une seule journée, et les cartes existantes ne révélaient que peu de routes. Celle que nous avons prise devait être alors une piste sinueuse, facilement inondée par les orages. Les routes italiennes suivent plus souvent votre propre orientation qu'une numérotation arbitraire. Les panneaux indiquent de vraies directions (pas les « 580 East » ou « 880 North » à l'américaine), une coutume sans doute liée aux besoins des premiers voyageurs. L'un d'eux, au XVIe siècle, notait : « Si rare fut le repos que j'en eus l'arrière-train brûlé par la selle. » D'évidence, un problème standard ; bien plus tôt encore, les rigueurs de la route inspirèrent à Caton le conseil suivant : « Contre les irritations : avant de partir en voyage, installez sous l'anus une branchette d'armoise pontique. » Notre Alfa confortable embrasse doucement la route – Ed apprécie le changement des rapports le long des collines et des épingles à cheveux.

Le grand bâtiment de briques rouges se dresse soudain au sortir d'un virage. Les douves et l'allure de forteresse de cette structure massive sont là pour me rappeler que, même ici sans doute, se défendre était au Moyen Âge une préoccupation constante. Cyprès, chapelles et sentiers jouxtent le monastère qui prend l'air d'une jolie prison. À l'entrée, un bénédictin vêtu d'une longue robe blanche qui lui tombe sur les chevilles – le tissu d'évidence doit gratter et la chaleur être insupportable là-dessous – examine la tenue des visiteurs. L'été dernier, ma fille fut repoussée par cet inspecteur des modes, lorsqu'elle se présenta dans son lycra sans manches par-dessus une jupe courte. Le moine agita son index en hochant la tête. Pas de bras nus. Ashley, furieuse de voir plus tard des hommes admis en short, revint à la voiture où elle endossa le T-shirt trop grand de son petit ami. On la laissa entrer. Je vois notre moine aujourd'hui écarter un homme en short vraiment très *short*. Si les bénédictins sont obligés de porter ces grosses chasubles de laine, c'est que la chair, je suppose, est ici un concept philosophique. Au moins l'inspecteur du jour vient-il de prouver qu'il ne s'agit pas de misogynie. Il examine ma jupe à mi-mollets et mon pull-over jaune, puis me laisse entrer.

À l'intérieur du cloître du XVe siècle, l'impression de forteresse se fond dans le calme serein de la cour, inondée de lumière et bordée de géraniums en pots. Quelque part dans l'édifice, des moines travaillent à la restauration de livres anciens, ou concoctent la Flora di Monte Oliveto, une liqueur à base d'herbes aux vertus curatives. Leur autre grosse production est le miel. J'aimerais les voir en robe en train d'ouvrir les ruches, un geste resté le même depuis le Moyen Âge.

Passé les arcades sculptées, des fresques du Sodome et de Signorelli (natif, lui, de Cortona) représentent le long des murs la vie et les miracles de San Benedetto, inspirateur de l'ordre.

Pendant que nous rénovions la maison, nous sommes parfois devenus obsédés, au fil des ans, par différents problèmes de construction. À une époque notamment, où que nous nous trouvions, nous observions les tuyaux d'écoulement, comment ils étaient fixés, à quels endroits ils fuyaient, s'ils étaient en cuivre ou en étain. Alors qu'un de nos murs souffrait de l'humidité, nous recherchions taches, moisissures et peintures ridées sur les murs des cathédrales et des musées, dédaignant l'art et l'architecture pour tenter de déceler l'origine du problème.

Nous sommes aujourd'hui cloués devant une fresque de Signorelli dépeignant un mur en train de tomber. « Les murs tombent », fut la phrase immortelle de Primo Bianchi devant celui de la Tonnelle au Limettier qui s'était effondré sur la route en contrebas. Les pierres qui se détachent sont l'un de nos cauchemars intimes. Dans l'arrière-plan de la fresque, un moine perd pied alors qu'un mur commence à s'affaisser, et il finit par culbuter dans les échafaudages. Un diablotin plane au-dessus de lui. Y avait-il un petit démon rouge à hauteur des tilleuls qui dominent notre mur ? À mi-distance, trois moines transportent le corps inerte du premier, tandis qu'au premier plan celui-ci revient miraculeusement à la vie sous les grâces de Benedetto. Comme c'est le cas avec les autres fresques, l'événement ne semble pas spécialement prodigieux. D'ailleurs le moine n'était-il sans doute qu'assommé. Mais saint Benoît a dû être grandement aimé, révéré, pour que chacun de ses gestes paraisse tenir du miracle. Sans le guide que j'ai acheté à la boutique du monastère, je n'aurais pas eu la moindre idée de ce qui se passe dans ces fresques.

J'aime la sensation du temps qui s'exprime dans nombre

de celles-ci : une séquence narrative complète prend place dans le même tableau, le passage du passé au présent étant révélé de gauche à droite, ou du plus petit au plus grand ; le spectateur perçoit d'abord l'événement dans son ensemble, comme simultané, puis « lit » la progression. Et le temps s'écroule, comme il le fait si souvent en mémoire. Si le peintre, soucieux de conter une histoire, est lié à l'alpha et l'oméga d'une chronologie, la structure d'ensemble de la fresque révèle une intuition plus ancienne : tout temps reste éternellement présent.

La fresque suivante montre quatre moines incapables de soulever une grosse pierre. Regardez plus près : un diable se cache dans celle-ci. Ils disposent de longues barres de fer, exactement semblables aux nôtres, les ont déjà glissées sous la pierre, mais la force diabolique la maintient immuable, jusqu'à ce que Benedetto vienne se signer devant elle. Nous avons été confrontés à quantité de caillasses, sans jamais bénéficier de quelque intervention divine. Je comprends maintenant la sainteté de Benoît. Le pouvoir de soulever les pierres en fait sûrement un saint.

Sur le côté, dans une autre fresque de Signorelli, se trouve une femme en bleu détournée aux trois quarts du visiteur. Elle est aussi jolie que la fille de Vermeer avec son pichet devant la fenêtre. Deux moines, malgré les règles de l'ordre, font bombance dans une maison à l'écart du monastère. Leur attention se porte sur la table garnie, dont s'occupent deux servantes et un garçon tenant soigneusement un bol. La femme en bleu remplit un verre du vin de son pichet, et l'on croirait presque entendre les gouttes. Ses cheveux sont retenus par une coiffe qui repousse son oreille. La longue ligne du cou puis, sous la robe, la courbure légère du dos expriment le travail musculaire du corps. Le personnage entier souligne l'application du geste. L'autre femme en vert d'écume est certainement le modèle de Madone des autres fresques. Son rôle est ici différent. Elle revient diligente de l'âtre, jupes flottantes, et portant à bout de bras ce qui ressemble suspicieusement à une *torta della nonna*. Malgré sa beauté délicate et ses doux yeux d'amande, ses mains et ses pieds sont exceptionnellement grands. Peut-être un assistant a dessiné ceux-ci pendant que Signorelli abandonnait son travail un instant pour un pichet de vin frais. Les deux femmes qui flanquent cette dernière fresque offrent les images les plus saisissantes du cycle. Mais : regardez par la fenêtre – il est déjà trop tard. Les deux moines enveloppés ont été surpris par Benoît. À genoux, ils implorent son pardon, le goût du vin et de la *torta* encore sur les papilles.

Les travaux de décoration du Monte Oliveto commencèrent en 1495. Signorelli y peignit six fresques et mourut, c'est pourquoi la série des saint Benoît fut confiée au Sodome à partir de 1505. Le Sodome, quel nom. Il s'appelait de naissance Giovanni Antonio Bazzi. Les moines l'avaient surnommé « Il Mattaccio », c'est-à-dire l'idiot ou le fou. Avant d'arriver, j'ai déniché sur le siège arrière, dans la boîte où nous rangeons les livres de voyages, *Les Vies des plus célèbres peintres, sculpteurs, architectes* de Vasari et j'en ai fait lecture à Ed : « Son style de vie était licencieux et indigne, il était toujours accompagné de garçons et jeunes hommes imberbes, auxquels il vouait un attachement immodéré. Ce qui lui valut son surnom de Sodome ; cependant, loin d'éprouver quelque honte, il s'en glorifia, écrivant stances et poèmes qu'il chantait accompagné d'un luth. Il se plaisait à meubler sa demeure de curieux animaux : blaireaux, écureuils, singes, léopards, ânes nains, chevaux de course de Barbarie, poneys d'Elbe, choucas, coqs de Bantam, tourterelles... de sorte qu'elle ressemblait à une vraie arche de Noé.

– Peut-être son surnom vient-il de son amour des bêtes, pas de ce qu'on suppose... s'amuse Ed. Bestial ! J'ai lu quelque part qu'il avait aussi trois femmes et qu'il était le père d'une trentaine d'enfants. Ça me paraît impossible.

– Il ne pensait à rien d'autre qu'au plaisir... », poursuit Vasari. C'est ici qu'il se trompe. J'ai vu des fresques du Sodome d'un bout à l'autre de la Toscane. Il réfléchissait beaucoup à son travail. Curieusement, je pense à Andy Warhol, d'aspect décadent et frivole, quelqu'un qui se jouerait de son art. Une visite au Warhol Museum de Pittsburgh guérit cette impression. Travaillant comme un beau diable, il a façonné le corps immense d'une œuvre certes variée, imaginative, et drôle, mais celle d'un sérieux iconographe.

On comprend facilement à quel endroit le Sodome a pris la relève, sa ménagerie apparaissant bientôt sur les murs – corbeaux, cygnes, blaireaux, un fourmilier, toutes sortes de chiens et ce que je crois être une hermine. Ses sept danseuses donnent vie aux tentations de la chair, auxquelles Benoît sut résister. Une de ses fresques est entièrement consacrée aux épreuves du saint qui revient à lui-même en déchirant sa robe pour se jeter nu sur un buisson d'épines – sans doute plus efficace qu'une douche froide. Benedetto dirige du haut d'un balcon le départ de ses moines et d'une mule ; d'évidence il orchestre leur fuite contre les dames tentatrices. C'est l'une des plus belles de ces fresques, les superbes robes volantes des courtisanes s'opposant aux encombrantes tenues monacales. Les deux groupes sont scindés de part et d'autre d'une porte, au fond de laquelle une route au loin serpente vers un lac. Je ne peux m'empêcher de penser que, roué, le Sodome s'est donné un malin plaisir à créer des femmes somptueuses devant lesquelles les moines passeraient chaque jour. Lorsqu'il les a peintes, la tension fut d'autant plus forte qu'il les a représentées nues. Quelqu'un les habilla plus tard, pour endiguer le flot des tentations.

L'un des sommets du peintre est facile à rater. Sous une arcade, Ed est tombé devant le Christ attaché à un pilier, les bras enflés sous les brûlures du fouet, et le torse parcouru des marques sanglantes de la flagellation. Comme celui de Piero della Francesca dans sa *Résurrection,* le Christ du Sodome n'est ni chétif ni pathétique, l'artiste en a fait un grand type viril aux muscles puissants. À proximité, un autoportrait du Sodome apparaît sur une fresque décrivant l'un des premiers miracles de Benedetto : la recomposition d'un plateau brisé, nouvelle petite prouesse, autre fruit des prières maison. Dans une mise courtisane, le peintre lance un regard perplexe directement au visiteur. À ses pieds deux blaireaux et un oiseau. Il est plein de vie. Je parierais qu'il leur en a fait voir, aux bénédictins.

Si personne ne semble suivre la piste du Sodome, comme on le fait avec della Francesca, rien ne nous en empêcherait. Dans cette ville arrêtée dans le temps qu'est Trequanda, l'église à la façade de damier, Sant Pietro e Sant Andrea, renferme une de ses fresques. J'ai reconnu ses peintures et émaux à la Pinacoteca de Sienne ainsi qu'à Sant' Agostino. Son *San Sebastiano* du palais Pitti de Florence démontre encore le talent lumineux qui lui fait célébrer les beautés du corps masculin : délices d'épaules et d'estomacs musclés, pellicule de tissu à peine croisée sur ses vertus génitales, couvrir pour suggérer. Je vois à peine, levé implorant vers l'ange, le visage du pauvre Sébastien, et la flèche qui lui perce le cou.

Nous empruntons l'escalier de pierre vers la bibliothèque et passons en chemin une porte marquée « Clausura », derrière laquelle des moines restent cloîtrés, puis celle, ouverte, de leur salle à manger où un livreur et son diable apportent des caisses d'eau. Les immenses tables en U sont recouvertes d'un linge blanc. Fleurs, bouteilles d'eau et de vin, et l'odeur délicieuse qui vient de la cuisine nous apprennent que les moines ne se faufilent plus au-dehors pour un repas agréable. La pièce est invitante et le lutrin suggère qu'ils mangeront en silence pendant la lecture. J'aimerais y être aussi.

Malgré la présence de nos camarades touristes, on s'imprègne facilement de la solitude de l'endroit, du silence qui demeure dans les pièces privées et revient dans la cour, les visiteurs partis. Les hommes restent ici communier avec le temps. Je pars avec le sentiment d'avoir lu une biographie complexe, et c'est le cas. Les scènes de la vie des saints se répètent dans toute la peinture italienne. Chaque fresque ou panneau est un autre chapitre. « Mettez l'action en scène », disent mes collègues de lettres à leurs auteurs en herbe. Sodome et Signorelli excellaient dans cet art.

Je rassemble d'autres images pour d'autres nuits d'insomnie. Le crâne rose du moine dont la tête me salua au détour d'un couloir ; l'odeur d'épice et de sapin de l'encens et de la myrrhe dans la chapelle ; le petit Africain les yeux posés sur le seul personnage noir de tout le cycle des fresques ; le chat tigré calé sur le pupitre, sauvagerie en arrêt, yeux braqués sur ce qui devait être une souris ; le chant d'un moine dans l'allée de cyprès. Il aurait pu être le bon Benoît, partant porter secours aux pestiférés, ou peut-être s'en allait-il seulement inspecter les ruches, vérifier que ses abeilles se réveillent au printemps.

BAGNO VIGNONI
ET PIENZA.
Ed boite. Il a bondi alors que son sarcloir venait de réveiller un serpent, et son pied est retombé sur une pierre effilée. Je demande : « Comment il était, ce serpent ? »
Il est en train de frictionner son pied avec une lotion : « Un vrai serpent avec une vraie tête de serpent. Il m'a fichu une trouille bleue. Il était à deux centimètres.
– Allons soigner ça. On peut être sur place à quatre heures.
– Et dîner à Pienza ensuite. J'aimerais bien monter à Montecchiello, aussi. On n'y est jamais allés. »
Bagno Vignoni, minuscule ville des collines de San Quirico d'Orcia, est campée autour d'un grand bassin thermal où les Medici avaient coutume de se baigner. On aperçoit la ville depuis le château juché sur Rocca d'Orcia. Dans le bassin désaffecté, en lieu et place de la traditionnelle *piazza*, se reflètent aujourd'hui des cascades de dentelaire, des maisons aux teintes fauves et leurs arcades de pierre. Il ne s'y passe pas grand-chose. Juste derrière le village, le torrent chaud qui dévale la colline emprunte une saignée de travertin. On peut s'asseoir de chaque côté et y tremper ses pieds, comme le fit Laurent le Magnifique en 1490.

Au cours d'un de mes premiers étés ici, j'ai lu dans un journal italien un débat passionné sur la question de savoir si la sécurité sociale devait ou pas continuer de rembourser les séjours annuels aux stations et sources thermales, une pratique équivalant pour de nombreux Italiens à un droit de naissance. De passage à Chianciano Terme, j'avais vu les curistes cramponnés à leur foie boire de petits verres d'eau. Cela mis à part, ils paraissaient bien bronzés et en forme. J'ai aperçu ces bassins où l'on peut immerger tout ou partie du *corpo* pour profiter des bienfaits curatifs des eaux locales. J'ai entendu, à la maison, nos ouvriers discuter des mérites de différentes eaux comme s'ils parlaient de vins. Les Italiens sont de grands connaisseurs du plus simple des élixirs. J'en vois aux détours des routes remplir leurs dames-jeannes. L'eau n'est pas simplement de l'eau ; elle a des pouvoirs.

Ma grand-mère avait l'habitude de passer une semaine l'an à boire les eaux de White Springs en Floride, au sud, près de la Sewanee River. Je m'y ennuyais profondément et n'y voyais qu'une survivance d'un passé victorien. Je l'accompagnais pour le seul plaisir de nager dans les sources froides et sombres, et émerger de l'eau avec une vague odeur d'œuf de Pâques oublié. Elle me faisait signe derrière le treillis de son troisième balcon, tenant dans l'autre main un petit gobelet de carton d'une eau malodorante.

Je n'aurais jamais cru me laisser prendre à ce jeu. Puis un jour j'ai été à Bagno Vignoni. Et me suis convertie. Nous allons aujourd'hui soigner Ed et son bleu, mais y passons au moins une fois par an.

« Elle a les pieds qui louchent », disait ma tante lorsqu'elle voyait une femme aux chevilles enflées par-dessus ses escarpins. Au bout de quelques semaines passées à charrier des pierres, à monter des treilles, à parcourir des rues pavées, mes pieds eux aussi louchent. Nous aimons venir tôt, avant que tout le monde n'exhibe tarses et métatarses fourbus de travail, douloureux et parfois effrayants. Il est tard aujourd'hui. J'enlève mes sandales et glisse lentement mes misérables pieds dans l'eau mouvante. Ed plonge les siens jusqu'au fond. Nous remarquons ensuite un homme au nez rubicond, en train de couper ses ongles de pied, plutôt ses griffes, qu'il jette à l'eau. Cela doit faire des mois qu'il les laisse pousser. Nous restons interloqués lorsque l'ongle de son gros orteil, long comme une traînée de cire, tombe dans le flot. Nous nous éloignons en amont.

Par une journée de chaleur, le choc que procure cette eau à cinquante-deux degrés est intense. Le 46 de Ed grossit sous la réfraction à côté de mes longs pieds de lapin. Parfois le courant semble juste tiède. Tout en frottant mes talons sur la paroi lisse de travertin, je me concentre sur les minéraux invisibles mais actifs qui calment lentement les ampoules, apaisent les tendons et les muscles, et nettoient

les ongles et la peau. Ed affirme voir son bleu disparaître peu à peu. L'eau me donne bientôt l'impression de tourbillonner *à l'intérieur* de mes pieds. Quand je ferme les yeux, plus rien n'existe qu'eux.
Vingt minutes plus tard, les orteils rouge homard, je retrouve mes sandales. Les pieds encore dans l'eau, Ed enfile ses espadrilles et sort, guéri, ses semelles toutes baveuses.
Et voici le plus étrange. De retour en ville – à pied – pour un *gelato* à la fraise, je me sens non seulement traversée par une vague d'euphorie, mais mes chevilles en prime semblent prêtes à léviter. La vie de l'Italie quotidienne continue de m'épater. Qu'y a-t-il *dans* ces eaux de la Botte ?

Nous grimpons à Montecchiello le long d'une route blanche qui traverse des champs de lupins pourpres parsemés des derniers coquelicots. La ville fortifiée est mystérieusement vide. Nous finissons par comprendre : les habitants ont simplement fermé boutique et sont rentrés chez eux regarder le grand match de football à la télévision, que nous entendons hurler de fenêtre en fenêtre. Nous trouvons en chemin un homme en train de se soulager à côté des toilettes publiques, fermées aussi, à l'extrémité de la ville. Les remparts du château sont pratiquement intacts. À l'intérieur, les rues sont propres comme le pont d'un navire après la serpillière.
« Un vrai carnaval, nous avait prévenus une amie. Je n'ai jamais vu autant de géraniums de ma vie. » Et, vrai, il y en a sur chaque porche, marche, rebord. L'effet est saisissant le long des maisons à volets, immaculées sous les stries du soleil plongeant dans les ruelles médiévales. Ce n'est là qu'une parmi des centaines d'autres villes des collines, mais nous ne l'avions jamais vue. Il faudra revenir pour la boutique de tissus dont on parle dans les guides et, l'église étant aussi fermée, voir la *Madonna* de Lorenzetti. Le prêtre lui-même a les yeux probablement rivés sur le ballon qui va et vient d'un bout à l'autre de l'étrange lucarne.
La route descend, et descend encore, laissant derrière elle Montecchiello et son tapage de géraniums, puis traverse

champs de fleurs et vignobles, et longe les fermes abandonnées, perdues sur leurs collines. Le soir doux et précoce réserve quelques relents de porcherie, et nous arrivons à Pienza, première ville Renaissance.

Pienza ne ressemble à aucune autre. Un pape au nom splendide d'Aeneas Silvius Piccolomini l'a reconstruite pour y célébrer sa naissance. Il a dû démolir la plupart des bâtisses médiévales pour installer sa ville ultramoderne, car le tout est vraiment harmonieux.

L'histoire que l'on rapporte à propos de Rossellino, l'architecte, va droit au cœur de toute personne qui s'est jamais occupée de travaux. Rossellino dépensa bien au-delà de ce qui était prévu, ce qu'il cacha au pape. Lorsque ses excès furent enfin révélés, le pape déclara à l'architecte qu'il avait eu raison de ne rien dire, puisque de telles sommes n'auraient jamais reçu son approbation et qu'ainsi sa gloire n'aurait pu être couronnée d'une pareille réussite. En récompense, il offrit à Rossellino de l'or et une belle pèlerine. Sans doute notre premier entrepreneur connaissait-il l'histoire ?

La *piazza*, bordée d'une cathédrale et de divers palais pour les évêques, chanoines et le pape lui-même, est d'une beauté renversante, étourdissante. Pienza est superbe de part en part, depuis l'avenante artère résidentielle qui longe ses remparts, jusqu'au moindre porte-drapeau de fer ou l'un de ces astucieux anneaux, aux formes animales, où les maîtres attachaient leurs chevaux le temps de vaquer à leurs affaires. Il ne se trouve aujourd'hui ni cheval ni voiture, ce qui ne fait qu'ajouter à l'impression d'unité silencieuse qui émane de la ville. Nous parcourons les *vicoli*, venelles aux noms évocateurs : vicolo Cieco (Aveugle), via della Fortuna, via delle Serve Smarrite (des Domestiques Perdus), via dell'Amore, via del Balzello (de l'Impôt), via del Bacio (du Baiser), via Buia (Obscure).

Le dos de l'aérienne cathédrale de Rossellino s'enfonce un petit peu plus chaque année dans le sol calcaire et poreux. Une inquiétante fissure qui semble avoir été réparée à l'aide d'un pistolet-agrafeur court jusqu'au bas d'un mur et se prolonge à terre. Je retrouve le tableau que je préfère ici. Il représente *Agata*, vierge et martyre qui, refusant les attentions de Quintino, eut les seins arrachés. Elle traverse l'histoire, sa poitrine sur une coupe que j'ai prise tout d'abord pour une platée d'œufs frits. Les femmes inquiètes pour leurs seins prient sainte Agathe, par ailleurs patronne des fondeurs de cloches. Peut-être sur une autre peinture les coupelles de sa poitrine furent-elles confondues avec des carillons.

J'ai lu dans un livre sur les grandes routes des pèlerinages médiévaux que les villes les bordant étaient aujourd'hui pleines d'étals de souvenirs. Pienza et sa pléthore de magasins de céramiques – dont nous fûmes nous-mêmes plusieurs fois les pèlerins – ont donc un précédent. Car la région est également connue pour son *pecorino*. La rue conduisant au *centro* est flanquée d'un tel nombre de boutiques alléchantes avec leurs fromages ronds, enveloppés de feuilles ou cendrés, que l'odeur nous suit pas à pas. Nous achetons un *stagionato* (*pecorino* vieux) et un entre-deux (*semi-stagionato*). Le miel et les herbes aromatiques sont une autre spécialité locale. Certains ont des vertus homéopathiques – nous remarquons un miel pour le foie et un second pour les voies respiratoires. Un magasin vend des pots de *ruta*, rue, que j'ajouterai à mon jardin de simples.

Toutes ces boutiques de nourriture m'attirent et me repoussent à la fois. Pienza en dénombre quand même trop ; j'aimerais voir le cordonnier et le quincaillier refaire leur apparition dans la grand-rue. Ce qui reste de l'artisanat ancien du *ferro battuto*, fer forgé, est un magasin chic qui propose lampes, tables, quelques portails à l'antique et doubles chenets, aux touristes de Bologne ou Milan venus passer le week-end. Ainsi qu'à nous, bien sûr. Nous regardons les lampadaires et leurs globes de verre en pointe de larme, reproductions de ceux que l'on peut trouver encore dans certaines rues de Sienne et d'Arezzo. Il nous faut une lampe à l'extérieur de la *limonaia* et un plafonnier pour une chambre. Ils sont là. Je prends aussi un de ces vieux fers à repasser dont on remplit le ventre de charbons. La poignée de bois usée révèle qu'une autre a posé ces deux kilos cinq sur plus d'une chemise et d'un tablier.

Juste passé la grand-porte, nous trouvons une *trattoria* avec sa terrasse. Je me réjouis à chaque fois que j'aperçois un beignet de fleurs de courgettes. Nous nous laissons séduire par un filet de porc grillé au romarin, des pommes de terre sautées abondamment poivrées, et une roquette à peine parfumée de bonne huile.

Sur le pourtour de la place de la cathédrale, les dignes maisons de pierre pâle sont dotées d'extensions de travertin qui servent de bancs. Ils ont été polis au fil des années par ceux, nombreux, qui se sont assis là pour contempler le grand puits et la magnifique *piazza* du pape. Sur l'un d'eux est inscrit « *canton de bravi* », le coin des braves. Sommes-nous à la hauteur ? Notre humeur est rêveuse après le dîner, le travertin encore chaud du soleil parti. Une petite fille dans un costume marin court après un chaton. La lune, pleine, reste suspendue au-dessus de la place parfaite de Piccolomini. « C'est étonnant ce qu'on peut faire avec un peu d'égocentrisme et beaucoup d'or, dit Ed.

— Il a peut-être même soudoyé la lune pour qu'elle passe toujours là. »

À l'intérieur du bar, la télévision hurle le foot. Les femmes sont donc dehors avec les bébés, et les hommes, dedans. Dans une autre *piazza* toute proche de la grande, un nouveau récepteur a été installé sur un puits Renaissance et les voisins ont tous sorti une chaise au début de la soirée pour encourager *Italia* ! La lueur bleutée de l'écran se reflète sur le demi-cercle des visages captivés. Bras dessus, bras dessous, nous suivons le chemin de ronde le long des remparts. Pour la deuxième fois aujourd'hui, je suis encore stupéfaite par le quotidien de ce pays. Ed lève son pied et dit qu'il n'a plus mal du tout.

UNE BOUCLE AUTOUR DU LAC TRASIMÈNE. Avec les listes folles de choses que nous devons faire pour la maison, nous convenons généralement d'un but, d'une limite, d'un horaire. Que l'on dise : « Arrêtons-nous », ou bien : « Si l'on prenait cette route ? », et il est déjà trop tard. Mais le paysage autour du lac Trasimène invite à sinuer, et qu'importe si la destination originale se perd dans une autre route. Si près, si loin de ces villes magnétiques que sont Pérouse, Assise et leurs proches sœurs toscanes, les rives lacustres, calmes et verdoyantes, sont bordées de champs de tournesols et de blé. Avec son périmètre de cinquante-quatre kilomètres, le lac constitue le plus grand bassin intérieur de la péninsule, et ses trois îles de verdure, Maggiore, Minore et Polvese, magnifient encore sa taille. De petits ferrys bleus et blancs font la navette entre elles. Le lac paraît immense. Des ciels tumultueux jettent leurs ombres mouvantes et théâtrales sur des eaux bleues éblouissantes par les midis ensoleillés. Elles se teintent souvent d'argent glacé aux levers et couchers du soleil. Parfois, au départ de l'astre, la surface du lac renvoie un orange sale et criard, parsemé de lavande, et les collines autour se drapent de violet noir. Je n'ai jamais vu décor aussi changeant. Il paraît qu'à la dernière guerre mondiale, certains pilotes confondaient le lac avec une piste d'atterrissage et que le fond est jonché de carcasses d'avions. Les avant-monts des Apennins défilent à l'horizon, parsemés au long des collines de tours, ruines et villes fortifiées.

Je ne résiste toujours pas à l'attrait magnétique des fermes abandonnées. Tous les quelques kilomètres, Ed se gare sur le bas-côté et nous partons à travers les églantiers en direction d'une autre chose de pierre douce, souvent privée de toit, que nous restaurons mentalement. Dans les gros bourgs, comme Castiglione del Lago, Città della Pieve, et plus particulièrement à Passignano sur la rive du lac, quelques promeneurs sont là, mais il ne se trouve pas de bus en train de déverser les foules et personne ne part arpenter les rues avec cette détermination qui souvent me caractérise. Par ici, les visiteurs sont plus enclins à s'asseoir dans l'un des patios du bord du lac devant une pizza aux poivrons rouges grillés, à flâner le long des remparts et des portes Renaissance, ou à rouler toutes fenêtres ouvertes dans le paysage frais, tandis que sur l'autoradio à plein volume Pavarotti entonne peut-être quelque aria à vous briser le cœur.

Les villages sereins aux panoramas de flots bleus s'opposent à tout ce que nous avons appris sur l'histoire de la région. Le récit le plus ancien est le seul romantique : le demi-dieu Trasimène partit jadis à la chasse dans les terres centrales du pays. Atteignant le lac, il aperçut la naïade Agilla et s'éprit d'elle. Naturellement il plongea pour la suivre et, n'étant qu'à moitié immortel, se noya tout simplement. Le lac garda son nom. À la suite de quoi, l'histoire inscrit bataille après bataille : sacs, pillages, châteaux reconstruits pour ne subir qu'autres sièges, brûlés puis réinvestis. Mercenaires, ducs en guerre, rois d'autres terres et les villes des collines suivantes s'acharnèrent constamment sur le camp du voisin. Les châteaux, aujourd'hui si charmants, faisaient office d'abris antiatomiques. De fait, leurs positions élevées furent choisies pour la vue alentour – mais ce qu'ils voulaient voir était la prochaine armée de pillards. L'enjeu ? L'eau des terres centrales est une ressource précieuse, spécialement sous un climat sec. Châteaux et villes fortifiés étaient par conséquent enviables par eux-mêmes. Un coup d'œil sur la carte souligne l'intérêt général présenté par l'endroit. Fiché au cœur de l'Italie, Trasimène se trouvait en plein centre des migrations et passages. Les chefs de la région décidaient dans une large mesure des déplacements nord-sud. Nombreuses furent les routes de pèlerinage à Rome, très fréquentées, qui longeaient le lac en suivant les anciennes voies du Sud.

Toutes ces destructions, par une douce ironie, ont légué un héritage bucolique.

J'aime Castiglione del Lago, ville fortifiée presque entièrement cernée d'eau. À l'heure de la sieste, par les journées étouffantes de l'été, nous partons souvent munis de livres et de chaises longues sur l'une des plages du lac. Derrière l'herbe épineuse s'offre un bar pour les glaces, le rivage se donne aux promenades, ou bien nous nous laissons couler dans la torpeur avec en fond sonore les voix berçantes des Italiens qui se prélassent au soleil. Une fois je me suis mise à l'eau. Elle était à température ambiante, le fond était boueux et il fallait marcher une éternité avant de pouvoir nager, tandis que de minuscules écailles me frôlaient les jambes.

Au château de conte de fées local, Château du Lion, le chemin de ronde suit les créneaux. Un couloir long comme

sans doute deux pâtés de maisons est flanqué de meurtrières.
Un regard au-devant, puis derrière, donne l'impression de
marcher dans un miroir. On vend aussi du miel à la cafétéria. J'ai eu envie d'essayer celui des châtaigniers, très noir,
et le miel des *tigli*, tilleuls, partout en fleur. Les tisanes ont
retenu ma curiosité, infusions homéopathiques concoctées
avec herbes et fleurs, censées chacune soigner quelque chose.
La patronne nous apprit que le miel en lui-même pouvait
être bénéfique. Cela ne me parut guère homéopathique,
mais selon elle le vrai remède aux migraines est un mélange
de miel d'acacia et de *grappa*. Moi qui ai toujours vu en cette
dernière, le plus fort de tous les marcs de raisin, une *cause*
de migraines.

Une fois la matinée passée au lac, et la promenade finie,
nous partons en voiture à la *cantina sociale*, au sortir de la
ville. Les fermiers locaux y vendent leurs raisins pour qu'on
en fasse du vin. Le rouge de Castiglione del Lago est parfois
excellent. On peut rentrer la voiture et demander à remplir
sa dame-jeanne, exactement comme on fait le plein. Une
pompe affiche le nombre de litres et le prix unitaire est
autour d'un dollar. Les bouteilles sont plus chères – de deux
à cinq dollars. Dans les rouges et les blancs, le Colli del Trasimeno et le Duca di Corgna – ce dernier, un guerrier d'autrefois – portent l'appellation D.O.C. *(denominazione di origine controllata)*, certifiant que la qualité du vin correspond
bien aux standards définis par l'État.

C'est alors l'heure de mon sujet de discussion préféré –
où aller déjeuner. Comme la plupart des villes du lac sont
parfaitement ignorées des guides, nous cheminons en
détaillant les menus affichés, humant l'ambiance de chacun
des restaurants. La cuisine reste solide et traditionnelle dans
toute cette région – rien de vaguement à la mode, quoique
certaines des sauces qui accompagnent les pâtes au lièvre
ou au sanglier puissent sembler exotiques. À la saison froide,
la *ribolitta*, une soupe si épaisse que la cuiller tient toute seule
dans le bol, est mon plat préféré. La plupart des spécialités
locales sont à base de poisson – du lac : carpe, alose, perche,
frittura (fritures de petits poissons du genre des épinochettes
qui grouillent dans le lac), et le *tegamaccio*, soupe de poisson

locale qui varie selon la pêche. Les anguilles jaunes foisonnent ici, que l'on prépare souvent en sauce pour les pâtes *(spaghetti al ragù d'anguilla)*. Hautement considéré, le gardon, *lasca* (il porte en anglais le nom peu appétissant de *roach*, blatte), a disparu du lac.

Nous décidons d'en faire le tour, au hasard des routes qui nous plaisent, de prendre le ferry pour Isola Maggiore, et de visiter Panicale, Paciano, ainsi que Città della Pieve, légèrement en retrait. Les distances étant très courtes, il reste aisé de rentrer à la maison après une journée de route. Mais il n'est pas plus difficile de dormir quelque part en chemin. Passignano, la station principale du lac, semble un bon choix pour passer une nuit, ou peut-être Isla Maggiore. Comme les restaurants, les hôtels de la région n'ont rien de sophistiqué. Ils sont plaisants et confortables, avec cette qualité supplémentaire, surtout en Italie, de rester bon marché.

Avant de nous mettre en route, nous faisons un saut au *forno* où nous prenons deux sortes de *torte al testo* (pains plats et croustillants cuits sur une plaque brûlante dans le four à bois), l'une à la *pancetta*, l'autre au *parmigiano*. Les étals présentent aussi des *serpentoni*, pâtisseries aux amandes en forme de serpents.

Tuoro est notre première étape. Nous voulons regarder de plus près les marécages qui bordent cette partie du lac. Nous savons, bien sûr, qu'il s'agit d'un célèbre champ de bataille. Un homme en train de retirer les filets de pêche de son bateau plat nous indique l'endroit où Flaminius a bivouaqué la nuit, tandis qu'Hannibal attendait l'aube pour lancer à l'attaque son armée de Numides, Berbères, Libyens, Gascons, Ibères et autres dissidents ramassés en chemin. Il ne disposait plus alors que d'un éléphant, après son célèbre passage des Alpes, où il en comptait trente-neuf. S'il avait également perdu un œil, il maintenait un contrôle absolu sur ses quarante mille hommes. Le rusé Hannibal tendit un piège à Flaminius et, par un matin de brume, envoya les Romains se perdre tout droit dans le lac. Quinze mille Romains trouvèrent la mort, contre mille cinq cents hommes de l'autre côté. Les villes d'Ossaia (l'ossuaire) et de Sanguineto (la sanglante) sont là pour le rappeler. À Tuoro, un affreux et moderne buste d'Hannibal commémore le fait d'armes. En seconde année à l'université, je m'étonnai que mon cours d'histoire moderne commençât avec l'an 1500. 1500 me semblait en deçà de la course du temps. C'est seulement lors de mes premiers voyages en Italie que j'ai fini par sentir, de façon plus tangible qu'intellectuelle, que 1500 est une date très récente. Il reste tout de même difficile d'imaginer Hannibal combattre les Romains dans ce paysage tranquille qui paraît inchangé depuis des temps immémoriaux. Passé la rive marécageuse, des poteaux sont plantés dans l'eau pour retenir les filets, une technique de pêche qui remonte peut-être à la préhistoire.

Une route à quatre voies longe la rive du lac de Tuoro à Magione. Nous préférons notre bonne vieille carte et restons à l'écart de la *raccorda* encombrée ; les petites départementales sont plus drôles au volant. Nous guettons en chemin les minces pancartes jaunes qui indiquent le chemin d'une église du XIIIe, d'une *fortezza*, de portes romaines ou d'une tour. C'est sympathique aussi de s'arrêter aux panneaux *vendita diretta* plantés sur le bas-côté, près des fermes et des exploitations qui vendent sur place leur vin, leur huile ou leur miel. À la sortie de Tuoro, un étrange jeu de routes mène à la tour penchée de Vernazzano, à Mariotella et sa *casa* médiévale fortifiée, et à Bastia Corgna, où un château plus grand, datant de 1300, est à l'abandon.

Castel Rigone profite d'un des plus beaux points de vue sur le lac. De larges sections des anciens remparts s'y dressent encore. On y bâtit une charmante petite église au début du XVIe siècle pour commémorer des miracles liés à un tableau de la Vierge. À l'intérieur du bâtiment tout simple de pierre grise figurent toujours de merveilleuses fresques, dont une *Assomption* de Battista Caporali.

Nous redescendons la colline vers Passignano, station paisible aux rues bordées de lauriers-roses, dotée d'un quartier médiéval et de nombreux hôtels et cafés jouxtant le lac. Deux magasins débordent sur le trottoir d'un choix sans fin de majoliques peintes à la main provenant de la ville proche de Deruta ; elles sont moins chères ici. Comment peuvent-ils supporter chaque soir de rentrer tous ces bols, pichets, bougeoirs et plats ? Je ne résiste pas aux formes joyeuses des tasses à *espresso*, des assiettes creuses pour les pâtes, même si le retour à San Francisco en fera des nuisances. Notre vaisselle de Bramasole est un étrange assortiment. Beurriers, raviers à parmesan, théières – merci à Dieu pour l'emballage à bulles, je suis déjà dans mes cadeaux de Noël. Ed part à côté boire un café. Il en a assez. Je fourre mes sacs dans la voiture et l'aperçois prendre le chemin d'une *rosticceria*, qui a entre autres spécialités une pizza aux pommes de terre, bien meilleure qu'il n'y paraîtrait. Celle aux oignons, cuits à petit feu et presque caramélisés, tient une bonne deuxième place.

Aucun besoin de prévoir son départ pour Isola Maggiore et Polvese ; des ferrys partent si souvent de Passignano, Castiglione del Lago ou Tuoro que l'on peut se contenter de sauter à bord au bon moment. Vingt minutes sur l'eau et nous débarquons en territoire étrange – pas de voitures. Maggiore semble tellement hors du temps que nous décidons de passer la nuit dans le seul havre de l'île, l'Hôtel Suaro. L'isolement typique de l'endroit s'impose à nous au départ du dernier bateau, quand l'île redevient le village de pêcheurs qu'elle a toujours été. Une promenade solitaire à minuit le long de la rue principale vous donne l'impression d'être enfermé dans une capsule temporelle. Une soixantaine de personnes vivent ici aujourd'hui ; le maximum atteint, au XVIe siècle, était de six cents habitants. Le village d'une seule rue est un alignement de maisons aux pierres d'or, où les oliveraies font office de jardins privés. Ici et là on aperçoit une femme, dans l'encadrement de sa porte, profitant de la lumière pour croiser sa dentelle. De grands filets, dénommés *tofi*, sèchent au soleil. Réservés à la pêche aux anguilles, ils ressemblent à de longues cornes. Nous faisons le tour de l'île (un peu plus d'un kilomètre et demi), et passons à l'endroit où saint François a débarqué en 1211. On le retrouve partout en Toscane et en Ombrie, un peu à la manière des George-Washington-a-dormi-ici des États-Unis. Trois églises, ouvertes, siègent dans l'île. En plein milieu de la grand-rue, Buon Gesù avec ses fresques naïves rappelle nombre de ses consœurs mexicaines. La spontanéité du trait révèle la main du peintre. Les deux autres églises datent du XIIe siècle : juchées au sommet de l'île, après une chaude ascension dans les oliveraies, elles portent les noms de Salvatore et de San Michele l'Arcangelo.

Je demande au gardien de San Michele quel est cet étrange château que l'on aperçoit à la pointe. Nous l'avons longé en chemin et essayé de jeter un coup d'œil à l'intérieur, mais les grands volets sont depuis si longtemps clos que le lierre les a recouverts, au point que le bois est fendu et que les racines entrelacent les pierres – la Belle au Bois dort sûrement à l'étage. Planté sur un cap, le château se flatte d'un point de vue de trois cents degrés sur le lac. Le gardien nous apprend qu'il s'agit d'un monastère, abandonné depuis des années. Je demande sans y croire : « Pas moyen de visiter l'intérieur ? » Mais, si – comme c'est si fréquemment le cas en Italie. La gardienne est une amie et elle nous fera entrer. Elle sera ici, à l'église, dans une heure, revenez. Nous redescendons au village et achetons un guide. Nous lisons que le château fut édifié à la fin du XIXe siècle autour d'un monastère de 1328, et d'une église dédiée à saint François. Un marquis a bâti cette folie pour sa femme Isabella. La famille a restauré l'église, construit un débarcadère et importé une Irlandaise pour enseigner aux villageois l'art de la dentelle. Mais vers la fin des années 60 cette tardive seigneurie fut délaissée, son luxueux ameublement, vendu.

La gardienne insère son énorme clef de fer et nous mène à l'église du château. La torche fend une obscurité dense. Nous distinguons la voûte bleue parcourue d'étoiles d'or. Chaises, pièces du chœur et de l'autel sont amoncelés par terre. Nous suivons bientôt des méandres de couloirs, derrière notre guide qui nous fait traverser des salles toujours plus noires. Dans l'une ou l'autre, elle ouvre brusquement une fenêtre. Un bleu étourdissant s'engouffre dans la pièce, la vue est fantastique, puis nos yeux vont glisser sur les murs aux damas déchirés et tombants, sur les encadrements et les moulures opulentes. Nous apercevons dans l'une des cours ce qui dut être le cloître du monastère avec son grand puits de pierre. Je me perds dans le décompte des pièces. Nous distinguons sous le trajet de la torche la salle de jeux et le théâtre délabrés, les paysages peints, et les rideaux de velours entassés sur le sol – un château pour des générations de souris. Étonnant à quel point la ruine s'est emparée de l'endroit. Qui réveillera la princesse ? Notre gardienne affirme qu'à Rome quelqu'un projette de tout restaurer un jour. Espérons qu'il dispose de cargaisons de lires.

Poursuivant notre périple autour du Trasimène, nous zigzaguons dans un bouquet d'étapes enchanteresses. J'aime particulièrement la paisible Monte del Lago, ville fortifiée aux terribles remparts dont le portail domine le lac. L'hôtel da Santana sert une formidable *carpe regina in porchetta*, carpe aux herbes et au porc rôti, ainsi que le *zzurlingo al sugo di lago*. *Zzurlingo* est un mot dialectal qui désigne des pâtes plates et fines, servies ici avec une riche sauce à base de fumet de poisson. Les *filetti di persico con salsa della casa*, délicieux filets de perche, sauce aux herbes, sont une autre merveille avec leur verre de vin blanc pétillant. Monte del Lago dispose d'un panorama de cent quatre-vingts degrés sur le lac. Depuis les remparts sous le ciel nuageux, l'eau grise du rivage prend des lueurs vert pomme, aigue-marine, lapis. Personne, sinon ce chat cul-de-jatte endormi sur un mur.

On trouve la même sérénité à Antria, un jouet de village dans ses remparts, et à Montecolognola, avec sa grosse porte double. De quoi réajuster ma sensation de l'histoire – villes inchangées qui se baignent de soleil comme chaque jour du temps. L'étrange porte de Montecolognola laisse entrer une Moto Guzzi pétaradante (*pourquoi* ne les oblige-t-on pas à couvrir l'échappement ?), puis un char à bœufs d'une époque révolue.

Plus grande, moins attrayante, Magione siège sous une très haute tour couverte de ce qui semble un échafaudage permanent. Les chevaliers de Malte ont laissé de superbes fortifications, devenues propriété privée et difficiles à entrevoir sous les arbres. Juste à la sortie de Magione, j'ai aperçu une autre *cantina sociale* où j'ai trouvé leurs vins D.O.C. aussi bons que ceux des confrères de l'autre rive. La *cantina* se trouve à côté d'un *Ferro Battuto*, grande fabrique de fer forgé. C'est l'artisanat ancestral de la région. Cortona, comme de nombreuses villes, exhibe ses supports de torches, étendards, anneaux à chevaux, impostes et lanternes. Mais s'il reste quelques maîtres, cet artisanat meurt. L'exploitation ici est de grande taille. Ils fabriquent encore les traditionnelles lanternes aux globes de verre clair, des ustensiles de cuisine, des chenets et des pinces, mais aussi des tables, des lits et autres produits de grande taille. L'entrepôt témoigne de ventes importantes. L'une des choses que j'apprécie tant en Italie est que, même ici, on fera tout son possible pour vous satisfaire. Je n'aimais pas la fleur sur l'écran de cheminée. « Ça serait possible d'en avoir un sans fleur ? » Marco réfléchit. Puis, d'un geste, « suivez-moi ». Nous partons dans l'immense atelier aux feux constants, avec ses cuves de teinture et ses piles de pièces forgées. Un chalumeau, quelques retouches, et en dix minutes la fleur est partie. Peut-on avoir les mêmes chenets sans l'arrondi ? Oui, la semaine prochaine. Pensant soudain à la dalle de travertin que nous avons trouvée chez nous, je demande s'ils pourraient me forger un socle. Évidemment. Marco nous amène chez lui et nous montre celui qu'il a fait pour le salon. Sa femme nous offre un Coca et nous installe dans le patio, tandis qu'il esquisse le genre de support qui devrait nous convenir. C'est le cas. M'attendant à ce qu'il nous parle de six semaines, je demande combien de temps il faut compter. « Est-ce que mardi ça irait ? »

Plus loin se trouvent Rocca Baglioni, sa double tour, et Zocco, château abandonné sur un mamelon qui domine le lac. Au village de San Feliciano nous trouvons un musée de la Pêche où nous apprenons sans doute plus que nous ne voulons savoir de l'histoire des pêcheurs locaux.

On pourrait croire que nous traversons toute l'Ombrie, mais en fait les distances sont courtes, les étapes à peine séparées de quelques kilomètres. Nous descendons ensuite tout au sud du lac, à la recherche du Santuario di Mongiovino. Lorsque nous arrivons, les cloches du campanile, tous cuivres bourdonnant, annoncent la fin de la messe. Les portes s'ouvrent brusquement sur les enfants et les nonnes qui envahissent par dizaines la cour externe d'un vieil ensemble de bâtiments branlants ; seule l'église est intacte. Sa forme presque carrée est unique entre toutes les églises que j'ai pu voir. Nous faisons le tour vers l'arrière pour mieux nous rendre compte et découvrons là plusieurs préfabriqués, où logent les bénédictines. Nous trouvons en haut de la colline Mongiovino Vecchio, forteresse militaire des temps anciens maintenant investie par quelques familles. Non que nous apercevions quiconque. Nombre de ces villes fortifiées respirent un repos de lendemain du Jugement dernier. En revanche nous remarquons bien le linge qui bat sur la corde et entendons, si parfaitement reconnaissable, la guitare de Jimi Hendrix. Assis sur l'herbe près d'un mur en ruines, nous dégustons les raisins brûlants que nous avions laissés sur la banquette arrière.

Nous cherchons les Torre d'Orlando, un château et sa tour qui date de 917. La carte détaillée les situe sur une route tortueuse entre Paciano et Panicale. Nous parcourons des pentes d'oliviers et franchissons à pied les portes médiévales d'une ville entièrement close pour la sieste. Les chats roux entassés sur un seuil n'ouvrent même pas un œil. Deux bancs sont plantés face à face dans un grand cercle de lavandes en fleur, et offrent un point de vue avantageux sur la vallée. Nous nous asseyons là dans ce jardin secret. Abeilles, papillons bleus et jaunes, filent et bruissent – seule activité sensible des lieux. Après l'averse matinale, les parfums semblent s'élever par vagues. Nous devons lire que Paciano compte un musée et deux églises datant de l'an 1000 environ, et quelques autres du XVe siècle présentant fresques et portails sculptés – évidemment fermés.

Impossible de seulement trouver un *espresso* dans ce silence surnaturel, et nous repartons donc, prenant la voie de gauche lorsqu'il fallait sans doute emprunter l'autre pour découvrir l'insaisissable tour. La route s'ouvre après chaque virage sur de nouveaux panoramas des vallées vastes de l'Ombrie. Nous rencontrons, pour toute circulation, un troupeau de moutons, paissant à qui mieux mieux herbes et roquette sur le bas-côté, tandis qu'un épagneul frustré s'efforce de les pousser vers la colline. Nous éteignons le moteur pour écouter les clochettes.

Nous arrivons bientôt à Panicale, fief de Boldrino, célèbre mercenaire et fauteur de troubles du XIVe siècle. Plusieurs villes lui versaient régulièrement de l'argent pour s'assurer qu'il ne les attaque pas. Malgré ses pillages et ses meurtres, une plaque commémore son existence. La mafia serait-elle un héritage de ces racketteurs médiévaux ? Panicale a bien plus à offrir que la mémoire de ce triste sire. La grande porte massive ouvre sur la fontaine de la *piazza* centrale, adroitement conçue jadis pour récupérer les eaux de pluie. Comme nombre de villes italiennes, Panicale abrite une église de la Vierge des Neiges, en souvenir d'anachroniques flocons d'un 5 août 552. Masolino est né ici, pourtant une seule de ses toiles y est exposée, une *Annonciation,* à l'église San Michele. Les rues en branches successives invitent le promeneur, et les vues dominantes sur le lac au loin ont un air de peintures. Le *Martyre de saint Sébastien,* par Perugino, dans l'église qui porte le même nom, révèle en arrière-fond, sous les arches, le décor pérenne de l'Ombrie.

Deux autres Perugino sont également en ces murs, une *Vierge à l'Enfant,* et une *Gloire* à celle-ci. Le peintre est enterré à quelque trois kilomètres, près de Fontignano, où il succomba à la peste. Une église de l'Annonciation y héberge sa tombe (moderne) et une fresque. Pérugin repose au bas de la route où il naquit Pietro Vannucci.

Città della Pieve est un de mes endroits préférés. Petite cité vivante et singulière, dernière de notre périple, elle semble merveilleuse à vivre. Nous prenons place devant un café pour nous imprégner de ses rythmes. Les hommes forment de grands groupes qui jouent aux cartes sous les tonnelles, une fille crie après quelqu'un dans la plus pittoresque des prisons, des bannières arc-en-ciel claquent au-dessus de la *piazza.* Après tant de villages de ce calcaire pâle et plaisant de l'Ombrie, celui-ci fait un effet choc : il est tout de brique rouge. Avec ses toits de tuiles et son architecture à taille humaine, Città della Pieve a une couleur particulièrement chaleureuse et aimable. La brique rouge n'est pas son seul caprice. La « rue la plus étroite d'Italie », via Baciadonna, l'est vraiment au point que deux personnes peuvent se pencher de chaque côté de la rue pour s'embrasser. La *piazza* centrale, aux contours irréguliers, forme un triangle grossier dont la cathédrale serait l'hypoténuse. Bâtie sur les fondations d'un temple antique, elle arbore elle aussi quelque idiosyncrasie. L'intérieur sombre est couvert des teintes sauvages de *faux* marbres : colonnes, spirales, raies, panneaux, cercles de toutes les couleurs et motifs propres au matériau – j'en oublie. Des cadres supplémentaires, surtravaillés, entourent sur les murs les cadres réels, déjà élaborés, des tableaux. Parmi les nombreuses peintures de l'église, le *Baptême* et une *Gloire de Marie* sont les plus frappants. Pour les voir, nous avons dû mettre des *lire* dans la « boîte » à *luce*, et quelques lampes se sont brièvement allumées.

Je connaissais l'existence des Perugino de Città della Pieve. Pas celle de cet étrange objet, de l'autre côté de la rue, dans le Palazzo della Corgna : un haut obélisque étrusque, chose rare s'il en est, datant du VIIIe siècle avant Jésus-Christ. Des sarcophages étrusques sont là aussi. L'autre grand intérêt local, du point de vue artistique, est sans nul doute l'*Adoration des Mages* de Pérugin, dans l'Oratorio di Santa Maria dei Bianchi, qui jouxte l'église du même nom. Restauré en 1984, le tableau est véritablement splendide. Comment a-t-il obtenu ces couleurs, lavande cendrée, safran, vert amande, bleus de marines et cette lumière éclatante, pourtant sans source ? Comme c'est la seule toile de la pièce, et que nous allons bientôt quitter cette ville idyllique, je m'attarde sur chaque détail – l'ange tout en haut à droite, le berger, le chien blanc en mouvement, les arbres de plumes, les chevaux, et là au fond, ce paysage que Pérugin connaissait mieux que tout autre – douces collines qui s'inclinent paisiblement devant les eaux du lac Trasimène.

COUCHÉES DANS UN CARNET JAUNE :
PENSÉES VOYAGEUSES

J'ai fait mon premier voyage seule à l'âge de six ans. J'avais imploré qu'on me laisse partir à Vidalia rendre visite à ma tante préférée et à ma grand-mère aveugle. Maman m'a conduite à Abbeville, distante de trente kilomètres, où passait le train. Nous sommes arrivées pour nous garer alors que ce dernier se mettait en branle avec ses tchou-tchou. Je ne sais pourquoi la scène devrait avoir lieu de nuit, mais dans ma mémoire le train est tout illuminé. Ma mère descend d'un bond en criant « Arrêtez ! Arrêtez ! », et le train s'arrête de quelque façon. On me hisse à bord, et me voilà qui roule, tandis que la vieille Oldsmobile bleue fait crisser le gravier, et que ma mère passe un bras au-dehors pour me dire au revoir.

À part moi, le wagon est vide. J'ai mon petit sac de voyage bleu et rond et un Bobbsey Twins à lire. Je serai bientôt chez tante Mary. Ma grand-mère fera demain des biscuits et je regarderai ses mains remplacer à tâtons ses yeux. Elle se plaindra sans arrêt de son foie et de la sinusite qui lui font mal. Je compterai ses maladies une à une pour savoir combien elle en a. Il y en aura dix-sept. Elle me prêtera le cercle avec sa poignée verte pour découper de petits ronds dans la pâte molle. J'irai jouer dans les cavernes humides derrière la maison, je sculpterai des chevaux et des oiseaux dans l'argile rouge et sale. Le train ! Traçant dans le noir, cent douze kilomètres jusqu'à Vidalia, j'ai laissé mon chariot d'osier plein de poupées, et mon épagneul noir, Tisch. Le contrôleur pensera-t-il à me dire quand descendre ? Maman le lui a demandé.

Blottie contre la vitre, je ressens dans mes épaules les claquements métalliques des rails, je regarde les fenêtres éclairées des fermes. *Qui vit là ?* Je me pose des questions sur les gens, leur vie dans les maisons profondes de ce pays.

Je peux presque revenir à moi dans ce petit corps dur, sentir ma tête contre le verre. Tous les mystères et les attraits du voyage étaient là dès le début, cette fascination sans fin des vies dans leurs lieux, cette énigme commune que je reconnus, des années plus tard, dans l'un des derniers haïkus de Basho, écrit à la fin du XVIIe siècle :

> *Fond de l'automne,*
> *Je me demande, mon voisin,*
> *Que vit-il ?*

À la fin de son existence, il s'interrogeait encore sur ce que je commence à me demander au début de la mienne, et je n'ai pas terminé.

Plus tôt encore, à cinq ou six ans, j'ai pincé le bras de mon amie Jane Walker en posant la question : « Comment se fait-il que tu *existes* et que tu ne sois pas moi ? », blessure préconsciente et premier coup de poignard dans la métaphysique. C'est la quête d'une vie entière, celle de découvrir qui est « l'autre », comment la vie se vit à l'extérieur de notre peau intime. De cette infime enveloppe.

Partie avec mes yeux dans un lointain pays, mon regard se pose sur l'autre, dans toute sa splendeur – le tout d'une culture, d'une géographie, des langues. Qui suis-je là-bas ? Et qui sont-ils ici ?

Une fois parti, posé – même rien que deux semaines, à vivre dans une maison qui n'est pas un hôtel, une fois acheté des figues et du savon, assis dans les cafés et dans les restaurants, venu au concert ou assisté aux messes, vous ne pouvez faire autre chose que vous ouvrir à leurs sonorités. Et plus vous vous coulez, plus les autres sont autres. Car ils restent comme vous sans l'être. À Pienza j'étais affolée dans cette nuit de canicule, lorsque je les ai vus trimballer la télévision pour que le quartier puisse regarder ensemble le match de football. Cela n'arrivera pas où je vis, dans mes Pacific Heights. La plus petite des choses révèle un monde nouveau.

J'ai participé à une table ronde sur l'écriture et les voyages à la Foire aux Livres de San Francisco. L'un des sujets était : « Maintenant que le monde est le même partout, où aller trouver un endroit à décrire ? S'il existe, comment choisir les mots qui le distingueront des autres ? »

La première question veut une réponse rapide : le monde n'est pas le même partout. Pour ce qui est de la seconde, j'en reviens au conseil de Gerard Manley Hopkins : regardez les choses assez longtemps pour qu'elles commencent à refléter vos yeux. Voyager peut être dangereux. Susceptible de reflets inquiétants, un éclairage puissant vient soudain rejaillir sur notre prétendu réel. On est parfois conduit jusqu'au fond de soi-même, et qui sait ce qu'on trouvera ?

J'ai lu quantité de récits, d'articles de journaux et de magazines consacrés au voyage, qui s'arrêtent à l'observation. On vous dit où dormir, où bien manger, ce qu'il ne faut pas rater. La fiction, l'idylle, parfois ne sont pas loin. Votre attention est captivée par un papier sur une ville allemande, ses personnages pittoresques, ses bières et ses jouets peints. Trois pages plus loin, dans la même section du journal, se trouve un autre article qui à longueur de colonnes traite des néo-nazis qui infestent cette ville. Fini, le *Gemütlichkeit*. Perplexe, vous revenez au récit de voyage. J'ai écrit ce type d'articles et l'on m'a demandé plusieurs fois de faire l'impasse sur la pauvreté ou le drame. Bien, puisque vous le dites. C'est dimanche matin et le lecteur a envie de rêver un peu, après s'être coltiné les condamnées à mort et la famine au Soudan.

Mais le voyageur passionné recherche quelque chose. Quoi ? Il faut ce quelque chose qui vous change, qui tend à l'ineffable – sinon rien ne se passe. « Changez-moi, écrit Ed dans un de ses poèmes, changez-moi en quelqu'un que je sois. » Changer – vivre une transformation – fait partie de l'expérience, de la quête, du voyage.

Nous emportons souvent l'Amérique avec nous. Comment faire autrement, nous qui sommes si pleinement le produit de notre culture ? Nous voyons ce que nous savons voir. Les puissantes chaînes génétiques, l'instinct territorial qui est le nôtre depuis l'âge de pierre, nous poussent secrètement à croire qu'en rentrant le soir les Danois et les Hongrois parlent eux aussi anglais. Combien ça fait, ça, en dollars ? Qu'est-ce que c'est que ce petit déjeuner infect ? Et le bon café, c'est quand ? Plus navrant encore, nous craignons n'importe où de nous faire voler, rouler. Nous redoutons partout la violence américaine.

Nous ne sommes pas les seuls à emporter notre pays avec nous. La familiarité est un désir puissant. J'ai vu une file de Japonais attendre devant un restaurant asiatique à Pérouse. Tous les bonheurs de la table italienne sont là, mais ils préfèrent quelque version insolite de leur cuisine maison, pour convenir plus tard, sans doute, que c'était innommable. C'est parfaitement naturel, inévitable, de comparer *Main Street* et via Veneto. Malheureusement, cette attitude, certainement extrême, s'oppose à toute vraie expérience ; elle équivaut à confirmer ce que nous croyons savoir. Un autre Japonais, poète, a écrit : « Va nu sur un cheval nu. » Cependant le voyage nous dépare profondément, et cette privation se traduit rapidement par le refus. Si seulement nous pouvions accepter de ne pas céder d'urgence au besoin de juger, de compartimenter. Voyager sait répondre également au besoin primitif d'inclure la nouveauté dans le cercle du connu.

Je suis allée à Pasadena – le nom me faisait rêver – et, en m'y promenant par une journée parfaite, j'ai trouvé Starbucks, Banana Republic, Gap, Williams Sonoma, Il Fornaio, toutes les grandes chaînes qui offrent les mêmes produits dans des dizaines d'autres villes. Où suis-je ? Rien ne s'est passé en moi. Pourtant, si j'étais restée un autre jour, j'aurais senti les strates sous l'apparence. Pasadena doit être unique entre toutes. L'Amérique des franchises et de la télévision, qui nous décomposent de seconde en seconde, exige pour la regarder force et durée.

En Italie, c'est plus facile. Toute ville, cité, *borgo* ou *fattoria* sont foncièrement eux-mêmes. Chacune a sa fontaine *speciàle* avec ses dauphins et ses naïades enchevêtrés, sa chapelle de pierre et son *Annonciation,* son obélisque étrusque, ses familles dont le nom figure sur un prie-Dieu depuis 1500. Un écrivain m'avait prévenue : « Méfie-toi de l'exotique, il est si communément accessible. » Ici, de l'autre côté de l'océan, il l'est plus encore. Nous voyons, mais ne voyons pas, le beau type en costume Armani qui prend son *espresso* au bar en feuilletant *La Repubblica.* La *bella figura,* faire belle figure, est un concept italien. Notre beau gars habite peut-être l'arrière-salle déprimante de quelque magasin. Trop pauvre pour bien vivre, il sait au moins s'habiller avec goût et traverser la *piazza* dans son nuage d'excellente eau de Cologne.

Lorsque j'ai commencé à écrire des poèmes, j'entretenais ce que j'appelais une Banque d'Images, un album plein de cartes postales de musées, de peintures, de photographies, de suites de termes plaisants, tout ce qui me frappait assez pour le transformer avec mes propres mots. J'ai changé de tactique avec le temps. Si je continue à remplir divers carnets, mes images sont en moi. Les voyages, la vie en Italie, m'ont convaincue de la nécessité de *conserver* l'expérience et le regard. Si je dois finir dans un rocking-chair sous la véranda d'une maison du fond des bois de la Géorgie, je veux avoir quantité de choses à visualiser. Paysages, repas fins, promenades solitaires – oui, mon esprit parcourt cela, mais c'est à la vie des gens que je reviens toujours avec un sentiment. Une main tire un rideau de dentelles. Un visage apparaît à la fenêtre. Au-dessus de cette bouche triste, deux yeux glacés déçus se projettent au-dehors et attrapent mon regard. Nous nous observons un instant, puis le rideau retombe. *Hello, good-bye.* À sept heures du matin, Niccolò, l'élégant propriétaire du tabac, rince les dalles de son pas-de-porte, puis balaie en chantant pour son plaisir. *Souviens-toi de lui, ses cheveux mouillés au sortir de la douche, l'air qu'il fredonne, son sourire soudain – qui il est dans cette ville.* Visions momentanées qui m'aident à comprendre l'âpre vers de

Wallace Stevens : « La beauté ne dure pas dans l'esprit, mais dans la chair elle devient immortelle. »

C'est un miracle de voir Pompéi, le Macchu Picchu, le Mont-Saint-Michel. C'en est un également de se promener à Cortona, de retrouver le jeune couple du magasin de fruits et légumes. Elle élève une pyramide de citrons dans un pan de soleil. Essuie chaque feuille d'un coup de torchon pour les faire briller. Son visage est frais, jeune, par-dessus le tablier à rayures roses, et elle fait de son mieux pour avoir l'air patronne. Son long cou délicat donne l'impression qu'elle arrive sur terre. Lui ressemble au joueur de flûte peint au mur d'un tombeau étrusque – traits chérubins, cheveux noirs bouclés. Il dispose les paniers de petits pois cueillis tôt ce matin dans le jardin de sa mère, puis coupe une pastèque en deux pour que tout le monde puisse voir la chair mûre et délicieuse. Elle pose sa pancarte au-dessus de la caisse – tous les légumes du minestrone peuvent être commandés la veille, elle les prépare chez elle. Les clients sont accueillis somptueusement. Si vous demandez trois poires, les fruits seront choisis et présentés pour que vous les approuviez. J'ai pénétré un instant dans la vie quotidienne d'un endroit inconnu, et la poire rouge que me tend une main durcie par le travail me reviendra sans cesse en mémoire. *Immortelle.*

AP

« C'est ce week-end, le marché d'Arezzo. »

Ed en est train d'émincer persil, basilic, carottes et céleri pour sa préparation maison des *odori* qu'ils mettent dans notre sac au *frutta e verdura*. Fronce-t-il le nez ? Les oignons qu'il vient de couper ? Il demande : « Tu veux y aller ?
– Eh bien, oui, pas toi ?
– Bien sûr, si toi aussi. » Il roule la lame de la *mezzaluna* sur le céleri.

« On trouve toujours des trucs fantastiques. » Se rappelle-t-il le jour où il a porté sur sa tête le dressoir en cerisier dans une foule longue de huit cents mètres ? Je regarde celui-ci, sur le mur de la cuisine, les battants de verre ouverts sur les rangées de tasses à express venues de toute l'Italie. Notre amie Elizabeth nous en a donné un grand nombre lorsqu'elle est repartie vivre en Amérique ; nous avons rapporté les autres de nos déambulations. Des amis de passage en ont ajouté quelques-unes. Curieux comme toutes les choses que nous avons acquises ici se sont vite parées de signification, comme des biens de famille soigneusement conservés. C'est pour moi déroutant. Je pensais que les objets ne prenaient de valeur symbolique qu'avec le temps, à moins qu'ils ne la revêtissent tout de suite si ce sont des cadeaux : les boutons de manchettes en or de mon père, le pichet en argent de ma mère pour le sirop d'érable, la bague sertie de lapis qui fut des boucles d'oreilles.

Si j'observe nos murs, bien des objets « nouveaux » me

paraissent aussi proches, sinon plus. « Tu te rappelles, quand on a déniché le tableau avec l'ange ? » Au-dessus du lit trône maintenant un ange du XVIIIe, aimable présence blonde dont j'aime le visage. D'amour. Elle porte des bottes, et ses jupes de brocart fendues révèlent un triangle de dentelle. Qui aurait cru qu'un ange porterait des dentelles ? Androgyne, son visage guilleret fixe un miroir sur le mur opposé, où je le, ou la, vois une seconde fois.

Ed gratte ses *odori* dans le fond de la poêle. Le grésillement répand une senteur rapide de terre et de pluie. Les carottes libèrent cette odeur terreuse, alors que le céleri, qui ne semble pourtant pas pousser en dessous, délivre toujours une essence vive et vaporeuse.

« La dernière fois, on a trouvé les chaînes. Tu veux du pain frais ou je fais des *bruschette* ? » demande Ed.

Les chaînes, je le sais, pèsent près de dix kilos. Nous les avions malheureusement trouvées en début de journée, avant les trois ailes d'ange feuilletées d'or, le *putto* napolitain qui n'a plus qu'une jambe, et les mètres innombrables de brocart qui servaient autrefois à couvrir un autel. Forgées main, composées de superbes anneaux de fer, ces chaînes étaient utilisées pour fixer les chaudrons de *ribolitta* ou de polenta dans l'âtre. Elles sont aujourd'hui suspendues de part et d'autre de la cheminée. « C'est peut-être ce qu'on a trouvé de plus beau. *Bruschette.* »

Le marché aux antiquaires d'Arezzo a lieu le premier week-end de chaque mois, et tous les quinze jours l'été. Excepté en août, quand la chaleur devient trop redoutable, j'y vais. Il s'étend sur toute la surface de la Piazza Grande, déborde vers le Duomo, couvre l'autre *piazza* devant l'église aux larges fresques de Piero della Francesca, et se déploie dans les rues adjacentes. Le long des tables, des trottoirs et pavés sont étalés meubles fabuleux, objets d'art et assortiments toc. Avec ses quatre-vingts magasins ouverts toute la semaine, Arezzo est une place centrale pour les antiquités. Derrière les stands des week-ends, les rues sont bordées de boutiques. Certaines sortent leurs meubles les jours de marché. On trouve tout ici – un berceau fantaisie, une nature morte du XIXe assez grande pour couvrir un mur, des cartes postales brodées datant de la Première Guerre mondiale, des urnes de jardin, des stalles entières de chœur. L'année dernière, j'ai commencé à apercevoir des décorations de la Deuxième Guerre, des chemises de prisonnier, des « souvenirs » de l'armée allemande, des uniformes empesés. J'ai même vu un brassard à l'étoile jaune avec le mot JUDE piqué à l'aiguille, prix de vente treize dollars. J'ai passé le doigt sur les fils croisés aux bords. Quelqu'un a porté ce brassard. Il me parut aussi immoral de l'acheter, objet parmi d'autres objets, que de le laisser là. Verroteries vulgaires et gobelets vénitiens s'étalent en abondance, sans que jamais les foules ne brisent quoi que ce soit. Il y a, semble-t-il, un acheteur pour chaque chose, aussi hideuse, fabuleuse ou cocasse soit-elle.

 Petite, je faisais des collections. Mon oncle Wilfred me réservait ses boîtes de cigares Antoine et Cléopâtre. Je les laissais ouvertes au soleil jusqu'à ce que l'odeur âcre se dissipe. Je conservais dans l'une des pointes de flèches découvertes ici ou là, dans les autres, boutons, perles et jolis cailloux. Des boîtes à chaussures hébergeaient mes poupées de chiffons avec leurs costumes du monde entier, des cartes postales, des coquillages, et les petits mots triangulaires pliés serré que m'envoyaient à l'école Johnny, Jeff et Monroe. La plus originale était ma collection de brochures. J'écrivais constamment des lettres à de petites bourgades de toute l'Amérique, à l'attention de la Chambre de Commerce, pour demander : « S'il vous plaît, envoyez-moi des informations à propos de votre ville. » Enveloppes et brochures arrivaient par retour, avec des nouvelles du Pioneer Museum, des Future Farmers of America, des aires de récréation autour du lac artificiel, ou signalaient l'ouverture d'une fabrique de pneus. L'envie de *partir* me prit tôt. Je ne sais plus pourquoi, mais je voulais aller vivre à Cherry, dans le Nebraska.

 En ouvrant une boîte, puis lorsque j'étalais mes patelles, strombes, cônes, ophiures et coquilles Saint-Jacques, j'appelais également le souvenir d'un endroit, un chapelet d'événements. Je disposais mes coquillages sur le plancher, et un peu de sable s'échappait. Puis en écoutant une conque, le souffle de mon oreille interne ressuscitait les clams que la mer frottait contre mes chevilles à Fernandina. Je composais des spirales de ces couleurs pastel, ponctuées de bernacles brunes, frottais avec mon pouce les intérieurs nacrés.

Je me souviens de ces collections avec tant de netteté que je serais capable d'ouvrir mon placard et d'en sortir une boîte, puis de passer un après-midi pluvieux à jouer avec la poupée blonde de chiffon au costume hollandais, sa chasuble fleurie et ses souliers de bois, ou les jumelles polonaises aux blouses galonnées de noir, leurs rubans et tabliers.

Collectionner, comme écrire, est un *aide-mémoire*. Une parente d'autrefois m'ennuyait diablement avec ses petites cuillers. « Ah, celle-là, je l'ai ramenée d'un séjour aux Smoky Mountains en 1950... » Pourtant la mémoire *sait* vous faire vivre deux fois. Quand les mots coulent sur le papier, je peux de nouveau baptiser le petit chien.

Mémoire – mon collier le jour de la remise des diplômes, qui se détache, les perles qui roulent hors de portée sur le sol de l'église, pendant que le chœur grince « Jérusalem ».

Mémoire – ils se lèvent tous, leur jeunesse retrouvée, capables de voir sans regarder. Tous veulent le bréchet, savoir ce qu'il y a au dessert. Fermer la boîte, fermer l'album, tirer le vieux rideau de dentelle à la fenêtre au sud où il ondulera gentiment sous la brise.

Adulte, j'entretiens peu de collections. Je me suis mise un jour à acheter vieilles cloches et carillons, pour les oublier peu après. Je possède un certain nombre d'ex-voto mexicains, laqués sur de l'étain, et j'ai accumulé une quantité de pieds et mains anciens en argile sculptée, mais aussi des bras et des jambes de poupées, collection involontaire dont j'ai seulement pris conscience le jour où l'on m'a fait remarquer que la maison était pleine de membres humains. Je dois poursuivre cette anatomie, puisque j'ai aussi acheté au marché d'Arezzo trois têtes de saints en porcelaine – deux chauves, la troisième dotée d'une perruque or, et d'yeux de verre peint. Lorsque je trouve des photos anciennes d'Italiens, œuvres des premiers studios, je les prends. Un des murs de mon bureau est couvert de ces portraits, autour desquels j'ai inventé plus d'une biographie. Et la passion profonde que je nourris au marché d'Arezzo est elle aussi inopinée, même si elle remonte à de lointaines origines.

J'y vais non seulement dans le but de dénicher des meubles pour les nombreux vides de Bramasole, pour trouver des trésors, mais aussi pour regarder les gens, savourer un *gelato*, rouler invisible dans l'immense marché qui conserve l'atmosphère d'une foire médiévale. À treize heures, les antiquaires couvrent leurs étals de bâches ou de papier journal et partent déjeuner. Certains installent tout simplement tables et chaises pliantes, sans oublier la nappe, puis la famille et les amis réunis déballent poulets rôtis, saladiers de pâtes et miches de pain. Toute une foule se masse dans les bars, commande de petits sandwiches, des parts de pizza ou, *gastronomia* plus chic, *torte* à la saucisse et aux asperges.

Chandeliers dorés des églises, jarres à huile d'olive, angelots de pierre – une fois passé ceux-là, qu'est-ce qui m'attire devant les piles de vieux linge ? J'annonce à Ed : « Cette fois, je ne m'arrête même pas. On regarde les portails en fer, vieux éviers arrachés aux monastères en ruines, et l'argenterie aux armoiries de famille. Je n'ai vraiment plus besoin de taies d'oreiller ou de... »

Au début, j'y arrive. Il y a tant à voir que je suis vite saturée. Ed jette un coup d'œil à une paire de chenets, puis un miroir. Je repère quelques ex-voto peints sur étain. Il aime, lui, regarder les outils de métal artisanaux, les serrures et les clefs, cependant, au bout de deux heures, il arbore définitivement un genre de demi-sourire.

Aux États-Unis, Ed sait très bien me presser dans les grands magasins. D'autres prendraient place dans le fauteuil installé à leur disposition, mais lui reste debout. Dès que je commence à traîner devant un présentoir pour tâter la soie des chemisiers et étudier les boutons, il se met à parler tout fort aux mannequins. Souriant, gesticulant, il en fait plusieurs fois le tour. « Votre robe est splendide, s'émerveille-t-il. Ah, ça, vous êtes superbe. » Les gens lèvent les yeux, les vendeuses prennent un air inquiet.

Ici, il part acheter le journal et boire un express. Puis vient me retrouver au milieu des piles de linge que je suis en train de trier. Impossible de dire s'il s'étonne ou s'irrite. Je me demande ce qu'il pense : *oh non, encore une heure dans les torchons.*

Je sors d'un grand tas marqué cinq mille lires une série de jolis essuie-mains brodés 𝓐𝓟.

En Californie et ici en Italie, j'ai lentement amassé toute une collection de vieux brocarts, linges et cotons de maison, certains avec un monogramme, d'autres pas. « Pourquoi aimes-tu tellement les initiales des autres ? me demandait une amie en secouant sa serviette après dîner. C'est un peu sinistre, je trouve. » Je réponds, en sachant très bien que cela n'expliquera rien : « C'étaient les serviettes de la grand-mère de mon amie Kate. » Quand Kate a dû vider la maison de sa mère, elle m'a confié une pile de linge qu'elle n'avait aucune envie de repasser. Du linge épais, énorme, marqué au centre des initiales 𝓔𝓑𝓔 : la bosse de fil est grosse comme un petit doigt d'enfant. « J'ai un faible pour le vieux linge. » Euphémisme. Des spirales d'histoire sont nouées en guirlandes à cette remarque fortuite.

Je ne mentionne pas ma mère, ni le fait que je garde dans un coffre les draps à monogrammes dans lesquels je dormais lorsque j'étais enfant. Je me rappelle clairement mon lit blanc, la sensation de me glisser dans les draps frais de coton fin, les ourlets roses et dentelés, et, bien au milieu, les initiales courbes de ma mère, 𝓕 𝓜 𝓓 – un squelette d'oiseau. Elle avait pour sa chambre des draps bleu clair aux monogrammes bleus qu'elle changeait chaque semaine pour une autre paire blanche pareillement brodés. Je possède encore certains de ceux-là, doux et usés, toujours bons. Quand ma fille aura une maison, je les lui donnerai. Des dizaines de serviettes de toilette et de table, de draps et de taies d'oreiller sont passées chez moi sans laisser de trace, alors que les essuie-mains que ma mère avait brodés avant mon mariage sont toujours employés, même si le K a disparu de mon nom. Lorsqu'elle me les a donnés, je fus la première surprise de voir mes initiales changées en FKM. Je passai un doigt sur la nouvelle lettre ; le K est toujours là sur des ronds de serviette inutilisés, de petits verres en argent, un plateau à pain, un moulin à poivre.

Dans ma famille, les monogrammes n'ornaient pas seulement le linge. Hochets, tasses en argent, chausse-pieds, garniture de coiffeuse, et les dos des assiettes étaient assujettis à cette monomanie. Cette rage du marquage m'a toujours paru mystérieuse, plus que jamais d'ailleurs le jour où, âgée de dix ans, j'ai découvert mes habits de bébé. J'aimais éparpiller, comme disait ma mère. « Et que je te pille, que je t'éparpille ! plus vite que ta pauvre mère ne peut tout ramasser ! » Son discours était par ailleurs moins précieux. Je regardais dans le coffre de l'entrée les bulletins de notes de mon père au lycée, un sac couvert de perles abritant un miroir d'argent qui glissait tout le temps – celui que ma mère portait quand elle faisait la *belle*, dansait le charleston, et qu'un boa de plumes roses dormait dans son placard. J'étais à la recherche de secrets. Mes mains fouillaient dans les pièces de toile qui deviendraient un jour jupes, robes et peignoirs, dans les housses de plastique où elle conservait ses chandails de cachemire, lavés et rangés avec du bois de cèdre pour écarter les mites. J'ai soudain sorti une pile aplatie de vêtements d'enfant en batiste bleue dont j'ai détaché une blouse. En la plaçant devant moi, à l'endroit du cœur, j'ai vu le monogramme : MMF. Un enfant était-il mort ? En secret ? Je courus à sa chambre.

Adossée contre la tête du lit à baldaquin, elle lisait un magazine de mode. « Oh, c'était pour toi, mais si tu avais été un garçon. M pour oncle Mark, et F pour Franklin, le prénom de bon-papa. » Le père de ma mère, l'homme aux joues bouffies de la photo, qui tient sur ses genoux l'enfant boudeuse en jupe à volants blancs. Il est mort quand j'avais trois ans. J'aurais été Mark Franklin, pas Frances, ni Elizabeth. Et l'inévitable déduction : c'est Mark qu'ils voulaient, pas moi.

« Pourquoi avoir brodé tout ça avant de savoir ?

— Je ne sais plus. On pensait que tu serais un garçon. »
Maman a des peignes dans les cheveux pour fixer les ondulations. J'ai presque l'impression de le voir, ce sale môme. Il a les oreilles décollées et des croûtes, crétin, sur ses genoux cagneux. En plus il regarde avec mes yeux bleus.
   Les petits rouages de la logique se mettent à tourner : « Et où sont les robes marquées FEM ?
— Il n'y en a pas. »
Il ne m'a pas fallu longtemps pour comprendre qu'après deux filles ils voulaient désespérément un garçon, que ces monogrammes étaient un acte de superstition avouée, une volonté de corrompre le destin. Des années plus tard, ma mère m'apprit que mon père avait disparu deux jours « dans un accès de rage » après ma naissance. Bizarre, il était tout feu tout flamme avec moi et, lorsque je l'entendais dire : « Tous mes gars sont des filles », je n'ai jamais décelé de regret.
   Bizarre aussi, lorsque je viens à penser à un drap ou à une chemise aux initiales brodées, j'appelle celles-ci une *mark* ?
   Ma mère avait marqué AMY sur la robe de batiste d'une de mes poupées. J'aimais bien ce prénom, celui d'une des quatre filles du Dr March, bien que celui que j'aimais intimement fût Renée. Ce fut là la seule fois que je vis ma mère broder. La plupart du temps, nous apportions à Alice un carton à chapeau plein de mouchoirs et de chemises de mon père. Alice vivait dans une étroite maison derrière un mélia. Elle brodait également nos taies d'oreiller et les jupons de ma mère. Je montais sur les branches de l'arbre où j'aperçus un jour un essaim de guêpes, ou restais sur la balançoire, sous le porche, avec le chien Chap aux oreilles pleines de tiques. J'attendais parfois devant la table d'Alice, à manger des craquelins en regardant maman et la couturière. Elle était grande et anguleuse avec des mains immenses qui semblaient faites pour pétrir des montagnes de pâte – comment s'arrangeait-elle de ces aiguilles si fines ? Ses gencives, d'un rose vif, tombaient bien trop bas sur des dents trop courtes. De peau brune, elle vivait dans la « ville des couleurs ». Que ma mère et elle aient pu être amies ne leur est jamais venu

à l'esprit. Elles potinaient en buvant le café qu'Alice préparait dans un pot bleu à pois blancs.
Ma mère ourlait sa lèvre inférieure lorsqu'elle se concentrait. Les deux femmes détouraient soigneusement des initiales prédessinées à l'aide d'une paire de ciseaux, épinglaient le papier de soie sur les tissus, puis imprimaient au fer chaud le modèle indélébile sur la poche de chemise ou le drap. Ne restaient que les contours des initiales et l'odeur de papier roussi. Mère laissait les tissus ainsi imprimés à Alice. Le fil qu'elle préférait était d'un blanc soyeux, aux épaisses spires en huit maintenues au milieu par une étiquette noir et or. Quelques semaines plus tard, Alice parcourait les deux kilomètres qui la séparaient de chez nous et mère étalait son ouvrage sur le lit, en remarquant à quel point tout se détachait bien.

En juin, le marché d'Arezzo est plus grand encore que ceux d'avril et de mai. Je déniche un torse de saint, aliéné de son corps en bois sculpté. Aussi une croix de bois feuilletée d'or et une superbe photo de studio de jeune femme, datant des années 10. À peine assise au bout de la chaise, elle irradie de tranquillité intérieure. Un groupe de femmes s'est rassemblé autour d'un stand couvert de dentelles fines et de rideaux d'étoffe. La vendeuse a dû consacrer des journées entières à amidonner et repasser tout ça. Elle a une montagne de ces taies d'oreiller carrées que j'adore, bordées de dentelle artisanale et fermées au dos par des boutons de nacre. J'ai doté toutes les chambres de ce genre de taies – elles remplacent avantageusement d'inexistants dosserets et sont agréables pour lire. Elles sont dans l'ensemble assez chargées pour se passer de monogramme, mais, tiens, voici un $\mathcal{RNP}$ en tourbillons de fil blanc. J'ai en Californie une taie d'oreiller très fine avec les mêmes initiales. Elle appartenait à la tante de mon amie Josephine, qui vivait dans une superbe maison de Palm Beach. Josephine m'a donné également les draps rose pâle de tante Regina, aux initiales délicatement ajourées en haut et en bas. Josephine les a gardés cinquante ans, sa tante, trente ou quarante ; ils sont encore en parfait état. Pourquoi le linge marqué dure-t-il, quand le reste disparaît ? J'ai apporté ces draps en Italie car, dans la chaleur de l'été, rien n'est plus frais que le lin. J'en ai trouvé d'autres paires au marché. J'aime aussi les lourds draps blancs aux bords de trame crochetée, et ceux de coton inégal, épais comme des voiles de bateau. Une fois lavés, puis étendus sur la corde, il n'est pas besoin de les repasser, le plat de la main suffit à les lisser autour des plis.

Dormir dans le lin ou le coton épais est un régal. De temps à autre, on trouve ces vieux dessus de lit, en coton blanc bien sûr, au dessin matelassé et aux ourlets ouvragés. Ils sont trop petits pour les lits d'aujourd'hui, mais j'en prends un quand même pour mieux parer les taies. Je m'endors en pensant aux villas anciennes et aux fermes des terres reculées où ces draps accompagnaient naissances, amours et décès, et le sommeil d'épuisement des travailleurs des champs. Lavés dans les cuvettes de pierre, ils ont claqué sous les vents du printemps, et furent rentrés en hâte lorsqu'on voyait l'averse dévaler la colline. Leurs $\mathcal{DM}$ et SLC fleuris furent brodés à la lumière de l'âtre pour la bru à venir. Certains peut-être furent-ils jugés « trop beaux » et conservés dans l'*armadio* (pour qui ?), garnis de feuilles de laurier et de brins de lavande en guise de parfum.

Au marché, tous les stands de tissus étalent rouleaux de dentelle, jupons, robes de baptême, corsages et chemises de nuit. Cela ne me tente pas. J'ai un jour trouvé en France une chemise de nuit à manches longues, pudiquement boutonnée jusqu'au col, et brodée de rouge aux initiales de ma fille Ashley. Il y a quelque chose d'étrange, c'est vrai, à porter la robe d'une autre ; quelque Française inconnue vous donne son monogramme. Ashley m'a remerciée, mais la chemise a fini dans un coffre avec d'autres vieilles frusques. Peut-être la monomanie familiale a-t-elle sauté sa génération, ou se dispense ailleurs. Ashley a eu l'idée un jour d'imprimer ses écrits sur des serviettes de soie, d'habiller des espaces de poèmes flottants sur des panneaux de gaze...

Ma sœur a découvert un endroit à Florence où l'on brode encore des monogrammes à la main. La boutique vous présente son grand livre de styles, certains fort simples, d'autres complexes comme des moulures baroques. Elle leur a commandé une pile de serviettes de table pour sa belle-fille, qui arrivèrent trois mois plus tard à Atlanta. D'un marché à l'autre, j'ai accumulé pour Ashley du beau linge de toilette déjà doté de cercles pour de futurs monogrammes. Ma fille, qui ne possède pas encore de fer à repasser. J'espère qu'elle aimera ça.

Avant qu'ils soient tout à fait secs – légèrement humides mais chauds sous le soleil – je retire de la corde les six essuie-mains achetés au marché. Comme je le pensais, une fois lavés, ils sont redevenus blancs comme le sel. Je lève le monogramme, A P, à la lumière. J'ai remarqué que, ourlés à la main, ils sont aussi dotés d'une patte pour les suspendre. Je n'ai encore jamais vu cela. L'été dernier, en voyageant dans le sud de l'Italie, j'ai vu la tombe d'une Assunta Primavera dans un cimetière près de Tricarico. La pierre était ornée de glaïeuls frais et jaunes et de fleurs roses en plastique, entourant une photo prise à l'âge mûr. Loin de ressembler, comme le nom le suggérait, à un individu léger prêt à monter au ciel par une journée de printemps, elle avait une allure robuste et beaucoup de présence. Ses cheveux étaient rassemblés vaguement en chignon et son visage s'éclairait d'un large sourire. Elle avait l'air d'une personne capable de trancher le cou d'un poulet, *no problem*, ou d'aider à mettre au monde un enfant mal formé. Il paraissait impossible qu'elle pût reposer sous une dalle. Non, elle devait être encore quelque part dans sa cuisine, et les arômes puissants de ses *tortellini in brodo* s'élevaient dans l'escalier.

Mes essuie-mains n'ont pu être les siens, mais son visage affirmé me revint en mémoire à peine je remarquai les initiales. Il en va de même avec le reste du linge. J'aime ouvrir le couvercle de mon *cassone*, j'en sors une pile et j'imagine les cocktails étourdissants de la tante de Palm Beach, du jazz sur le gramophone, les minuscules serviettes distribuées aux hôtes avant les plateaux de canapés – qu'offrait-on dans les soirées chic des années 20 ? – et les vagues de l'Atlantique écumant par-dessus la jetée. J'imagine la maison de pierre d'Assunta, le lit-bateau en noyer où le jeune mari dormait nu, offrant son dos à un massage. Celui aussi où, plus tard et plus âgé, il se mettait à ronfler pendant qu'elle veillait en se demandant si leur fils reviendrait un jour du front russe, si l'agneau de lait était un bon choix pour la *festa*, si le froid avait tué toutes les fèves. A P, brodé par sa mère, offert le jour de sa fête.

Je pense aussi aux trois chemises de nuit blanches que je n'ai pas achetées mais que j'ai regardées avec stupéfaction. Grandes comme des tentes, elles avaient chacune pour monogramme des lettres aussi immenses : TCC. C'est une montagne de chair qui dormait là-dedans. TCC devait rouler sur elle-même pour sortir du lit, avant de poser ses pieds roses sur le carrelage, quand les jumeaux se mettaient à brailler au milieu de la nuit en attendant que le vif messager blanc traverse le couloir sombre pour les réconforter.

Un monogramme revendique un territoire. Il dit : ceci est indubitablement *mien*. Puis il sert de fixateur à la mémoire. La tasse d'argent rappelle toujours le baptême du petit. Les douze serviettes de table offertes à la belle-fille annoncent déjà les futurs dîners de Thanksgiving.

Sur les pierres antiques est gravé *ubi sunt*, abréviation d'une épouvantable question – *ubi sunt qui ante nos fuerunt*, où sont ceux-là qui vécurent avant nous ? Donner un nom est un acte profondément instinctif, révolte contre un temps prêt à engloutir chaque chose. À dix-huit ans, avant de partir pour l'université, on m'a donné toute une collection de serviettes de bain, essuie-mains et torchons, verts les uns comme les autres et tous monogrammés. Je n'aimais pas cette couleur, mais ces serviettes m'ont suivie à la faculté, ont duré des années, et j'en garde encore deux dans le coffre de ma voiture. Des décennies plus tard, le cadeau de tante Emmy me sert à éponger le Coca-Cola étalé sur le siège – la main sur les initiales bombées de la jeune étudiante qui autrefois y roulait ses cheveux lavés. *Une mèche fuyante encore mouillée, non, une canette renversée.*

Carolyn, Assunta, Mary, Regina, Donatella, Altrude, Frankye, Luisa, Barbara, Kate, Almeda, Dorothea, Anne, Rena, Robin, Nancy, Susan, Giusi, Patrizia – ce soir, on dîne chez moi.

RESPIRER L'ART

De l'autre côté de la *piazza*, trois jeunes garçons font rebondir un ballon de football contre le mur latéral de la cathédrale d'Orvieto. Le soleil cogne sur la grande façade dorée du formidable, arrogant, éclatant édifice, tandis que je lézarde dans la lumière diffuse en sirotant un cappuccino au milieu de l'après-midi. Ce mois-ci, nous avons toute liberté de mouvement. Primo a reconstruit le mur effondré, qu'il a orné d'un double piédestal de pierre pour les plantes. Il a aussi avec ses hommes réparé les murs de la *cantina*, et bouché toutes les fentes par lesquelles la poussière et les souris pouvaient s'immiscer. Les autres grands projets ne débutent qu'en juillet.

À une heure seulement de Cortona, Orvieto paraît loin. Mon appréciation californienne des distances prend ici un tour mystérieux. Une centaine de kilomètres ne me semble en général pas grand-chose, mais le moindre *mile* en Toscane et au-delà offre quelque chose à voir, étudier, manger ou boire, soit autant de distractions de l'objectif initial. La Californie, avec ses quatre cent vingt-quatre mille kilomètres carrés, en devient plus petite que la Toscane, qui n'en compte que vingt-trois mille.

J'ai vu déjà, dans la cathédrale, la fresque à couper le souffle du Jugement dernier de Signorelli, où les squelettes des morts à peine relevés sont saisis par le peintre sur le point, puis en train, de se fondre dans leurs corps revenus – ceux-là en pleine santé. Un bonheur de voir comme réel ce qui ne peut être vu, la mise en scène des dogmes de *résur-*

rection de la chair et de *vie éternelle.* Symboles connus, espérés ou réfutés – réalité imaginée, mais gratifiée soudain d'une apparence de vrai – *verisimilitude.*

J'ai gardé le nez en l'air jusqu'à avoir mal au cou. Puis en me détournant pour voir le reste de la cathédrale, je suis passée devant une femme en train de prier. Le cabas posé près d'elle était plein de légumes. Ses chaussures retirées, elle rafraîchissait ses pieds sur le carrelage. Une petite fille, non loin, tressait les cheveux de son amie. Leurs poupées étaient assises bien droites sur un banc. Assis à une table couverte de journaux catholiques pour toute la famille, un jeune prêtre feuilletait oisivement les pages d'un magazine.

Le moindre de leurs pores connaît depuis toujours la splendeur de l'endroit, si intimement, si complètement qu'ils n'ont rien besoin d'apprendre.

Je me rappelle, moi aussi, chaque centimètre carré de la Central Methodist Church de Fitzgerald, en Géorgie, dénuée du moindre ornement. J'en revois toujours le tapis bordeaux et usé, la lumière blanche et vitreuse, je ressens encore la même fascination pour les supports de bois des minuscules gobelets dont le raisin, magique et insidieux, se transformait dans mon palais en sang du Christ – du jus de raisin de chez Welch.

Assise sous le grand soleil méditerranéen, campée sur le solstice, j'émets maladroitement : « Cela doit se ressentir quelque part si l'on grandit en projetant sa balle sur les murs de la cathédrale d'Orvieto. » Mais Ed s'efforce de traduire un article de *La Repubblica* à propos du dernier imbroglio politique, et j'ôte l'écume laiteuse de ma tasse. Et si la résurrection de la chair avait été suspendue au-dessus des têtes de notre chœur en robes blanches, revenu entonner : « Je marche seul dans le jardin, à l'heure où la rosée perle encore les roses... » ? À sept ans, trente-sept ans, soixante-dix-sept ans – à tout moment de la vie, je garderai cette vision. Lorsque je dirige l'œil de ma mémoire au mur de mon église de jeune fille, je n'y vois aucun art.

Enfant, j'avais remarqué sur une étagère du salon un livre de classe de ma mère, ancienne élève du Georgia State College for Women : *Art in Everyday Life.* Je me souviens des photos granuleuses d'un bol de fruits sur une table. Il devait s'agir de modèles pour les natures mortes. À sept ans, le champ de ma conscience était encore fermé au geste du peintre. Je pensais que les tableaux avaient quelque rapport avec l'art de la table, puisque je voyais ma mère sans arrêt se passionner pour les nappes, l'argenterie bien polie et les arrangements floraux.

L'art était une scène de chasse anglaise au-dessus du canapé, les danseuses roses de ma chambre, le portrait à l'huile que l'on avait fait de moi et dont la brutale ressemblance m'effrayait. J'y figurais assise, par-dessus la collerette d'une robe bleue détestée, les lèvres ouvertes sur de minuscules dents, et mes deux incisives rappelaient celles d'une bête. En ville, le mercredi, une dame donnait après l'école des cours de peinture et de décoration, sur le porche. Je moulais très obligeamment bergères et clowns de plâtre. La semaine suivante, une fois ceux-là secs, si les enfants et les chiens de la dame n'avaient pas renversé l'agneau ou le gros nez, j'allais les peindre d'émaux vifs qui partaient épongés et se marbraient désespérément.

Lorsque j'arrivai à l'université de Virginie, je trouvai nombre de mes condisciples incroyablement sophistiqués, eu égard à mon éducation d'arrière-bois. Ils parlaient en connaisseurs de cubisme, d'expressionnisme ou de l'école new-yorkaise. Je m'immergeai bientôt avec eux dans les plaisirs de la National Gallery, poursuivis de quelques incursions au musée d'Art moderne. À la grande fureur de mon grand-père qui croyait tout au plus aux vertus de la bibliothèque municipale, j'accumulais les notes de librairies spécialisées en livres d'art. Lautrec, Dufy, Nolde, Manet – exactement comme si je tombais amoureuse. Mon rapport avec l'art est devenu intense. Il l'est resté.

Tout en suivant la lumière qui diminue progressivement sur la façade de la cathédrale, je maîtrise une respiration lente et prête attention aux cris des garçons, à l'homme de la table voisine qui termine ses mots croisés, aux deux sœurs vêtues de longues chasubles blanches, à l'ombre oblique de l'édifice qui parcourt la *piazza* comme le style d'un cadran solaire. Je sens un grincement déchirer les plaques tectoniques de mon cerveau. En Italie, il serait curieux de n'être *pas* intime avec l'art. On grandit ici cerné de beauté, on la croit naturelle.

L'art a toujours été pour moi une chose de *l'extérieur*, appréciée, aimée, recherchée, mais pas véritablement spontanée. Les villes de l'Amérique en sont fréquemment privées. Dans ses écoles, c'est le plus souvent un luxe dont la tête tombe sans faire de bruit sous le couperet budgétaire. La peinture, la musique, la poésie – ces plaisirs naturels que nous sommes faits pour aimer – sont chacun des extras, superflus, un code non binaire. Leur anormalité, ou leur affectation, naît aussi, il faut le dire, dans l'atmosphère feutrée des musées, où la plupart d'entre nous viennent se confronter aux arts. En Italie, on vit beaucoup dans les églises. Les Latins sont à peine moins sociables dans les édifices religieux qu'ils ne le sont à la *piazza*. L'art et la messe ne viennent pas d'en haut, c'cst un esprit de famille.

Cortona a sa galerie d'art. Elle donne sur la piazza Signorelli (né ici), dont le buste haut perché domine toute la scène. Les expositions changent chaque semaine, et les œuvres sont tantôt ridicules, tantôt excellentes. Mais cette galerie est là, totalement, entre fleuriste, tabac et vêtements. Le peintre se montre avec ses toiles, prêt à rencontrer ceux qui entrent. L'été, le bar Signorelli tout proche déploie sa terrasse, et les peintres s'assoient devant un *caffè* quand il n'y a personne. Plus bas dans la rue, un *palazzo* se voue aux expositions de photographies, nombreuses et changeantes. Il reste lui aussi grand ouvert aux passants. Et le Caffè degli Artisti offre ses murs à de jeunes graphistes.

Ces galeries vivent à des années-lumière des espaces clos de Soho, Chelsea et San Francisco où le simple fait de regarder vous donne l'impression d'être intrus. Dichotomie villes et campagnes, bien sûr, mais je ne revois aucune bourgade chez moi arborer de galerie d'art aussi vivante, si essentielle à sa grand-rue. Leurs ambiances interdites sont tristes. C'est si souvent le cas – vrai, n'est-ce pas ?

Les panneaux autour de Cortona indiquent Città d'Arte,

ville d'art, ce qu'elle a toujours été. Elle fut l'une des douze cités initiales de l'Étrurie et conserve depuis le XVIIe siècle un musée qui lui est consacré. Sa pièce la plus remarquable fut trouvée au XIXe dans un fossé. C'est un lourd chandelier de bronze, moulé, représentant diverses figures accroupies – non sans un certain érotisme. Il y a quelques années, les archéologues ont découvert de « nouveaux » tombeaux, riches d'intérêt, et le musée depuis est doté d'un gisant animal de grande dimension, ainsi que d'une collection toujours plus vaste de superbes bijoux en or, de sculptures et de pots. Un maçon a exhumé, l'année dernière, une tablette de bronze couverte d'inscriptions étrusques.

Je possède – ce n'est pas une découverte, mais un cadeau – un objet d'art antique, sous la forme d'un pied étrusque. La main de l'artisan est restée imprimée sur la plaque d'argile derrière le talon. Je passe une main sur le modelé des orteils, l'os plus long du pouce, la bosse de la cheville. Cette dernière monte jusqu'à mi-mollet, où la jambe cassée révèle en creux une poussière durcie depuis tant d'années. Ce pied suggère pour moi tous ceux qui, de siècle en siècle, ont foulé le sol de ce qui est devenu notre propriété. Quantité de gens ont chez eux ce genre de pièce. J'ai vu chez nos voisins un ex-voto romain, une fiole étrusque en verre, une porte sculptée datant du Moyen Âge. Les Italiens ont une certaine nonchalance vis-à-vis de ces choses. Nombre de garages sont ici d'anciennes chapelles privées, décorées de fresques dont le propriétaire ne dit rien, de peur que la commission des *Belle Arti* ne le force à abandonner un bien précieux, abri de la plus précieuse encore *macchina*.

Dans les musées même, les gardiens pour la plupart meurent d'envie de vous parler. Je me rappelle celui de Syracuse délivrant un commentaire spontané sur l'*Enterrement de sainte Lucie* du Caravage. L'hiver, dans les couloirs humides, ils se regroupent souvent entre eux autour de piteux radiateurs, mais là encore une question brisera le cercle de chaleur et l'un d'eux vous entraînera dans une conversation sur les restaurations en cours ou quelque attribution contestée.

On dit que Cimabue découvrit le jeune Giotto alors que celui-ci, berger à Vicchio, était en train de dessiner un mouton sur une pierre. L'anecdote est probablement apocryphe, mais elle révèle ce moment formidable de l'histoire où, dans toute l'Italie, bergers, apprentis, employés, en sus des jeunes nobles, se sont munis de pinceaux et de burins. La classe moyenne prenait ses quartiers. Le vernaculaire toscan fit son apparition dans les œuvres littéraires. Les sujets picturaux étaient surtout d'ordre religieux ; les commandes de nouvelles églises affluaient comme le *vino da tavola*. Mais si les contenus étaient assignés – Annonciations, bien sûr, et vies des saints –, les peintres commencèrent à glisser dans leurs « sermons » muraux une touche domestique, ce doux *campanilismo*, qui désigne la communauté réunie autour des carillons locaux, nichés dans le *campanile*.

Je sens l'apparition du familier à la fin du XIIIe siècle lorsque Duccio (1278-1318) laisse l'ombre d'une émotion hanter le visage de la Vierge au moment où le Christ est détaché de la croix, rompant ainsi avec ce style de peinture formel, statique, purement iconographique, hérité des mosaïques byzantines. Il serait sans doute possible de suivre de mois en mois l'irruption de cette approche, basée sur l'expression. D'imaginer les ateliers où les techniques nouvelles circulaient de bouche en bouche, de village en village. Il est difficile aujourd'hui d'évaluer à quel point les contemporains de Duccio se sont montrés surpris. Giotto (1267-1337) codifia son approche sur le plan de la peinture, Nicola Pisano (1220-1284), et par la suite son fils Giovanni (1248-1314), sur celui de la sculpture. Après c'est toute une énumération : Masaccio (1401-1428), Fra Filippo Lippi (1406-1469), Fra Angelico (1400-1455), Andrea Mantegna (1431-1506), Domenico Ghirlandaio (1449-1494), etc.

Quand les historiens d'art débattent de l'irruption du réalisme dans l'art italien, c'est souvent en termes d'émotion nouvelle et de perspective, mais ces deux points ne rappellent qu'une partie de ce qui a eu lieu : si un petit chien idiot ne trouvait rien de mieux que venir se promener au premier plan d'une toile, le battement implicite de sa queue ouvrait une brèche dans l'imaginaire du spectateur, permettant à l'artiste de s'adresser à celui-ci plus directement que jamais. Lorsqu'en 1430 le *David* de Donatello apparut déhanché sous une coiffe négligente, la sensualité fluide de son corps pubescent n'échappa à personne.

On demanda aux artistes de peindre les églises, les chapelles, les marchés à grains, les banques, les cloîtres, les hôtels de ville, les sièges des corporations, les chambres à coucher, les monuments funéraires, les bannières portées dans les rues. Les sculpteurs glorifièrent les riches de leurs statues, mais aussi les *piazze* locales de joyeuses et charmantes fontaines. Le peuple commença à respirer les arts chaque jour. *L'art dans le quotidien.* Pas seulement un geste surhumain à adorer. Ni un simple bol de fruits posé sur la table.

Il doit exister dix mille Annonciations. L'ange observe le rayon laser du Saint-Esprit descendre vers Marie affolée (qui ne le serait ?). On ne passera pas à côté du message. Mais lorsque la femme du village, un panier de légumes près d'elle, vient prier pour son fils parti combattre les guelfes, elle fixe le lac à l'arrière-plan d'où son mari ramène la pêche, et les contours de ces collines lui sont familiers comme ses propres hanches.

Dans l'*Annonciation* de Crivelli (1435-1495), la Vierge elle-même est le centre d'intérêt. La féconde lueur rayonnant des cieux, à la manière presque d'une traînée d'avion, illumine ses mains croisées et son large front. Cependant notre visiteuse au panier de légumes regarde longuement. Et que voit-elle à la porte de la Vierge ? Une pomme et une courge, simples comme le jour. Sur l'étagère, au-dessus de sa tête, six plats pour les pâtes, blancs. Une boîte pour le fromage. Une bouteille d'huile – extra-vierge, *of course* – et un bougeoir. À la fenêtre en haut est accrochée une cage en bois pour un oiseau chanteur. Un tapis oriental recouvre une balustrade de pierre sur laquelle est posée une plante. On est brusquement chez soi.

Partout en Italie, on s'agenouille et on rafraîchit ses pieds sur le carrelage des églises. Sur un panneau latéral, le cheval a glissé dans le ravin, l'homme tombe de son échelle, le mur de pierre s'effondre sur le moine. Le petit Jésus ressemble au bébé du voisin, né sans trace d'aucun père. Vilain *bambino* doué d'un pouvoir curieux sur l'oiseau. Ou ici, saint Jérôme, homme d'exception, dans son étude avec la silhouette sombre d'un compagnon, le lion. Puis sa serviette de bains accrochée à un clou, une note épinglée sur son bureau, un petit chat. *Ma maison est la vôtre.*

 Un grand *palazzo* de Cortona a été divisé en treize appartements. La façade Renaissance cache une maison médiévale. Découper et réarranger les couloirs sinueux et les pièces sans vestibule a dû être un cauchemar d'architecte. Nous dînons dans la cuisine de Celia et Vittorio. Ce devait être une salle de séjour. Ils ont trouvé sous le lait de chaux, au long des quatre murs, une scène bucolique peinte il y a deux cents ans. Une clôture de fer en trompe-l'œil isole le spectateur des fleurs et des collines distantes. Nous admirons la vue en trempant nos tranches de fenouil dans l'huile d'olive des parents de Vittorio. « Oh, tous les appartements de cette maison ont des fresques dans chacune des pièces, dit-il, mais la plupart des occupants n'ont pas pris la peine de les restaurer. » Vittorio nous montre dans les chambres les teintes irrésistibles melon et aigue-marine des fresques qu'ils n'ont pas encore entièrement révélées. Comment peuvent-ils attendre ? Je crois que je passerais des nuits, éponge et brosse à dents en main, à dégager la chaux poudreuse. Lorsque nous avons rendu au jour celle de notre salon, nous crûmes presque au miracle. Une fresque ! Nous avons appris par la suite que de vieilles choses apparaissent dès qu'on se met à gratter un mur de Cortona.

 Antonio, qui lui aussi vit dans ce *palazzo*, passe boire un verre de vin. Il nous conduit au mystérieux appartement dans lequel il a grandi. Nous pénétrons dans une grande pièce, puis une autre. Les toiles de sa mère, décédée – portraits et paysages – couvrent les murs. Son piano, ses meubles, ses photographies sur la cheminée, sont restés. Une photo montre Antonio âgé de quatre ans sur les genoux du Père Noël. Quelqu'un, il y a quelques années, a gratté le bas d'un mur, assez pour révéler une partie brune sur une étendue verte, mais qu'est-ce ? Je crois voir la courbure élancée d'une cuisse de cheval. Cette pièce, d'évidence, ne sert à rien. Nous suivons un couloir bas et encombré qui aboutit à une vaste mansarde, d'où la vue fait un tableau de la *piazza* en bas. Antonio me montre la pièce latérale où ses toiles sont amassées. Dans la première se trouve une longue table couverte de croquis et de tubes de peinture pressés. Deux chats zigzaguent, puis se collent l'un à l'autre dans la gigantesque cheminée où l'on est venu se réchauffer depuis le XVIe siècle. Entre-temps, qui a appliqué ses brosses contre les murs et pour y peindre quoi ? Et qui s'est lassé de les voir, décidant que le blanc irait mieux, et a simplement tout recouvert ? Antonio est assis avec ses chats follets près de l'âtre immense. Il boit son café, dessine, part vers les fenêtres regarder la *piazza*.

Il dispose d'autres pièces que nous ne verrons pas, puisqu'il les garde fermées. Sous la peinture et la fumée, j'imagine des scènes de jardin, des Annonciations, des rendez-vous mythologiques, des Europe, châteaux lointains, scènes de la vie des saints. En revanche, Antonio me présente la bordure décorative qu'il a imaginée pour la demeure d'un autre, une maison restaurée aux murs plâtrés de neuf où il dessinera des feuilles d'acanthe parées de traits rouge Pompéi. Dans une centaine d'années, une femme se réveillera un matin, ses yeux suivront le tour du plafond, et elle pensera *non*, elle dira *je veux voir des fleurs* et le travail d'Antonio finira recouvert d'une bordure de rosiers.

Je demande à Antonio s'il peindra avec son amie Flavia une de ses bordures dans la salle de bains que nous sommes sur le point de refaire. J'aime le dessin stylisé de la vague étrusque. Il fait quelques esquisses. Nous choisissons un bleu laiteux, paré de deux traits abricot.

Je me retrouve le lendemain dans le magasin de fournitures graphiques à détailler l'éclatant papier aquarelle, les tubes aux noms délicieux, les épais carnets à croquis et les casiers de crayons de couleur. Quand ma fille était petite, nous avions l'habitude d'installer une table dans le jardin et de peindre toute la matinée. Elle faisait preuve d'un vigoureux sens des couleurs et, déjà à l'époque, voyait grand. Elle peignait d'énormes éléphants violets sur des fonds barbouillés de teintes vives, et des princesses enrubannées de rose. Sous le soleil aux rayons de trait, ses maisons bien carrées accueillaient toujours des gens dans le jardin et des chats aux fenêtres. Et c'est quoi, là, sur le côté ? Un cabriolet jaune. Mes aquarelles étaient roulées et cachées sous le lit. Ma nature morte d'un bol bleu aux oranges resta mort-née. Et les frêles campanules corail sur leur mur de pierre ne rendaient pas l'idée d'un contraste de texture. Mais le plaisir intense de m'asseoir au soleil à regarder ma fille délaver son carmin jusqu'au rose le plus pâle, puis y tremper le fin pinceau et créer quelque chose là où il n'y avait rien – elle avait le trait goulu de la liberté. Je n'étais pas naturellement assez *bonne*.

Je cherche les crayons de pastel, la pile de papier fait main. Le soupçon pressenti à Orvieto se glisse dans le conscient. Je vais me dessiner un *plaisir* d'orchidées violettes surgissant chaque jour, la *upupa*, huppe scandaleuse qui se pose tous les matins dans le noisetier, et les lignes des collines que, depuis mon bureau, je vois se chevaucher comme les plis de verdure d'une jupe de velours. J'ai respiré ces images. Si j'étais capable d'inspirer *profondément* l'art, je tenterais de peindre la *sensation* de tous les oiseaux qui, de matin en matin, plongent dans le cœur de l'aube leurs fabuleux mégahertz.

J'ai toujours aimé ce point où la nature rentre en collision avec le désir de créer. Les mots sont ma forme. Comment faire en sorte que l'odeur humide du laurier-cerise pénètre les murs de la maison ? Sous l'encre du stylo, les touches de l'ordinateur ? L'obscurité où naissent les modulations des oiseaux – mélodies tant enchevêtrées qu'aucune ne s'isole – est si impudiquement accessible à la musique, aux couleurs, aux mots. Chant d'ondulations pures, banc de sable affleuré par l'eau, soleil irrigué de marées. Comment ont-ils appris et pourquoi chantent-ils ? Comment dire, bien que tout soit en jeu lorsque nous ressentons ou créons dans un art, que c'est aussi une joie pour laquelle nous sommes faits ? Comment peindre ou écrire la poussée quotidienne du chant vert des oiseaux ? L'élévation, l'aurore tressée de fil d'argent détourant les collines, noir fondant lentement sur le rose, le bleu opalescent, et le pouls de leurs gorges qui bat toujours plus fort ?

Allongée à moitié endormie, je me demande si je suis morte et si j'ai là ce qui était promis. La douleur restée dans mes jambes après la journée d'hier, passée à ramasser les pierres des parterres de fleurs, me rappelle que je suis toujours mortelle et que simplement la terre vient retrouver ses couleurs de lumière ; son or, puis les oiseaux se détacheront du chœur de leurs aurores pour poursuivre d'arbre en arbre leurs propres mélodies. La création est le phénomène que j'attends.

C'est ainsi chaque jour, l'art se glisse et repart.

JUILLET FOU :
LE BOURDONNEMENT DE L'URNE

Trente et une journées non stop d'invités. Une septième bordée menace d'arriver. Primo Bianchi passe à la maison pour nous annoncer qu'il est prêt à commencer les travaux, et nous appelons ces relations à qui nous avons déjà expliqué que nous ne pourrons peut-être pas les recevoir au milieu de nos restaurations. Pourtant mon ex-collègue insiste : « Oh, mais ça doit être passionnant. De toute façon, on ne vous embêtera pas. » Je le vois rarement à San Francisco et ne me rappelle pas ce que nous avons bien pu nous dire lors d'une séance d'autographes donnée par une amie. C'est à cette occasion qu'il a pensé venir nous voir avec sa compagne.

« J'ai peur que cela soit vraiment impossible. On va démolir les deux salles de bains. Je crois que vous serez vraiment plus à l'aise à l'hôtel. »

Silence à l'autre bout de l'Atlantique. Puis : « Vous n'en avez pas trois, des salles de bains ?

– Si. Mais il faut passer par notre chambre pour accéder à la troisième. » Momentanément interdit, il veut bien que je leur réserve un hôtel.

Quand j'étais étudiante, je rêvais d'une maison jaune dans une rue ombragée. L'endroit, indéfini, aurait pu être Princeton, Gainesville, Palo Alto, Evanston, San Luis

Obispo, Boulder, Chapel Hill – quelque autre ville universitaire où l'on préfère les bicyclettes, où les tomates poussent dans le jardin et où les amis peuvent passer sans s'annoncer au téléphone. Mon bureau aurait été en haut devant une fenêtre d'où j'aurais pu regarder les enfants jouer, et courir au rez-de-chaussée pour surveiller le rôti. J'imaginais des chambres prêtes, couvertes d'une toile de jute bleue, une mansarde avec des lits d'enfants, et une salle à manger au mur de portes-fenêtres. Les amis seraient restés autant qu'ils auraient voulu, leurs enfants se mêlant aux miens autour de la grande table ronde. Un fantasme qui alternait avec celui de vivre seule dans une ville mythique, Paris, San Francisco ou Rome, où je me serais affichée en escarpins, robe noire serrée et lunettes de soleil, un fin cigare au bec dans les cafés où j'aurais composé mes poèmes sur les pages d'un carnet de cuir.

D'année en année, certaines pièces de ce puzzle sont devenues réelles. Mais jamais à ce jour je n'ai pourtant rêvé de plus d'une chambre d'hôtes. Ici il y en a trois, et mon idée de porte ouverte sur une table offerte n'est plus imaginaire.

Ce serait plutôt une porte à tambour. Certains rêves mériteraient parfois des rustines. Cet été, nous avons déjà eu six fois des invités et les lits occupés trente et un jours de suite. Sans répit. Il me faudrait une chaîne d'usine entre ici, la boucherie et la boulangerie de Cortona. Giusi et moi plions les draps, tandis que la machine à laver tourne et détache des heures durant. J'ai instauré un menu fixe pour le déjeuner : *caprese* (tomates, mozzarella, basilic), différentes sortes de jambon et de salami, salade verte, fromages et fruit. « Encore ? dit Ed.

– Ouais ! Personne ne sait que ça fait déjà quatre jours. Et ce soir, on sort, tu es d'accord, j'espère. »

Je suis prête à dessiner des plans pour trouver les magasins d'antiquités de Monte San Savino, ou le tombeau étrusque de la route de Pérouse. Seulement j'entends souvent : « On préfère rester là, vraiment. Ces quatre journées à Rome, ce que c'était fatigant... »

À quel moment ai-je oublié les « je suis contente de vous revoir » pour penser « mon Dieu, et vous, combien de temps allez-vous rester ? » Au bout de dix jours, je crois. Pour Ed, cinq ont sans doute suffi ; il est plus solitaire que moi. Il a besoin de temps pour lui, pour écrire, pour travailler dehors. Un trop-plein de vie sociale sature le disjoncteur et les migraines suivent. Au troisième couple d'hôtes, nous étions fatigués du son de nos propres voix. Au quatrième, nous avons mis le pilote automatique, tendant presque l'index et oubliant de parler. « Autobus bientôt partir pour Sienne », soufflais-je à la porte. Maigre humour. Nous voulions bien être prêts dans la voiture à huit heures du matin à cause de la chaleur. Ed a même fait le plein pour qu'on ne perde pas de temps. Dispos, nous sortons de la douche à sept heures trente, le melon est coupé sur la table et le moka siffle sur la cuisinière. À neuf heures trente, ils dorment encore. Si l'on part vers dix heures, on arrive une heure au plus avant que tout ne ferme en ville pour l'après-midi. Nos invités seront sûrement contrariés par ces coutumes rétro. Le rythme des journées italiennes leur semble impossible à comprendre. « On est en vacances, au diable les horaires. Il n'y a qu'à improviser », dit-il. « Oui, renchérit-elle, d'ailleurs il reste plein d'endroits ouverts pendant la *siesta*. » Non, il n'y en a pas. Je le pense, mais ne dis rien.

Quand ils partirent, je n'étais même plus capable de dire bonjour au chat du voisin, qui vient parfois laper un bol de lait.

« Dix jours, ça serait trop long ? »

« Nous sommes là avec des amis qui parlent de vous sans arrêt. Est-ce qu'on pourrait s'arrêter tous les six, juste pour le déjeuner ? »

« Mon fils est avec son copain de fac et un cousin, ils doivent passer par chez vous et c'est leurs premières vacances en Italie. Je pensais que ça vous ferait plaisir de les voir. »

Ma bouche a du mal à prononcer « non », mais je suis en train d'apprendre. Si je réponds que « je travaille à un projet », j'entends aussitôt : « Mais ne vous inquiétez pas pour nous. On ne vous dérangera pas du tout. On ira se promener pendant que vous écrivez. » Je dis que je suis vraiment navrée, que la maison est pleine aux dates qu'ils annoncent, mais la réplique revient souvent : « Dites-nous quand vous pouvez nous recevoir, et on s'organisera en fonction. »

Bienvenue à vous, Primo, vous ne pouvez savoir à quel point. Nous avons toujours eu envie d'arranger les deux salles de bains d'origine. Comme elles étaient en état de fonctionner, d'autres projets plus utiles ont eu priorité. Nous nous sommes accommodés des lavabos écaillés et des douches capricieuses qui jetaient de l'eau partout. Nous les avons dotées de porte-serviettes en cuivre et de miroirs anciens rapportés d'Arezzo. Consacré notre énergie et nos économies à installer le chauffage central et arranger les fils électriques. Contrairement à ces chantiers monstres, refaire les salles de bains est tout de suite gratifiant.

Pendant que nos premiers invités se couvraient mutuellement de crème à bronzer, nous nous ruions dehors pour choisir les sièges de toilettes et les lampes. À l'arrivée des suivants, nous cherchions les carreaux. Il fallait faire vite ; le bon de commande devait partir d'urgence. Karen et Michael nous disaient au revoir depuis la terrasse du haut où j'avais laissé un saladier de fruits et un pichet de thé glacé à la cannelle pour qu'ils patientent jusqu'à mon retour.

Choisir des carreaux en Italie intimiderait même mes deux sœurs, pourtant habituées à passer des journées entières à examiner tissus, lampes et papiers peints. Les jolies salles d'exposition des fournisseurs sont l'arbre qui cache leurs poussiéreux entrepôts. Si vous ne voyez pas tout de suite ce dont vous avez envie dans leurs salles de bains modèles, leurs douches de navettes spatiales et leurs jacuzzis surchargés de gadgets, vous êtes voué à vous débrouiller tout seul dans le *magazzino* au milieu des rangées. Piles et cartons de dalles aux teintes rose miel, élégants carreaux de calcaire, mille versions peintes main en bleu et blanc avec fleurs et oiseaux, couleurs primaires bien lisses, et – oh non ! – les mêmes papillons bleus et roses que nous voulons exorciser. J'ai compris tout de suite que je préférais les carreaux aux surfaces imparfaites, portant le cachet d'un producteur, et les dessins traditionnels. La variété de dalles en marbre et en pierre naturelle est étourdissante. Pour la première fois de ma vie, j'ai cru être incapable d'un choix. Quand nous avons construit la première salle de bains, je savais ce que je voulais – de grands carreaux de marbre – et, bienheureuse, n'ai pas cherché plus loin.

Nous avons décidé d'affiner nos idées et de revenir quelques jours plus tard. De retour à Bramasole, nous avons trouvé Karen et Michael luisant immaculés dans leurs habits neufs de voyage. Ed et moi étions couverts de la poussière des entrepôts et mes allergies se réveillaient. Mais – le déjeuner dans cinq minutes ! Puis, l'après-midi, musée étrusque, Cortona ville haute et ses petites églises, le monastère où le lit étroit de saint François est encore exposé.

« *La dolce vita* », disent-ils, adossés tranquillement à siroter une *grappa* toute la soirée, tandis que je regarde la vaisselle sale entassée à la cuisine. « Hmm, je crois que je vais monter ; ce qu'on se détend ici. Vous avez *vraiment* de la chance, vous deux – de n'avoir rien à faire de vos journées au milieu de toute cette beauté. » Les charmants invités se traînent en haut, sans remarquer que nous remontons nos manches, Ed et moi, pour de nouveaux faits d'armes entre graisses et détergents. Puis, au-dessus de nos têtes, pendant que nous grattons et balayons, un lit se met à cogner en rythme contre le mur.

Le temps qu'ils s'en aillent, et nous avons changé d'avis pour les carreaux. Enfin nous pouvons passer une matinée entière à regarder ce que nous voulons, sans nous soucier de rentrer vite pour donner à manger à deux affamés. Pour la plus vieille salle de bains de la maison, celle que ma fille appelle *il brutto*, l'affreuse, nous choisissons un carrelage de pierre naturelle, rose, et la même variété, mais crème, pour les bordures. Pour l'autre, et ses papillons de cauchemar, nous décidons de prendre des carreaux siciliens faits main, blancs sous un motif bleu et jaune.

Le rêve de la maison jaune ne s'est pas effacé. J'adore recevoir ici nos amis et familles. En cette terre étrangère, nos relations dessinent d'autres perspectives, capables d'élever et d'enrichir les liens existants. Les bons amis trouvent leur place tout de suite, aiment partir à pied au marché pour ramener les fraises. Ils reviennent avec des idées de dîner et partagent le plaisir de frire les fleurs de courgettes et de glacer le *sorbetto* au melon. Ils sont prêts à rechercher la voie romaine dont on nous a parlé, à préparer le café, même désherber le carré d'asperges. Le mauvais hôte pourrait être n'importe où ; alors que son opposé semble savoir que chaque endroit est unique, s'en remet au rythme propre du lieu qu'il laisse agir sur lui.

Toni et Shotsy viennent d'arriver de San Francisco avec une liste de choses qu'ils ont envie de voir ; certaines nous sont inconnues. Ils sont conquis, le premier soir, en remarquant les lucioles qui ponctuent l'allée. Le simple fait d'aller en ville ensemble paraît une nouvelle aventure. Nous longeons San Francesco, sans cesse fermée à cause des travaux. Shotsy aperçoit un prêtre devant une porte latérale et lui demande si nous pouvons jeter un coup d'œil à l'intérieur. Il semble se réjouir de notre intérêt. Une tache lie-de-vin lui couvre la moitié du visage. Son regard est direct, sa tête balance au rythme de ses pas, sa robe noire ramasse des moutons de poussière. Nous passons une heure à visiter l'église sombre et voûtée dont l'architecture au départ dépouillée a été habillée de baroque. Le prêtre nous conduit ensuite dans une pièce aux placards fermés. Il veut nous révéler quelque chose d'unique, mais commence par nous montrer des crânes de martyrs romains, condamnés à l'âge d'onze ou douze ans. Les étagères sont couvertes d'os et de mèches de cheveux. Il saisit respectueusement un morceau d'étoffe. « Le dernier châle de Santa Margherita, une relique rare et précieuse. » Il nous présente ensuite une pièce d'un vêtement de San Francesco. L'église, qui porte son nom, fut construite par frère Elie, dont on sait peu de chose sinon qu'il est venu plusieurs fois en ermite dans les collines au-dessus de chez nous. Le prêtre nous serre la main et dit : « J'irai certainement en enfer, mais vous serez tous au paradis. »

Près de la piazza San Cristoforo, un homme en train de cueillir des cerises sur un arbre nous lance : « *Buon giorno* » et nous en jette quelques-unes. Tout cela et il n'est pas encore dix heures. Toni et Shotsy s'en vont pour la journée et reviennent avec plein d'histoires à raconter. Nous serons tristes de les voir partir.

Mes deux sœurs m'ont accompagnée ici deux semaines au début de l'été dernier, pendant que Ed terminait son trimestre de cours. Du fait que notre mère réside dans une maison de retraite depuis bien des années, nous nous retrouvons souvent lorsqu'elle rechute de quelque chose, qu'il y a soudain urgence, ou simplement lors de visites régulières. Pour la première fois depuis longtemps, nous avons parlé de tout sauf d'elle. Nous avons sillonné la Toscane, cuit des pâtes et travaillé au jardin. Clientes semi-professionnelles, elles ont découvert à Florence des boutiques dont je n'aurais jamais soupçonné l'existence. Notre tante Hazel venait de décéder en nous laissant à chacune un petit héritage. Nous avons décidé d'en faire des folies. Après tout, jamais nous n'aurions cru à cette bonne fortune. En tout cas pas moi. Le moindre petit égoïsme lorsque j'étais petite se voyait commenté d'un : « Tu ne veux pas finir comme ta tante Hazel, dis-moi ? » Quand ma grand-mère mourut, Hazel était trop bouleversée pour aller aux obsèques. Nous avons découvert, en revenant, qu'elle avait chargé dans sa voiture les plus belles affaires de Mother Mayes. En raison d'un autre souvenir douloureux qui n'a pas de place ici, je ne lui avais plus parlé depuis l'université.

Nous avons mangé avec mes sœurs dans les meilleurs restaurants, terminant chaque repas d'un : « Merci, Hazel. Qu'est-ce que c'était bon ! » Nos sentiments envers elle sont devenus plus amicaux. Nous avons acheté chaussures et foulards par tiroirs entiers, quittant chaque magasin sur un nouveau : « Hazel, c'est vraiment trop gentil. » Certes, je ne l'aimais pas, mais son dernier geste a réveillé en moi une croyance bien enracinée dans ma famille, un vieux réflexe, *nous sommes unis par les liens du sang*, et un pardon tardif a commencé à prendre forme.

Nous nous sommes trouvées un jour dans les entrailles d'une bâtisse médiévale de Florence, où l'on nous montrait des pièces entières de sacs à main de marque et de bijoux. Mes sœurs, épatées par les prix, se mirent à choisir des choses

– bracelets en or, portefeuilles, sacs d'été. Je me rendis brusquement compte qu'il s'agissait de marchandises volées, mais ne pus rien dire car la *signora* qui nous avait entraînées ici depuis son magasin comprenait suffisamment l'anglais. Je n'avais plus qu'à espérer que tout soit terminé avant l'arrivée des *carabinieri*. Nous partîmes avec nos authentiques Gucci et Chanel, que mes sœurs connaissaient bien. « Une chance qu'on ne nous ait pas arrêtées », leur ai-je appris dans le taxi. Curieusement, elles payèrent avec des chèques que personne n'a jamais encaissés. Il suffit d'une phrase en l'air pour nous catapulter de nouveau en terre familiale. Nous prenions le petit déjeuner dans la cour de l'hôtel à la fraîche fontaine, où l'on nous servit un melon parfait. Laquelle d'entre nous lança : « Maman adorerait ça » ? Soulagement profond de nous retrouver sur de nouvelles bases. Depuis, lorsque nous nous expédions des cadeaux, nous écrivons sur une petite carte : *Love, Hazel.*

Salles de bains. Si aimées des Romains. On n'a jamais fait mieux que ces bains aux mosaïques noires et blanches, figurant dauphins et autres créatures stylisées des eaux. Malheureusement ces joyeux motifs n'exercèrent aucune influence sur les concepteurs initiaux des salles de bains de Bramasole. Plus tôt dans notre épopée, nous avons constaté, en sus de leur laideur, que notre système d'égout – l'unique fosse septique – était inadéquat dès lors que de nombreuses personnes séjournaient à la maison. Des miasmes délétères montaient des canalisations en même temps que les scorpions. Nous avons lu toute une documentation sur la gestion domestique des eaux, celle des ordures à la campagne, fait des photocopies de différentes cuves septiques. Après plusieurs heures passées à creuser derrière la maison, Primo découvrit que la douche se déversait directement dans la cuve – une absurdité écologique. D'autres excavations montrèrent que les trois douches, les éviers et les lavabos évacuaient leurs centaines de litres au même endroit, avec pour conséquence de pousser au-dehors toutes les sortes d'ordure sans qu'aucune purification biologique n'ait le temps d'avoir lieu. Nous polluons nos propres terres. Du moins le pensons-nous, d'après nos lectures. « C'est comme ça qu'on fait, nous assurèrent les plombiers. Votre système est valable. » Cela n'est pas notre avis. Nous avons insisté auprès de Primo pour qu'il installe quelque chose de mieux. Nous voulons que l'eau des douches et des éviers n'aboutisse plus dans la cuve. Et nous voulons que cette dernière soit dotée de longs tuyaux, avec des fosses supplémentaires en aval, garnies de roches pour filtrer à nouveau.

Quand Primo et ses hommes nous rejoignent, nous sortons avec eux pour régler le plan d'attaque. Nous avons passé avec Ed des journées de dix heures à décaper les sols, d'autres journées de dix heures à dénuder les portes, mais confronter celui qu'on aime au-dessus de la fosse ouverte constitue sans doute un genre ultime de test sentimental. Primo veut nous expliquer le principe des compartiments. Comment l'eau est purifiée et par où elle ressort. Il insiste : « Cette cuve est OK, il faut juste une nouvelle section à l'intérieur. Regardez, ici *acqua nera* », et il montre le tuyau qui vient d'une salle de bains. Puis il gratte le sable autour du couvercle de la cuve et l'ouvre en faisant levier. Je recule en lâchant un hoquet. C'est trop. Je veux bien être n'importe où, mais pas là. Primo poursuit, impavide : « *Acqua chiara* sort là. » Eau noire qui rentre, eau propre qui sort. Mais tout a l'air *nera*. Primo sautille avec l'allégresse d'un chat sur la table du dîner. Ed a aussi reculé, une main sur le nez. « Ici, ensuite là, et puis dehors. Toute propre. » Soudain Primo étouffe un haut-le-cœur en glissant le couvercle à sa place et bondit sur le côté. Ensemble, nous éclatons de rire et partons en courant.

À moins d'utiliser un treuil au-dessus de la terrasse, la colline trop abrupte rend impossible la livraison d'une immense cuve pour remplacer la première. C'est pourquoi Primo recommande de lui adjoindre une seconde qui sera, elle, installée vers la Tonnelle au Limettier. Il hausse les épaules en hochant la tête. « Assez grande pour une maison en ville. Un hôpital. Appelez le chariot à sucre ; dites-lui de venir aujourd'hui. »

Il part chercher le matériel. Les hommes montent à l'étage, pour s'occuper d'abord de la petite salle de bains qui est vite démolie. Franco et Emilio – comment arrivent-ils à tenir à deux là-dedans ? – charrient les vieux carreaux seau après seau. Je me demande comment il a fait pour ne pas ratatiner son Ape, toutefois Primo a reculé tout doucement le long de la haie de buis avec l'immense cuve septique en ciment qu'il faudra enterrer. Puis ils chargent une vieille cuvette de w.-c. dans l'Ape. Zeno, l'un des Polonais, commence à creuser une tranchée, tandis que Ed amasse la pierraille sur la pile, assez haute maintenant pour construire une petite maison.

Le « chariot » klaxonne plus bas sur la route. En regardant par la fenêtre, j'aperçois un tracteur en train de tirer une cuve rouillée, et un homme faire de grands signes. Ed court dehors. Le conducteur lui envoie une corde attachée à un tuyau que Ed se met à tirer. Laissant son tracteur sur la route, Secondo le suit. Ses cheveux sont des soies de coton, sa démarche est rapide. Il salue Ed comme un vieil ami. Je pars jeter un coup d'œil aux entrailles, si l'on peut dire, du système, ce après quoi je ne veux plus rien voir. J'entends des bruits de succion, de bourbier et, peu après, Ed sous la douche. Il rit. « Qu'est-ce qu'il y a de drôle ?

– C'était incroyable. C'est que, en fait, je ne me serais jamais vu faire ça. À courir dans tous les sens pour faire sortir la merde de cette cuve. Tout est parfaitement propre, rincé. Ce type est vraiment sympa, Secondo – il a voulu voir les oliviers. Il m'a dit qu'il enverrait son fils pour retourner les terrasses. »

Si j'ai bien des difficultés à écrire, à apprendre l'italien, même à lire lorsque des amis sont là, je n'ai aucun mal pendant les travaux. Les hommes de Primo sont tout à leur tâche, et j'en fais autant. Comme Ed. Il se lève deux heures avant l'arrivée des ouvriers, pour écrire, comme il aime, au petit jour. Les poèmes sur lesquels il travaille en ce moment commencent chacun avec un mot italien qui souvent signifie également quelque chose en anglais. Comme *ago*, l'aiguille, ou *dove**. L'étude de l'italien lui offre le grand plaisir d'en truffer ses écrits. Il se plonge des heures dans l'étymologie.

Je commence chaque journée par une promenade en ville. Mon rituel veut que je prenne un cappuccino dans un bar où la télévision hurle *Wonder Woman* doublé en italien. Hilarante, elle accompagne parfaitement les nouvelles. La une d'hier était « Un lézard dans une boîte d'épinards surgelés ». Un homme très petit à la tête de griffon vient aussi chaque matin. Au lieu de demander un *caffè macchiato*, café « sali » de lait, c'est-à-dire une noisette, il dit à chaque fois : « *Macchiame, Maria* » – salis-moi, Maria. Elle ne moufte pas.

Quand les hommes arrivent à huit heures, Ed a fini d'écrire pour la journée. Il émerge en bottes et en short, prêt à attaquer les broussailles de la plus haute terrasse, mais change d'avis et part enlever les mauvaises herbes dans le verger. L'*orto* est soudain tout à nous. Anselmo est à l'hôpital avec une pneumonie – en plein juillet. Il appelle avec son *telefonino* pour nous rappeler d'arroser le matin, d'arracher toutes les pommes de terre et de les laisser sécher deux jours sur une seule file avant de les ranger dans l'obscurité.

Nous lui apportons des fleurs et le trouvons dans une salle déprimante avec sept autres hommes chacun dans un lit en fer. Il est assis, en peignoir, au bord du sien. Lui toujours plein d'idées, de conseils et de bons mots, le voilà soudain frêle et vulnérable, son ventre nu saillant sous la ceinture. Il pose mille questions à propos de l'*orto*. Combien de melons ? Avons-nous ramassé les courgettes chaque jour ? Nous savons ce qu'il pense : que nous n'arrosons ni ne coupons les laitues comme il faut. Nous installons nos bégonias jaunes près du lit. En partant, nous l'entendons au téléphone : « Écoutez, l'appartement sur la route de Dogana, je peux vous l'avoir la semaine prochaine... »

Les hommes de Primo sont des *muratori*, des maçons. Surprise de les voir poser les tuyaux. Nous pensions que la tâche incomberait aux plombiers. Au moment d'installer les fils et l'éclairage, Mario et Ettore, plombiers/électriciens, font

---

* *Four years ago* : il y a quatre ans. *Dove* : la colombe.

leur entrée. Le genre à peine vu, à peine disparu, ils sont d'une efficacité et d'une rapidité incroyables. Mario parle fort ; Ettore ne dit rien. Ils courent, leurs mains savent tout faire. *Bravissimi.*
« *Squilla il telefono* », dit Mario par la fenêtre. Il a la plus grosse voix de tout l'univers. *Squillare* – sonner, crisser, couiner, comme toujours le téléphone. Paolo a de mauvaises nouvelles. « Les carreaux de Sicile, si bien choisis, vraiment le vendeur était charmé de voir des gens assez raffinés pour en vouloir d'aussi beaux, malheureusement les carreaux ont eu un accident, à savoir que le camion est sorti de la route et que, en quelque sorte, il est tombé dans la mer. Le chauffeur n'a rien, mais les carreaux... »
Il me faut une minute pour comprendre quelque chose. « Vous voulez dire que mes carreaux sont dans l'eau ?
– *Sì, mi dispiace ; è vero.* » Oui, il est navré, mais c'est comme ça. C'est tellement incroyable que nous éclatons de rire. Et les petits poissons pointent leur nez sur mes caisses ? Le camion renversé, ensablé. « Il faut tout recommencer. Et c'est bientôt les vacances, le mois d'août. Personne pour faire d'autres carreaux. »
Des amis très proches arrivent bientôt. Au mauvais moment, mais ceux-là sont toujours bienvenus. J'espère qu'ils sauront s'accommoder d'un léger chaos. Nous fonçons chez Paolo et attendons qu'il ait fini de hurler au téléphone à propos des carreaux. On croirait qu'il parle à quelqu'un sur Mars. Il raccroche brutalement. « Ils ne promettent rien, mais ils font de leur mieux pour qu'on les ait à temps.
– Si on ne les a pas d'ici deux semaines, on ne pourra jamais finir cette année.
– *Boh.* » Paolo se lance dans une série de gestes « qu'est-ce qu'on peut y faire ». « Les Siciliens », explique-t-il.
Par chance, les hommes n'ont pas encore tout cassé dans la salle de bains papillons. En guise de compensation, Paolo nous montre son camion, tout chargé des pièces que nous avons commandées pour les salles de bains, et nos deux caisses de robinets. Nous partons faire les courses. Nous voulons préparer des raviolis fourrés au magret avec une sauce aux olives, pour nos amis Sheila et Rob de Washington.

Rentrés à la maison, nous les trouvons qui nous attendent avec six bouteilles de brunello alignées sur le mur pour nous souhaiter la bienvenue, et, au milieu du jardin, deux sièges de toilettes, deux lavabos, une baignoire, un carré de douche et une pile de caisses, haute d'un mètre vingt. On a descendu le sabot tout ébréché d'*il brutto* et quelqu'un y a mis une grosse tortue. Elle s'obstine à grimper les parois pour retomber en bas à chaque fois. Ses pattes folles glissent sur la porcelaine. Je sais ce qu'elle ressent. Nous entendons, en direction de la Tonnelle au Limettier, le son manifeste des pelles qui s'abattent sur la pierre et les voix de Franco et Emilio se lancer dans leurs litanies de *porca madonna, madonna serpente, miseria,* etc. On les croirait en train de creuser une tombe pour un léviathan. Ils sont enfoncés jusqu'à la taille. La tranchée de Zeno doit se poursuivre sur des kilomètres. Ed pose la tortue dans le carré de fraises, Sheila et moi écossons les pois, et Rob met un CD des Righteous Brothers en forçant le volume sur *Unchained Melody*. Les hommes allument un réchaud de camping pour réchauffer les pâtes qu'ils ont apportées pour le déjeuner. Zeno rince ses jambes sales au jet d'eau. Je suis absolument heureuse. Nous nous asseyons au soleil sur l'une des murettes. Notre voisin Placido crie de l'autre côté de la route : « Edward, Frances, j'ai trouvé un autre nom pour votre maison. Vous devriez l'appeler Villa delle Farfalle (Maison des Papillons), parce que c'est *un miràcolo* qu'il y en ait tant sur la lavande partout. Des poignées de confetti ! Carnaval tous les jours ! » Les guêpes ont élu domicile dans la vieille urne de terra-cotta près de moi. Il lui manque une anse – cimentée depuis des lunes dans le mur pour que le vent ne l'emporte pas. Les guêpes affairées quittent la petite ouverture comme les hélicoptères s'élèvent en biais des pistes. Rob débouche un brunello. J'entends l'urne bourdonner. Rob sert le vin en nous racontant comment il a fait deux fois de suite, à Rome, le tour du périphérique. Ed le poète dit vérité à mes sens : *Tu n'aimes pas ça ? Cette urne est comme notre maison.* Il joint mes mains devant mon oreille pour que je l'entende mieux bourdonner.

Cynthia, une amie anglaise qui vit en Toscane depuis quarante ans, nous a invités à dîner le soir où Sheila et Bob, les derniers hôtes de la saison, sont partis. J'aurai encore à m'occuper de l'arrivée de mon ancien collègue, qui sera dans son hôtel la semaine prochaine. Avec les travaux, il y a une telle poussière dans la maison qu'elle se dépose sur nos cils et entre nos orteils. Pas de nouvelles des carreaux siciliens mais, pour le reste, les choses avancent sans problème.
Nous trouvons d'autres *stranieri*, tous anglais, à la table des amis. Ed admet que, nos invités s'étant succédé sans répit, nous n'avons eu personne à dîner depuis un moment et une conversation animée s'engage aussitôt. « Il n'y a que deux sortes d'invités : les merveilleux et les affreux. Les seconds sont les plus nombreux. Vous connaissez le proverbe qui dit que c'est comme le poisson, qu'on ne peut pas les garder plus de trois jours ? On le retrouve dans toutes les langues, de la Sibérie aux îles du Pacifique. » Max reçoit toujours du monde.
Il se trouve que Cynthia nous sert un grand poisson, décoré d'olives émincées en guise d'écailles. « Je ne vous ai pas dit que mon beau-frère est venu avec deux enfants enrhumés – et sa voiture était en panne. Il a posé sa valise immonde sur le dessus de lit blanc et a fait aussitôt une pile de leurs sous-vêtements sales. Ça faisait quinze ans que je ne l'avais pas vu. Sur les dix jours qu'il est resté, il n'a pas apporté la moindre fleur, ni une bouteille de vin, même un bout de fromage. J'attends toujours qu'il écrive pour me remercier. Il a laissé un billet de cent mille lires [environ soixante dollars] dans le frigo avec un mot qui disait : "pour la nourriture". C'est limite supérieure, non ? On n'aura jamais fait mieux. » Ses yeux lancent des éclairs. « Et moi qui avais peur d'avoir mal jugé ce pauvre garçon pendant des années. » Cynthia tranche la tête du poisson et l'écarte sur le plat.
Son ami Quinton, auteur de livres à suspense, sert le vin : « Je n'héberge jamais personne. Ça me perturbe trop.
– Ce n'est que justice, après tout, fait Peter, lui aussi anglais. J'ai reçu des amis qui sont venus par le train et je suis allé les chercher à celui qui arrivait à Florence à une heure cinq. Ils n'étaient pas là. J'ai attendu le suivant, à deux heures qua-

torze. Je suis parti. Tout ça pour qu'à quatre heures, et pas contents en plus, ils m'appellent de la gare. »

J'abonde : « Moi j'en ai eu une qui avait conservé tous les petits pots de confiture, bonnets de douche et chiffons à chaussures des hôtels où elle est passée. Elle les a emballés et m'en a fait cadeau. Quelques-uns des petits pots étaient déjà ouverts avec du beurre sur la capsule.

– C'est quand même gentil, intervient Cynthia.

– Foutaise, rit Quinton. Ils ne feraient jamais ça chez eux. »

J'ajoute : « Bien sûr, elle a gardé les petits savons.

– Quelque chose se défait chez les gens quand ils quittent leur pays, dit Ed. Comme si les mots *On part en Italie* devenaient une libération. Et qu'on leur devait tout du fait qu'on se trouve miraculeusement avec eux en terre étrangère. »

Quinton renchérit : « Oui, on est les bons scouts qui gardent le feu au camp, et eux sont les aventuriers qui arrivent à bon port.

– Vous pouvez être en travaux jusqu'au cou, ça n'a pas d'importance. En Italie, tout le monde est en vacances, point à la ligne. » Peter regarde sa montre : « Tiens, au fait, j'ai un vieil ami qui arrive demain. »

Placido, notre voisin, passe nous voir pour demander si nous sommes intéressés par l'eau municipale. Nous pourrions partager le coût du raccordement depuis Torreone. Déjà au milieu de l'été, il ne lui reste plus beaucoup d'eau et il ne veut pas renoncer à sa nouvelle pelouse. Nous avions étudié cette possibilité en arrivant ici, pour conclure que le coût en était extravagant. Anselmo a fait creuser un nouveau puits pour nous, profond de quatre-vingt-dix mètres, en assurant qu'il ne tarirait jamais. Mais Placido est un ami ; le prix qu'on nous avait annoncé est aujourd'hui divisé par quatre. Cela semble un service de bon voisinage et, en cas de vraie sécheresse, nous serions protégés. Pourquoi pas ? On peut toujours faire tirer une dérivation, la garder bouchée et ne s'en servir qu'en cas de besoin. Il se trouve justement une tranchée bientôt prête dans le jardin.

D'un jour à l'autre, voici qu'un autre projet monstre vient

doubler le premier. Une énorme pelle mécanique noire creuse une saignée depuis Torreone, distante d'un kilomètre, jusqu'à notre maison. Elle passe la journée entière à remuer la terre qu'elle repose en tas le long de la route. Des hommes au torse nu posent les canalisations en criant. La chaleur s'est abattue sur nous comme l'haleine brûlante d'un lévrier gagnant. Nos ouvriers charrient les décombres, creusent et taillent dans la roche. Le souvenir revient des couches de pierre qu'ils ont arrachées du salon il y a deux ans ; une chance qu'aujourd'hui ils ne s'en prennent qu'à la bonne rocaille du flanc de la colline. Le trou de la nouvelle cuve est assez grand pour ensevelir une Fiat 500. Les quatre hommes ont enroulé des cordes autour de la cuve qu'ils installent près de l'orifice et basculent dans celui-ci en contrôlant la chute. Cela fait, connecter les tuyaux ne prend qu'un instant. Les canalisations sont toutes couchées ensemble dans la tranchée de Zeno. Les hommes sont sur le point de fondre. Les tuyaux de la nouvelle cuve et de l'eau municipale partent déjà de la maison. Les électriciens posent des fourreaux pour des câbles supplémentaires, au cas où nous aurions besoin de courant plus loin dans le jardin. Enfin d'autres fourreaux sont installés pour nous raccorder au gaz, ce qui nous permettra de retirer l'énorme réservoir vert de la *limonaia* et d'en restituer tout l'espace aux citronniers.

Après trois jours passés à creuser le long de la route, la pelle mécanique arrive à notre niveau. Elle griffe un chemin dans la colline et la dérivation vient nicher elle aussi dans la tranchée. Nous regardons tout cela, stupéfaits. Quand aurions-nous imaginé creuser une saignée de huit cents mètres ?

Anselmo est revenu aujourd'hui. La peau pâle sous son béret rouge, il grimpe avec précaution vers les terrasses, tout en évaluant les dommages causés à son *orto*. Nous n'avons pas guidé les mailles des melons, maintenant tout enchevêtrées. Nous n'avons pas élagué comme il aurait fallu les branches latérales des tomates. D'évidence, les carottes n'ont pas eu assez d'eau, puisque la terre est dure comme l'os, ce qui ralentit leur croissance. Je fais la bonne élève, hoche la tête et pose des questions. Nous devons bien finir par recon-

naître qu'Anselmo a toujours raison. Il fouille du bout de sa canne dans les herbes indésirables des plants d'artichauts, échardonne le reste. Il pense comme Primo – quelle idée folle d'avoir installé entièrement une deuxième fosse septique, et bien sûr l'écoulement aurait dû se faire ailleurs.
Neuf hommes sont ici au travail. Notre tutrice Amalia vient nous donner notre leçon d'italien, puisqu'il nous est impossible de quitter la maison. Remarque gratifiante de sa part lorsqu'elle se penche au balcon pour écouter les ouvriers parler : « Je ne sais pas comment vous vous en sortez. Je ne comprends pas la moitié de ce qu'ils disent. Est-ce que vous vous rendez compte qu'on parle ici quatre dialectes différents ? » Entre-temps, le plâtre sèche dans la petite salle de bains. L'éclairage mural et la baignoire sont en place. Le carreleur de Primo arrive demain.

Le jardin de juillet est une gloire. Tout ce que nous avons planté se transforme en idéal. Vita Sackville-West parlait de son jardin en « pleine foison ». Le nôtre est lui aussi abondant, généreux. Seuls les dahlias ont l'air de se languir. De petites taches poudreuses d'oïdium maculent leurs feuilles et les fleurs pourrissent avant de s'ouvrir. Tout le reste a poussé, jailli, grandi, et fleurit avec exubérance. De la fenêtre en haut, j'examine le tout en pensant à Humphrey Repton, à qui plairait peut-être ce mariage d'Italie et de formes anglaises. Les pots de géraniums eux-mêmes, débordant sur chacune des murettes, ont leur petite touche à la Humphrey. J'ai planté un volubilis à chaque extrémité. Leurs tiges retombent au bas des murs, s'enroulent autour des lampadaires ou rampent le long des pierres. Ces belles-de-jour ouvrent leurs pétales blanc pur aux soleils des matins. J'ai trouvé une vieille statue de pierre d'une femme portant une gerbe de blé. Clin d'œil aux ornements traditionnels des jardins italiens, elle s'élève au milieu des bacs d'hortensias. Le *fabbro* d'Ossaia est en train de forger les arceaux de la pergola de vigne vierge à l'entrée de la Promenade au Lac. Nous cherchons toujours un moyen de mettre l'eau en scène – un bassin, une fontaine ? Dans un magasin d'antiquités de l'Ombrie, j'ai repéré un vieux banc de métal aux courbures rouillées, entassé contre une clôture au milieu de lits et portails de fer tout aussi abîmés. Quand nous avons demandé le prix, le patron se montra parfaitement abasourdi : jamais il n'aurait pensé vendre une telle épave. Nous sommes revenus de montagnes en collines, avec notre trouvaille attachée sur le toit. Un bras par la fenêtre, je gardais une main sur l'un des pieds : si le banc se mettait à glisser, au moins pouvions-nous nous arrêter.

Œuvre d'Anselmo, les citronniers en pots sont purement italiens. Il les a façonnés sur des tiges de bambou dont ils suivent les formes. « Cueillez-le, cueillez-les », nous presse-t-il. Mais j'attends, j'aime tant voir les fruits jaunes se cacher sous les feuilles. Après leurs folies initiales, les deux Mermaid se sont calmées et projettent des fleurs jaune crème. Chacune des Sally Holmes que nous avons plantées entre les pieds de lavande, majorettes qu'elles sont, nous offre constamment de grandes brassées de pompons. Elles ont fini par étouffer les autres roses aux teintes surannées, sœurs décadentes toutefois. Ed déniche une photo du jardin à l'abandon des premiers jours de la maison, puis une autre du deuxième ou troisième été, lorsqu'il n'était plus qu'une étendue de poussière vide sous les haies de buis. Si j'avais eu alors un semblant d'idée de ce que nous saurions faire, mes nuits d'anxiété, yeux ouverts, auraient été moins nombreuses. J'aime autant les formes nouvelles de ce jardin que les murs restaurés au-dedans. C'est par ces bandes de verdures et de fleurs que la maison s'harmonise avec la nature. Plus loin, les oliviers et les vignes bien entretenus, les cyprès et lavandes expriment un lien moins fort. Puis les arbustes et les genêts, les asperges et les églantiers vivent leur vie sauvage. J'aime l'espace qui réunit et sépare ce jeu de relations, les croisements de la maison et du monde qui l'entoure. « Chaque olivier a son histoire, affirme Anselmo. »

– Les rosiers également. Leurs fleurs me parlent sans cesse », dis-je pour plaisanter.

Mais il s'en fiche, des roses. « *Ma* », répond-il en repartant vers l'*orto*.

Les dalles de douze centimètres de côté semblent avoir toujours appartenu à *il brutto*. Partis, les carrés de béton noir et gris. Le vieil évier était encastré dans le mur de pierre. Le creux resté par-dessus témoigne de la taille du premier propriétaire. Même moi, avec mon mètre soixante, je devais me baisser pour me voir dans la glace. Primo a élevé la petite alcôve dont le bord supérieur dessine maintenant un arc de cercle, et j'ai trouvé un vieux miroir tacheté qui y trouve parfaitement sa place. Ce seul petit changement suffit à m'ôter l'impression de vivre tout étriquée dans une maison de poupée. Antonio nous rend visite avec son amie Flavia. Si les encadrements sont les petits pains de leur commerce, ils aiment surtout les ornements décoratifs et les peintures de finition. Ils ont dessiné une maquette de la vague étrusque marine qui bordera les plafonds. Nous prenons le thé dehors et essayons diverses teintes pour obtenir le bleu laiteux souhaité, et le rose profond superposé. C'est Flavia qui devrait être peinte, avec ses yeux bruns expressifs et sa peau d'amande. Elle noue ses longs cheveux sur sa tête et les couvre d'un foulard, pour ressembler chaque jour plus à la madone prête à partir sur l'âne pour son long voyage. Une soie s'obstine à se détacher du pinceau et dériver dans le bleu. Antonio n'a rien d'un Joseph. Trop drôle, trop ironique. Après un débat enfiévré sur les proportions, nos amis élaborent un stencil en plastique de la vague. Le travail va aller vite. Ils impriment les contours à l'aide du stencil et peignent ensuite l'intérieur à la main. Nous avons conservé la fenêtre originale de bois et son large rebord extérieur où des grives sont venues couver en juin. Nous avons installé une baignoire sabot de la même taille que la première, qui devait être remplacée. « Mais qui achèterait ça ? » répondit Paolo comme une fin de non-recevoir, quand nous lui avons demandé si on en fabriquait toujours. « Eh bien, moi. Ça fait partie de la maison, je trouve. »

Antonio revient me chercher toutes les trois minutes. « Ça vous plaît ? Je veux dire, réellement ? » Lorsqu'il allume une cigarette, Flavia et moi repoussons d'un geste outré la fumée qui plane devant nous. Il écrase l'ennemie sur une boîte de peinture.

« Oui, ça me plaît. Vous allez peindre toutes les pièces ? »
Je monte et ouvre la porte, juste pour regarder. Puis sur le papier : « Dear Ashley, *il brutto* est devenu *il carino*, la chérie. La plus petite salle de bains du monde a ses sels mimosa, d'épaisses serviettes américaines, du savon à la tubéreuse, et un nid déserté sur le bord de la fenêtre. Quand viens-tu prendre un bain ? » Ashley est si fine qu'elle se glisse sans encombre dans le minuscule sabot.

Tant qu'Antonio est là, je dessine le genre d'étagères que j'aimerais avoir dans la cuisine, sur toute la largeur de la pièce, au-dessus de la saillie de briques où j'ai déjà installé tous mes plats de service. Cela fera une deuxième rangée d'où je pourrai attraper le bon au bon moment. Il prend des mesures, puis nous faisons le tour de la maison jusqu'à ce que je sois sûre d'avoir trouvé la teinte granuleuse qui convient. « *Ecco fatto* », dit-il, c'est comme si c'était fait.

Ce qui ne l'est toujours pas, alors que juillet s'en va, c'est la salle de bains papillons. Le carrelage est en route mais ne sera pas ici avant que les hommes de Primo prennent leurs congés d'août. Comme nous devons partir à la fin de ce mois, nous rangeons toutes les pièces dans la *limonaia*, en laissant assez de place pour les caisses de carreaux. « *Pazienza, signora*, dit Primo, patience. L'année prochaine viendra avec d'autres problèmes. » Zeno referme la tranchée. Les outils sont lavés puis chargés dans l'Ape. Mon collègue n'arrive pas et explique qu'il reviendra lorsqu'il pourra séjourner chez nous. Anselmo suspend des tresses d'oignons et d'ail dans la *cantina*. Antonio installe la belle étagère – certaines choses se font comme par magie. J'étire mes vertèbres éreintées dans notre nouvelle baignoire, et me baptise à l'eau froide qui courra à travers tuyaux, roches et sable, gentiment, proprement, vers la terre.

PERDU TRADUIT

À un stade précoce de l'embryon humain, de minces traces de branchies apparaissent près du cou, souvenirs imprécis d'une ère où, couverts d'écailles, nous parcourions libres les torrents et les mers. Je sens parfois en moi une autre sorte de vestige – celui d'être enfermée dans un langage unique. Des amis polyglottes me garantissent qu'une personnalité neuve émerge avec l'acquisition d'une langue nouvelle. C'est une espérance à combler. J'en aimerais une qui m'offre une chevelure mouvante à balancer de côté aux moments opportuns de la syntaxe, qui s'accommode peut-être de ces verres teintés communs aux Italiens, grâce auxquels on arrive à paraître à la fois sexy *et* intellectuelle. J'aimerais que ma réserve naturelle veuille bien s'envoler lorsque mon aisance orale admettra tous les gestes et rythmes de l'Italie. D'ici là, je sais dire : « As-tu bien fait ta toilette ? » et « Monsieur, vous m'avez insultée ! J'exige des excuses » ; « Je vais finir par faire une dépression nerveuse » ; « Catherine, as-tu vu si le baromètre descend encore ? » ; « Chez nous, on ne fait pas de fête après les obsèques » ; et quantité d'autres savoirs utiles que les livres m'ont enseignés. Ces fragments sont de bien pauvres répliques lorsqu'il s'agit de discuter avec Primo Bianchi des mécanismes complexes d'une *fossa biologica* – traduisez d'instinct – également qualifiée de septique.

Deux fois deux heures chaque semaine, je me présente devant une pièce blanche d'un *palazzo* de Cortona. Je vacille entre appréhension et terreur. En chemin, je croise le mainate qui habite sa cage devant la boutique d'antiquités. « *Ciao* », dit l'oiseau, et je reconnais l'inflexion intacte, mâchonnée, du *ciao* local. Ce sacré perroquet a une meilleure oreille que moi. Amalia m'attend avec une pile de photocopies pleines d'exercices à effectuer en sa présence. Elle voudrait enfin me faire comprendre les différences entre passé simple, imparfait et passé défini. Je crois que cela fonctionne comme cela : je fis du shopping ; je faisais du shopping (mais ce n'est pas fini) ; et j'ai fait du shopping jusqu'à ce que j'en aie marre. Trois immenses fenêtres dominent les toits de Cortona. Nous sommes assises à la longue table, devant un tableau noir. Rien ne peut me distraire de l'immense apprentissage de l'italien. On commence par la « conversation ». À vitesse limitée, soit divisée par deux, Amalia parle clairement d'un film de Benigni, du procès d'un homme politique, de coutumes locales. Nous évoquons les endroits que nous avons vus, et ce que nous avons fait depuis la dernière leçon.

J'hésite, elle me corrige souvent, je ne saisis pas la différence aujourd'hui entre sa façon de prononcer *oggi*, et la mienne. Avec ces plafonds si hauts, tout ce qu'elle dit se pare d'un petit écho, et c'est mon trauma qui grossit. À chaque verbe, j'entends mes bourdes à peine prononcées. Curieux – parfois je comprends tout ce qu'elle dit. Nous discutons peine de mort, raviolis, et mafia. Je me félicite d'une question maligne – peut-être voit-elle que je suis moins bête que je dois en avoir l'air. D'autres fois, il semble que mon cerveau soit un grand *gnoccho* de pomme de terre, ou une boule de *mozzarella di bufala*, et je ne saisis pas la moitié de rien. Ou, pire, je décroche. Elle pourrait parler hollandais. En sous-titres par-dessous le doublage. J'ai envie de pleurer en me précipitant dehors.

Bon, quand même, entreprendre une nouvelle langue est une sacrée rigolade. Si j'attends à la banque qu'ils terminent une transaction, ou que je m'assois devant la station-service le temps qu'on lave la voiture, je sors ma liste de participes passés. Pendant le *riposo* de l'après-midi, je ferme quelquefois les volets et j'écoute des conversations préenregistrées. Je choisis plutôt celles qui parlent de cuisine. En pleine chaleur, pendant que les cigales sortent leurs batteries dehors, je travaille par le menu le mode d'emploi détaillé des beignets de riz et de la soupe aux cerises. Tendre l'oreille est une grâce, et je commence à croire que, dans une autre vie, j'étais déjà italienne ; au fond de moi je connais cette langue. Dans son excellent roman sur la Deuxième Guerre mondiale, *The Gallery*, John Horne Burns touchait quelque chose de près lorsqu'il écrivait : « L'italien se comprend vite, car sa musique exprime ses mots. C'est une langue spontanée comme une respiration... Elle reste en mouvement, car c'est une force motrice... Elle souffle le rire comme les bulles au vent. Cela dit, elle sait aussi être amère et puissante. Elle sait rembarrer celui-ci ou celle-là comme un pétard à mèche. Avec une telle langue, la voix sait tout dire. Vous chantez tout le temps, et la passion s'exprime en plus avec les mains. »

Il y a un de ces mots qui vraiment nous fascine. *Galleggiante*. Adorable sonorité – un mélange de galant, géant, et élégant. Ed y va : « Je te trouve, voyons, comment dire, si *galleggiante* ce soir. » Moi j'affirme : « J'adore Parme, elle est vraiment *galleggiante*. » Et d'admirer ensemble le vieux banc de fer que nous avons acheté ; absolument *galleggiante* dans le jardin. Le vrai *galleggiante* fit irruption dans notre vocabulaire par des voies plus pratiques. Un jour que les w.-c. fuyaient, Ed est monté sur une échelle pour examiner la chasse. L'écoulement s'arrêtait à condition qu'il soulève le flotteur. Impossible de chercher dans le dictionnaire comment on dit « la boule dans la chasse d'eau », c'est pourquoi il est parti chez le vendeur trouver un autre de ces machin-truc-chose et subir en riant charade après charade de gestes et de dessins. « Ah, comprit l'employé, il vous faut un *galleggiante*. » Eh oui, c'est ça.

Du fait que j'apprends l'italien quand je suis en Italie, je parfais mon éducation en public. J'ai, un jour dans un bar, commandé une grenade *(granata)* au lieu d'une citronnade *(granita)*. J'ai commenté la beauté d'un panier de poissons *(pesce)*, alors que j'admirais des pêches *(pesche)* merveilleusement mûres. Imaginez-vous indiquer un chou noir *(cavolo nero)* tout en demandant un cheval noir *(cavallo nero)*. Minuscules et immenses différences. Le pire eut lieu à des obsèques alors que je parlais du défunt, non comme d'un *scapolo* – célibataire, c'est ce que je voulais dire – mais comme d'un *sbaglio*, une erreur.

Ce n'était que le début. Maintenant que je comprends mieux l'italien, j'ai plus souvent l'occasion de me couvrir de ridicule. Comme je sais plus de choses, je suis tout à fait susceptible de me lancer dans une description de notre expédition chez un producteur de vinaigre balsamique, en oubliant une fois de plus qu'elle entraînera toutes sortes de questions compliquées, et que je devrai extirper de mes neurones des verbes aux conjugaisons restées inconnues. Puis-je faire passer la chose sous l'étiquette de nouveau dialecte ? Je voulais raconter aujourd'hui à Matteo, au *frutta e verdura*, que cette nuit quelque chose avait mangé de jeunes melons et du maïs dans le jardin. Probablement un sanglier, ou un porc-épic – deux mots que je connais – et voilà que, finalement, évidemment, je vois l'obstacle arriver : je veux dire « a rongé la tige pour faire s'écrouler l'épi ».

Rongé – « manger » ne conviendra pas. « Tige » en italien – non, pas la moindre idée. S'écrouler – autant ne pas y penser. Ce que je trouve de plus proche est « couper », et c'est inadéquat. Tous les synonymes que je connais ne pourront pas exprimer que l'on puisse ronger la tige pour que l'épi chute. Je pense un instant à mimer la scène en utilisant une branche de céleri à la place du maïs, tandis que je prendrai la place du porc-épic, mais la décence – Dieu merci – me l'interdit.

Pourtant c'est encourageant, non ? D'en savoir assez pour envisager une plus grande précision ? Je suis tirée d'affaire par les trois autres personnes qui se sont jointes à la conversation, chacune ayant son opinion sur l'identité du coupable. Nous discutons hérissons et ragondins, mais le consensus se porte sur le porc-épic, à l'exception d'un homme qui penche pour le sanglier, puisque mes tomates sont intactes. S'il s'était agi d'un porc-épic, d'évidence les tomates auraient été massacrées. J'achète mes pêches, et au moins cette erreur-*là*, je ne la referai pas, puis je quitte la boutique en me rendant compte que, même bloquée par mon vocabulaire, j'ai compris tout ce qui s'est dit.

Parfois je ne traduis rien ; *arancia* reste *arancia*, et je me contente d'écouter pendant que l'image de l'orange se forme dans mon esprit, sans le mot. Ces moments où l'anglais s'évanouit entre le sens et le terme italien sont pour moi mystérieux. Toute contente, je fais mon petit tour en ville en papotant ici et là dans les boutiques. Un touriste italien me demande – *à moi* ! – son chemin, et je lui réponds avec assurance. Je l'ai peut-être envoyé à une autre église, mais je suis certaine qu'il l'aimera autant.

Les Européens cultivés du Vieux Monde et les millions d'immigrants bouleversés du siècle dernier ont fait l'opération inverse, mais la fin est la même – ils se meuvent entre les langues. Tandis que la plupart d'entre nous, isolés dans notre culture et l'immense territoire de l'Amérique du Nord, parlions au mieux l'anglais. Nous sommes déjà une minorité croissante. D'ici quelques générations, nos descendants diront à leurs enfants : « Il existait des gens, avant, qui ne parlaient qu'une langue », et les enfants seront ébahis. Je suis, quant à moi, déterminée à survivre avec les plus aptes.

Rentrée à la maison en rage après tant de bourdes, j'ai pris le temps nécessaire à l'analyse de mes problèmes. J'ai fini par comprendre pourquoi j'ai rendu l'italien plus difficile qu'il ne l'est vraiment, et les raisons sans doute qui ont donné aux langues que j'ai étudiées un aspect si insaisissable.

J'ai l'habitude de tout forcer vers l'anglais. Bien que nous ayons les mêmes structures – toutes les langues connaissent les mêmes principes fondamentaux de la parole – il est impossible d'approcher *rationnellement* l'omission du pronom en italien, la position du verbe au début de la phrase, et le genre des noms. Les expressions idiomatiques, tout aussi irrationnelles, me sont plus immédiates car elles se rapprochent de la métaphore. J'aime l'image convoyée par la locution *acqua in bocca* (de l'eau dans la bouche), qui signifie : je ne dirai rien à personne. Ce qui doit rester entre nous deux est pour *quattr'occhi*, « quatre-z-yeux ». Je me sens oppressé, ou déprimé, se traduit par *sotto una cappa di piombo*, sous une chape de plomb. Non seulement l'image est expressive, mais en plus *piombo* a lui-même quelque chose d'oppressant, comme trois notes sourdes tirées d'une contrebasse. Toutes les connotations relatives à l'anglais « rouler sur l'argent » diffèrent grandement de l'italien « nager dans l'or ».

Les sons, sans le vouloir, impriment des sens où ils ne sont pas. *Stinco* *, un savoureux morceau de viande, mais aussi une fine tranche de pain, semble peu appétissant même si l'on sait qu'il s'agit du *tibia*. *Étrangère*, la sonorité de l'expression *non è uno stinco di santo*, « ce n'est pas le tibia d'un saint » : celui dont on parle n'en est pas un. *Bar* en anglais fait penser à quelques silhouettes solitaires penchées sur leur verre, voire quelque chose de plus sophistiqué, mais pas en italien, où il s'agit de café et d'amuse-gueule. À coup sûr, le *bar* italien n'a rien d'un *pub*.

Communément utilisé, *più*, qui veut dire plus, est difficile à prononcer pour un anglophone sans suspecter quelque odeur désagréable **. Je pince donc les lèvres en disant que nous allons dîner ce soir chez Amico Più, une trattoria à flanc de vallée où, pour la grande satisfaction de mon oreille intime, une odeur de porcherie dérive parfois au-dessus de la terrasse herbeuse...

« Ton ami est sûrement charmant, mais d'une rare cruauté envers son chien, dit un jour Deb à propos de Silvano, si beau garçon qu'il en provoquerait des embouteillages. Il n'a pas arrêté d'envoyer la pauvre bête à la mort. » Silvano essayait de parler à mon amie, tandis que son *pastore tedesco*, berger allemand, l'implorait sans arrêt de jeter au loin un sempiternel bout de bois. Et il répétait à chaque nouveau lancer : « *Dai, Ugo, dai.* » *Dai*, qui sonne comme *die* (mourir), signifie tout bonnement : « Donne », ce qui implique : « Rapporte, Hugo »...

J'ai appris du français que lorsqu'on est, disons, affamé ou assoiffé, on *a* faim, on *a* soif. La forme est restée imprimée dans mon esprit depuis mon premier voyage en France.

* En anglais, *to stink* : puer.
** En anglais, *phew !* : pouah !

J'étais allée seule dans un restaurant et l'on m'avait placée près de la porte, d'où le vent rentrait en rafale chaque fois qu'elle s'ouvrait. Je demandai une autre table au garçon, en lui expliquant que j'avais froid. Rentrée à l'hôtel, je me suis rendu compte qu'au lieu de lui annoncer *j'ai froid,* j'avais dit *je suis fraise.* Il m'a toutefois gracieusement conduite à une table confortable près de la cheminée.

Un chat ronronne différemment en italien, il « fait ses ronrons ». Curieux, non ? *Ha sonno ?* Tu « as » sommeil ? m'est maintenant naturel. D'autres choses ne le seront peut-être jamais. Si j'oublie et reviens au littéral, je donne fréquemment dans le « il faut que je me parte de ça » à la place de « bon, je dois y aller ». Ou encore « je moi-même m'en suis oubliée » au lieu de « j'ai oublié ceci ». La traduction est approximative ; l'original ne dit pas cela du tout.

Mark Twain, qui d'évidence avait une oreille linguistique, s'amusa d'une traduction littérale d'un de ses discours, prononcé lors d'une conférence de presse à Vienne :

> *Je suis de fait l'ami véritable de la langue allemande... Je seulement quelques changements effectuerais. Je uniquement l'ordre des mots – la luxueuse et complexe élaboration – comprimerais ; l'éternelle parenthèse supprimerais, abolirais, annihilerais ; l'introduction de plus de treize sujets dans la même phrase interdirais ; le verbe si près du début placerais de sorte que l'on sans un télescope le découvrir pourrait. Avec un seul mot, mes gentilshommes, je votre bien-aimée langue simplifierais de façon que, mes gentilshommes, lorsque vous pour vos prières en besoin aurez, Lui là-haut les écouter pourra.*

J'ai compris assez tard que l'anglais se parle, tandis que l'italien se *chante.* Un professeur d'opéra de Spoleto m'a appris qu'en classe elle faisait écouter à ses étudiants américains quelqu'un en train de parler l'italien de tous les jours, et leur demandait d'en suivre les intonations avec la voix seulement – la, la, la, li. L'anglais se module gentiment et régulièrement, la voix monte et descend, alors que l'italien boucle ses mots à cent à l'heure. Je le savais d'instinct. Lorsqu'un groupe de personnes avance vers moi, avant même d'entendre les mots eux-mêmes, je sais s'ils sont anglais, allemands ou italiens. Je l'ai vérifié aussi en comparant mon propre *buon giorno*, simple au possible, et les réponses exubérantes que me lancent les Italiens, dont les syllabes s'élèvent et glissent plusieurs fois. L'italien parlé par un anglophone de naissance m'est toujours plus aisé à comprendre – la cadence reste anglaise, même si les termes choisis en italien sont grammaticalement parfaits. Reproduire le rythme – voilà qui est plus dur. Les quelques élus qui ont la chance de saisir le bon *ritmo* sont bien compris des Italiens, quelle que soit la justesse de leur syntaxe.

Dommage qu'on ne puisse pas apprendre une langue grâce à quelques intraveineuses diversement intitulées « les pronoms indirects », « la prononciation de *glielo* », ou « le vocabulaire du carreleur ». Je me répète toutefois que *Roma non fu fatta in un giorno*. Âgé de seulement cinq ans, Dante, né de mère américaine et de père italien, glisse sans effort, et sans y penser, d'une langue à l'autre. Impossible, au téléphone, de me faire passer pour une Italienne. *« Posso parlare con la tua mamma »*, lui dis-je – puis-je parler à ta maman ? Et il répond : *« Sure, she's right here*. »*

J'ai lu il y a peu dans le journal que lorsqu'on apprenait plusieurs langues dans son jeune âge, on les stockait dans la même partie du cerveau – grosse comme un dé à coudre. Ceux qui font des efforts plus tard doivent installer le nouvel idiome dans un territoire parfaitement distinct. Il ressemble probablement à une toundra gelée. Lorsque j'étudie, j'en ressens les voies d'accès. Les mots nouveaux envoient leurs signaux dans la zone du langage courant – le quartier général – où ils sont traduits, puis relayés vers la toundra, quelque part en bas à droite dans le lobe de l'obstination. En chemin, de nombreux mots se perdent dans les différents canaux et abysses. Certains parviennent à remonter à la surface vers les carrières neuves. Et deviennent naturels. *Gioia* n'est plus la joie, c'est *gioia*. Des centaines d'autres mots sont aujourd'hui eux-mêmes. N'em-

---

* « Bien sûr, elle est à côté de moi. »

pêche, je choisis un roman de Pavese et je sombre au troisième paragraphe. *Piano*, doucement, *piano*, me dis-je, il n'y a pas d'examen à la fin du mois. Mais, comme s'il y en avait un, je me concentre désespérément sur ce qui m'échappe. J'établis des listes de *tous* les cas où l'on se sert de l'imparfait, passe des heures à chercher des illustrations pour ceux que je ne saisis pas, et néglige de formuler de nouveaux exemples pour ceux que je comprends.

Outre le luxe – et la nécessité – de savoir parler avec aisance, j'ai des envies d'autres littératures. Ma vieille habitude de courir les librairies et d'en sortir avec de bons tas de livres a l'Italie pour cul-de-sac. Je suis devenue grand amateur de dessins de couvertures.

De vivre et de voyager ici en étrangère, je sens la force vitale des Italiens s'exprimer chaque jour dans les rues, les cafés – et sur les routes. Comme je passe devant les fenêtres ouvertes, je reste parfois clouée par l'odeur d'un *ragù* ou des cascades de voix concurrentes. Je ne peux bien souvent que constater la grande richesse de la vie *extérieure* de l'Italie, sachant que le chemin le plus direct vers l'intérieur n'est autre que littéraire. Romans, essais, beaux livres, traités de philosophie, poésie – voici la grande nouveauté de l'endroit, territoire écarté pour moi des amitiés et brefs séjours dans ce *bel paese*.

Peu à peu, mes lectures estivales sont allées rencontrer les grands écrivains de la péninsule : Eugenio Montale, Umberto Eco, Italo Calvino, Natalia Ginzburg, Primo Levi – poids lourds de l'édition dont les œuvres sont disponibles en anglais. J'ai parfois acheté un livre difficile en italien, comme on choisirait une jupe trop petite en espérant perdre cinq kilos avant la fin de l'été.

D'abord, les guides. Toutes les publications de Slow Food Arcigola Editore, particulièrement l'annuel *Vini d'Italia*, ont vite convaincu Ed que le regard propre des Italiens sur leur gastronomie et leur viticulture était celui qui nous intéressait. En matière d'hôtels et de restaurants, les guides Gambero Rosso nous ont conduits, hors des grandes foules, dans des établissements doués de vraies personnalités. Ils sont très faciles à utiliser grâce à un classement et des symboles clairs.

Puis nous avons commencé à choisir des recueils de poèmes, ne serait-ce que pour le plaisir de les lire à haute voix, quitte à écorcher le nom de l'auteur, ce que nous avons fait si longtemps avec Quasimodo. Cesare Pavese révèle les couches basses de la sombre mélancolie que je n'ai pas décelée dans les paysages exaltants de Piero della Francesca et Perugino. Les récits de Leonardo Sciascia m'ont délivré le cœur de la Sicile, que j'aurais autrement abordée barricadée de craintes et de postulats. « Il y avait autrefois dans les maisons siciliennes une pièce spéciale que l'on appelait la "chambre au sirocco". Elle n'avait pas de fenêtres, aucun accès au-dehors à l'exception d'une étroite porte donnant sur un couloir intérieur, et c'est là que la famille allait se réfugier lorsque le vent se levait. » Voilà l'entrée de la Sicile – une île où le climat est maître, où l'isolement géographique a pour reflet les microcosmes familiaux. Merci, Leonardo ; j'ai oublié la mafia en y séjournant, préférant me concentrer sur le vent dans les palmiers aux milliers de frondes.

Loin de se limiter aux chaussures et voitures, toute la richesse du *design* italien se retrouve dans leurs livres. Qu'il s'agisse des monographies à bon marché des peintres, des immenses tomes de la galerie des Offices ou des collections du Vatican, les ouvrages d'art sont irrésistibles, et leurs couleurs, fraîches et nerveuses. Les romans en séries de poche sont ceux qui m'ont le plus attirée. Je les ai achetés un par un, les yeux sur la reliure cobalt, la reproduction en relief de quelque peinture sur la couverture. Ces livres m'ont entraînée plus loin sur les terres de la langue. S'asseoir dans un café devant un cappuccino, un livre choisi et un dictionnaire, reste une façon agréable de passer une heure ou deux dans la matinée. Évidemment, j'ai acheté Dante. Comment lui résister en Italie ? C'était là un obscur secret – je ne l'avais jamais lu, sinon par courts extraits. La traduction improvisée de quelques strophes procure un remède instantané à l'ennui sûr des livres de cours : la marée descendait. Elle détestait les araignées et les serpents. Les appelés étaient en permission. La foire fut annulée à cause du mauvais temps. Ils finiront par savoir se comporter. Elle paraissait fort timide. Je me suis ridiculisée dès le début – oui, certes !

Comme j'ai maintenant passé de nombreux étés en Italie, mes amis pensent que je possède tout à fait la langue. « Bien sûr que tu piges tout, disent-ils nonchalamment, c'est tellement proche de l'espagnol. » Eh bien, je n'ai eu aucune facilité à me mettre à l'espagnol. Après avoir passé tout un été à l'étudier à San Miguel de Allende, je me rappelle surtout les virées en taxi, hors des routes goudronnées, dans lesquelles m'entraînait mon instructeur. Passionné de poteries chichimeca, il savait mieux servir mes intérêts culturels que m'aider à traduire l'histoire de la petite souris. Nous partions fouiller dans les tas de fumier en quête de céramiques noires et je suis rentrée à la maison plus riche de tessons que de mots.

Mais ces amis ont raison ; en parcourant l'Italie, on collecte termes et phrases. Les Italiens sont si courtois, si communicatifs, que vous finissez par croire à l'illusion que *c'est un jeu d'enfants.* J'ai depuis également appris l'italien de restaurant, l'italien de voyage, l'italien des boutiques, et beaucoup d'italien de restauration de vieilles maisons. Mais je n'ai jamais « pigé » l'imparfait du subjonctif ou le passé simple. Je n'ai appris ni ne comprends les différents dialectes parlés en Toscane, pour ne pas mentionner le reste de l'Italie. J'ai lu dans les *Italian Cultural Studies* que soixante pour cent des Italiens parlent un dialecte, et quatorze pour cent ce dialecte uniquement. Comme nous avons appris sur le tas, notre vocabulaire mélange toutes sortes de termes peu orthodoxes, vernaculaires, avec l'italien étudié en cours. Le dialecte local troque souvent le son *ah* pour *èh,* avec pour effet de produire des sonorités plus rudes. Nous ne percevons pas toujours la différence. Notre stock de jurons est plutôt vaste, puisque charrier les pierres, creuser les puits et les tranchées provoque ceux des ouvriers. *Madonna cane, Madonna diavola,* vierge-salope, vierge diabolique, figurent parmi les plus urgents. En revanche, certaines expressions que nous avons cueillies çà et là nous échappent encore. *Non me porta una sega*, ne me fiche pas une scie, avec le geste de scier du bois, n'est pas étranger à la masturbation.

Certains aspects de cette langue étrange me confondent. J'ai dû récemment m'avouer à moi-même que j'allais renoncer à l'emploi idiomatique et incompréhensible du pronom invariable *ne* ; l'italien que je parle, quel qu'il soit, se passera de ce vocable protéiforme.

Des amis américains lancent empreints de modestie : « Je me suis très bien débrouillé en Espagne », ou « C'est incroyable comme ça revient vite ». Revient d'où ? J'ai voyagé avec certains d'entre eux, les ai vus indiquer un choix sur les menus, rappeler le serveur la main armée d'un billet, car ils ont eu le vertige en l'entendant dérouler d'un trait *duemillequattrocentosettanta lire* (2 470 lires). Un de ces amis se revendique de l'école du parlez-fort-et-distinctement-et-ils-comprendront-votre-anglais. Une autre, venue nous rendre visite en Italie, se montra contrariée que les commerçants locaux « n'aient fait aucun effort pour apprendre les quelques phrases d'anglais élémentaire qui les aideraient dans leurs affaires » – sans remarquer aucunement que nous sommes ici chez *eux*, et de plus à la campagne.

J'ai eu beau « prendre » des années de cours de français au lycée et à l'université, la langue, elle, ne m'a jamais prise. Je n'ai jamais bien connu personne de ce pays, et mon professeur au lycée ne croyait qu'aux livres de conjugaisons dotés de petites cases à compléter. Alors que nous n'avions aucune idée de l'emploi des divers temps, il nous fallait quand même conjuguer les *passés composés* de centaines de verbes. Pendant la dernière demi-heure de cours, elle nous passait des enregistrements rayés des bruits de rues de Paris, en regardant par la fenêtre les mains dans le dos. Nous nous inscrivions pour aller voir *Under the Bridges of Paris*, où Carl Twiggs pose une claque sur les fesses gainées de Mary Keith

Duffy en hurlant « *monobuttock* * », de loin la grande prouesse linguistique du moment. À l'université, le cours était axé sur le « labo » – avec ses bandes enregistrées de *mon moulin*, ces lettres d'un français sinueux que je devais écouter dans les étroits compartiments d'un coin du gymnase à sept heures du matin. Les nouvelles du lointain moulin étaient ponctuées par le choc des ballons de basket en train de rebondir par terre et l'odeur flottante d'un désinfectant au pin. Puis, lorsqu'un professeur me demandait en cours de lire un passage des *Misérables*, l'inépuisable ouvrage de référence, c'était pour qu'elle m'annonce d'un sourire supérieur que « Mademoiselle Mayes parle *avé l'assent* de Marseille ». J'ai refermé mon livre d'un geste sec et me suis rassise. Son accent à elle, du Midwest, n'était guère exaltant non plus.

J'ai pris plus tard des cours d'espagnol et d'allemand. Je ne sais pourquoi tout cela me semblait terriblement *toc*. Sans aucun doute, ces gens devaient rentrer chez eux le soir et parler anglais. Une amie qui a le même ressentiment me dit que, sur sa pierre tombale, elle voudrait que l'on grave : « J'ai étudié les langues. » J'ai supporté mes cours d'allemand malgré les flatulences explosives de mon professeur. « *Pflaumenkuchen* », tarte aux prunes, expliquait-il avant de poursuivre : *Es war einmal ein junger Bauer*, il était une fois un jeune fermier. J'ai arrêté l'allemand le jour où je suis tombée sur le mot « téton » : *Brustwarze*. Aussitôt aperçu, aussitôt traduit par « verrue sur le sein ** ».

Plusieurs personnes ici parlent quantité de langues. Isabella, une voisine, en connaît huit ; son fils, qui est journaliste, en possède autant, quoique pas exactement les mêmes. Elle a plus de soixante-dix ans. « J'ai essayé de me mettre au grec il y a deux ans, m'a-t-elle dit, mais ça devient dur. Avant, j'apprenais une langue en trois semaines. Si vous connais-

---

* Monofesse.
** En anglais *wart* : verrue ; *breast* : poitrine.

sez déjà le russe, le polonais semble facile. Enfant, je parlais anglais et français... » Notre discussion terminée, je rentre chez moi en boudant. J'ai encore des difficultés à comprendre l'emploi du simple mot *ci*, terme caméléon dont le sens varie constamment. Et Isabella qui a avalé le français comme un croissant tout chaud. Elle nous rejoint pour le dîner, observe les invités et claironne : « Quelle langue parlerons-nous ce soir ? » Je me rappelle une fête où ses amis danois, hollandais et hongrois se sont mis avec elle à réciter des vers français. Ils connaissaient les mêmes poèmes par cœur. Ils sont passés ensuite à la poésie latine.

Je suis assise dans un rêve près de la fenêtre, en train d'écrire sur un papier bleu pâle. Je déchiffre au fur et à mesure l'encre qui sèche et m'aperçois que je rédige un poème en italien. Ou peut-être ne suis-je pas cette personne. Ou alors ? L'encre bleu noir adopte la forme fluide de mots, de phrases, de lignes – même mon écriture manuscrite devient plus belle en rêve – et la femme que je suis ou ne suis pas porte un chandail de laine et une jupe sombre. J'ai les cheveux vaguement rassemblés au-dessus de la tête, comme Isabella, comme les femmes plus âgées que je connais ici, toutes chez elles dans des univers plus grands que je n'en ai connu. Voici un poème à scander, je le sais, avec son encre brillante, le vent qui relève le bord du papier, ma main qui se déplace rapidement. Oui, ma main.

Bergson affirme que le présent n'existe pas, qu'il disparaît seulement à mesure que le passé ronge l'avenir. Entre ma propre langue et mon vaste voyage dans l'italien, l'idée me paraît la même. *Le passé ronge l'avenir.* Le parler disparaît dans le discours, et me donne envie d'en dire plus. *Ronge* : revoilà ce mot. Ronger la tige pour faire s'écrouler l'épi. Ronger : *rosicchiare*. Langage : mille fois sur le métier remettre son ouvrage.

La langue ayant toujours été pour moi au cœur de tout, je me plais à découvrir que l'on peut se faire des amis sans trop bien la connaître. Ma mère a toujours pensé que les attirances reposaient sur l'odeur. L'énergie qui circule avec bonheur entre diverses personnes peut remplacer les mots. Au *frutta e verdura*, Rita m'a accueillie en me prenant dans ses bras avant que je ne puisse ouvrir la bouche. Le même jour, le voisin nous a invités à dîner. Nous voulions refuser, imaginant trois heures de mots bloqués et de silences gênés. « *Grazie, mille grazie, ma non parliamo bene italiano.* » Nous nous sommes excusés : « Merci, mais nous ne parlons pas bien l'italien. Plus tard, quand on y arrivera mieux... »

Les sourcils presque au-dessus de la tête, il se montra incrédule : « Mais vous pouvez manger, quand même ? »

LA TOMATE IDÉALE D'ANSELMO

« Vous avez des haricots de la Sant' Anna ? – Non, c'est fini, la saison, c'était la semaine *dernière.* » Matteo me montre ses *cannellini* frais. « C'est ceux-là, maintenant. Et on vient en Toscane de partout – de Rome, de Milan – pour en trouver. » Je connais les *cannellini.* Simplement assaisonnés d'huile, sauge, sel et de beaucoup de poivre, ils sont dotés de pouvoirs reconstituants supérieurs à tous les autres haricots. J'ai vu Ed en manger au petit déjeuner. C'est l'une des grandes douceurs de la table toscane.

Je ressors du *frutta e verdura* ébahie. Matteo vient de dire que *la saison a fini la semaine dernière.* Je n'ai mangé qu'une fois ces haricots verts ultra-ultrafins. Et il faut de nouveau attendre l'année prochaine. Grâce au verger toujours prêt d'Anselmo, j'ai à peine besoin de faire les courses. L'étiquette « de saison » du livre de cuisine a pris une immédiateté que je n'aurais jamais crue possible. Munis de nos paniers, nous remontons les terrasses, Ed et moi, pour cueillir le dîner. Anselmo a planté tout l'été des vagues successives de laitues, et nous avons sans cesse de tendres salades fraîches. Nous ne pouvons pas suivre ; lorsqu'il y en a trop, Beppe brandit sa serpe et fait de petits paquets pour ses lapins. Si nous coupons les *bietole,* elles repoussent. J'aime la traduction italienne : *ricrescere* ; on entend presque les tiges fendre la terre. Nous donnons autour de nous sac après sac. Une chance qu'Anselmo ait semé des quantités de melons et pastèques. Même avec ces rongeurs qui avalent nos melons d'un coup, il en reste largement assez. Je propose à Giusi d'en prendre, mais elle a aussi un jardin. À la fin d'une récolte, Anselmo piétine ce qu'il reste des tiges et des plants, et les laisse pourrir dans le sol. Je me réjouis de ramasser aubergines et courgettes lorsqu'elles sont toutes petites. Seule ombre à son tableau : le céleri. Les branches n'ont jamais grandi.

Nous étions convaincus au printemps qu'il avait planté trop de choses, et nous avions raison. C'est divin. Jamais nous n'avons aussi bien mangé de notre vie. Ou aussi simplement. Il se trouve que la tomate idéale d'Anselmo est aussi la mienne. Chaque jour, un panier abondant de tomates parfaites, rouges, d'un rouge absolument rouge. Je contemple ces paniers remplis avec plus de plaisir que je n'ai aperçu l'année dernière ma nouvelle voiture. Pas le moindre insecte, pas une tache. Il en a élevé trois sortes. D'abord, une espèce ronde et simple qu'il appelle *locale*. Très appréciée ici, c'est celle que l'on ne résiste pas à croquer dès qu'on la cueille – sucrée, ruisselante, craquante, tomate d'excellence. Pour la sauce, l'ovoïde San Marzano, d'une texture plus charnue, moins juteuse. Et pour les salades, des tomates cerises, fines petites boules qui explosent de goût.

Il fut jadis une Italie sans tomates. J'imagine les pauvres Étrusques et Romains, les siècles d'individus qui ont vécu ici avant la découverte du Nouveau Monde. Leur ail, leur basilic privés de tomates. Il y a aujourd'hui tant de gens qui grandissent, croyant appeler tomates les globes décolorés qui arrivent toute l'année dans les supermarchés. Il faudrait leur donner un autre nom. Même pas, un numéro. J'avais espéré associer nos tomates italiennes à un peu de maïs doux américain. Quoi de plus savoureux ? Mais les animaux sont venus étrenner la nouvelle-culture-des-collines, et nous n'avons obtenu que trois épis décharnés sur les deux paquets de graines semés. Anselmo a regardé de haut mon complot US. Commentaire : « Engrais à cochons... »

Les tournesols géants que j'ai plantés au bord de plusieurs terrasses sont en fleur. J'en coupe un bouquet tôt le matin, sans leur laisser le temps de plier sous le soleil. Brusquement une petite femme émerge de ma « pièce » circulaire aux tournesols. Je reconnais aussitôt le portrait que m'a tracé Ed de la fourrageuse aux jonquilles et aux asperges. « *Buon giorno, signora* », je la salue et me présente. Elle porte, même l'été, un cardigan noir.

« *Viene* », me fait-elle. Son panier est rempli de fleurs jaunes de fenouil sauvage. Elle m'entraîne à la terrasse supérieure, vers un endroit caché par les genêts. Une douzaine de hauts plants de fenouil sont là, intacts. Comme elle est venue armée de son sécateur, elle coupe les fleurs, me dit de les laisser au soleil puis de les frotter entre mes mains pour détacher les graines des tiges. Sortant un sac plastique de sa poche, elle en ouvre quelques-unes pour moi. Enfin, elle me montre la lisière de caroubiers et de chênes. « À l'automne, vous trouverez des *porcini* là. »

– Et des truffes ?

– Jamais. Mais il y a d'autres champignons. Je vous montrerai après les pluies.

– On sera rentrés, malheureusement.

– *Peccato* – dommage. Vous serez rentrés en Suisse ?

– Non, aux États-Unis. Nous vivons en Californie. » Je me rappelle qu'elle ne semblait pas croire Ed lorsqu'il lui apprit qu'il n'était pas un professeur suisse.

Elle hoche la tête. « *Arrivederla, signora*. Le fenouil, c'est bon avec toutes les viandes, le lapin surtout, et toujours avec les pommes de terre sautées. » Elle part redescendre le sentier des terrasses, puis se retourne. « J'aime bien la maison, maintenant. »

Je reviens à d'anciennes amours. Je serais capable de manger des tomates en beignets le matin, à midi et le soir. Et la crème fraîche, maintenant rangée parmi les interdits, est si délicieuse avec elles que je risque l'alarme du médecin côté cholestérol. Hérétique des religions gastronomiques du vieux Sud, je préfère les tomates rouges aux vertes dans mes beignets. Je les coupe en lamelles d'un centimètre d'épaisseur. Je couche un peu de farine sur une feuille de papier paraffiné sur lequel je retourne mes tomates avant de les frire des deux côtés dans une poêle avec trois ou quatre cuillerées à soupe d'huile d'arachide ou de tournesol. Puis, comme ma mère avant moi, et la sienne auparavant, je réduis le feu et je verse la crème épaisse jusqu'à couvrir le fond de la poêle. Je remue une seconde, je mous une bonne rasade de poivre noir, je sale à mon goût et j'ajoute un peu de thym ou d'origan. Et je préfère les déguster tout seuls. Willie Bell préparait parfois les siens à la farine de maïs et les faisait frire dans une huile très chaude pour qu'ils deviennent plus croustillants. Mon assiette de beignets devant moi, je repense avec envie au poulet frit de Willie, plus encore à la sauce à la crème qu'elle servait avec ses pommes de terre, sans oublier le maïs, crémeux lui aussi. Comment avons-nous fait pour ne pas être obèses avec les litres de crème qui accompagnaient chaque repas ? Willie égrenait toujours ses épis et les sautait avec oignons et poivrons hachés, avant d'ajouter la crème. Ces souvenirs en amènent un autre aussi délicieux, celui de sa casserole aux courgettes jaunes. La cuisine de l'été sudiste est pour moi l'affectueuse rivale de la table italienne. Willie Bell et ma mère restaient assises des matinées entières à écosser ces délicieux haricots « lady finger » que je n'ai jamais vus ailleurs qu'en Géorgie.

 Lorsque Ed fait griller quelque chose, il pose par-dessus, tout à la fin, d'épaisses tranches de tomates, qui délivrent un délicieux petit goût de fumé. Rien ne surpasse un simple sandwich à la tomate, à condition que la *focaccia* vienne du paradis, c'est-à-dire de Cortona. Le pain plat à la mie élastique, sous la croûte dure garnie de sauge et de sel de mer, élève la tomate en tranches au rang de délice gastronomique. Combien de temps s'écoulera avant que nous nous lassions de leur fraîcheur ? De simples tomates farcies – qu'y a-t-il de meilleur ? Une chose, et une seule – y ajouter quelques noisettes grillées et émincées. Anselmo nous a fait remarquer que les nôtres sont prêtes à cueillir. Nous en avons brisé et grillé la valeur d'une tasse. Puis, mélangées à une quantité égale de chapelure, nous en avons fourré quatre grandes tomates avec du persil haché. Avant d'enfourner, une rondelle de beurre ou un carré de fromage, *tallegio* par exemple, fondra par-dessus. Au dîner, *frittata* aux courgettes avant lesdites tomates, accompagnées d'une touche sudiste : un pichet de thé glacé adouci de jus de pêches.

Ce mardi après la sieste, la chaleur folle du matin s'est calmée. Je propose d'aller à Deruta, éden des majoliques. Un guide britannique de l'Ombrie en déconseille la visite. « Vous n'aurez sans doute pas envie de vous attarder à Deruta, centre ombrien de la majolique, dont les routes d'accès sont bordées de boutiques vendant toutes les sortes possibles d'affreuses céramiques. » L'auteur est-il fou ? J'ai voulu une nouvelle étagère dans ma cuisine pour exposer les plats, nombreux, auxquels je n'ai pas su résister. Certaines des majoliques de Deruta sont laides, mais la plupart restent parées des motifs traditionnels de la région, et elles sont ravissantes. Je me demande à quoi ressemble la vaisselle du petit déjeuner, chez l'auteur du guide. Celle que j'ai rapportée de Deruta est décorée de fruits toscans peints à la main sous un liseré jaune, de quoi certainement égayer le plus morne matin anglais.

J'ai appris en Italie l'art de servir avec des plats. J'en pose plusieurs le long de la murette de pierre, un pour les légumes sortis du four, un pour les fromages, un pour les pains, et un pour le plat de résistance. Chaque soir de l'été, nous coupons des tomates dans un plat, sans rien d'autre qu'elles. Il passera de main en main ou bien nos invités quitteront la table sous les arbres et reviendront se servir, autant qu'il leur plaira. J'ai adopté les pichets aussi, pour le thé glacé, l'eau, le vin. Les majoliques peintes à la main semblent faites pour la simplicité et l'abondance des repas toscans. J'aime leurs couleurs. Certaines sont vives, d'autres douces, légèrement effacées comme celles des fresques. À peine mettons-nous le couvert sur la table jaune de la terrasse, ou sur celle, ronde, de la salle à manger de San Francisco, que le repas semble déjà animé. À tort ou à raison, on attend l'arrivée d'un excellent plat.

J'ai acheté à Noël des tasses à fleurs roses pour le cappuccino, et je veux maintenant trouver des assiettes assor-

ties pour le petit déjeuner. Il doit y avoir à Deruta une bonne centaine de magasins.
 « Tu les avais prises où ? demande Ed. Comment vas-tu te rappeler, il y en a tellement, de ces boutiques. » Son enthousiasme est limité.
 « C'était celle du coin, tout au bout de la grand-rue. » Deruta ne ressemble à aucune autre ville. L'église, la fontaine, les façades sont décorées de carreaux de céramique. Il y a des siècles qu'elle perpétue cet artisanat traditionnel.
 « *Ah sì, signora* », bien sûr. Le patron appelle un ami qui rapportera de l'atelier les assiettes souhaitées. Pendant ce temps, nous visitons trois autres magasins de la grand-rue et trouvons dans l'un d'eux une lampe pour le bureau de Ed. Il doit bien exister à Deruta des endroits où l'on vend autre chose – quincaillerie, épicerie, chaussures – mais, où qu'ils soient, je ne les ai jamais remarqués. Ici on parle céramiques, et chaque boutique est une variation du même thème. Nous nous arrêtons pour regarder une femme en train de peindre un motif géométrique sur de petites soucoupes. Au bar, un très vieil homme aux larges bretelles qui maintiennent son pantalon juste sous les aisselles nous demande d'où nous sommes. Le nom de San Francisco le rend presque hystérique – il y est venu en bateau en 1950. Il se rappelle la *strada del mercato*. Market Street ! Il veut absolument régler nos cafés. Si ! La mer était juste au bout de la rue. Un ami le rejoint et il nous présente comme des parents venus lui rendre visite. Lien d'amitié, immédiat, avec San Francisco que les Italiens adorent.
 Un grand nombre d'ateliers sont situés via Tiberina juste au sortir de la ville. Nous avons, avec ma sœur, fait expédier à la maison des services entiers pour nous-mêmes et ma fille. Une tasse seulement est arrivée cassée. On ne se sert pas de plastique à bulles pour l'emballage, mais de paille humide. Le transport coûte cher, moins toutefois que la céramique italienne aux États-Unis, et à condition encore de trouver la variété offerte ici. Au numéro 181, « U. Grazia » est le producteur le plus important. Le choix est renversant. Inspiré de Raphaël, le motif le plus apprécié, en jaune et bleu, est un dragon stylisé au centre de chaque pièce. Je n'ai aucune

envie de manger devant un dragon, dût-il prendre l'air inoffensif que lui a donné Raphaël.

De part et d'autre des Apennins, de nombreuses régions d'Italie ont élaboré leurs motifs particuliers, en sus de leurs dialectes et coutumes. On trouve à Deruta le coq d'Orvieto, l'oiseau bleu d'Amalfi, le dessin noir du parterre de mosaïques de la cathédrale de Sienne. On note quelques tentatives aussi de motifs plus modernes. Certains sont très vulgaires ; d'autres, amusants, osés, seront plaisants sur un mur, sur une table basse. On peut même composer son propre service, avec le monogramme souhaité, ou les fleurs que l'on aime. Ma sœur a choisi un motif cerné de jaune et de bleu, et Ashley adorait la série blanche au liseré de vigne vierge dessiné en relief. Lorsque j'ai commandé mes assiettes, ornées au centre d'un dessin représentant grenades, cerises ou myrtilles, j'ai demandé : « Quel est le nom du motif ? »

L'homme a haussé les épaules : *« Frutta. »* Bon, j'ai bien fait de demander. Trois mois plus tard – les commandes sont en général confectionnées et peintes les unes après les autres – le service est arrivé à San Francisco. Il trouva sa traduction naturelle dans ma cuisine américaine.

Je cherche aujourd'hui un cadeau de mariage pour le fils d'une amie. Des tasses à *espresso* ? Une théière ? Un joli saladier ? Ed s'habille d'un regard impétueux après trois ou quatre boutiques. Et insiste : « Mais tout le monde adore les théières. Il n'y a qu'à en acheter une. »

– Laquelle tu préfères ? » J'aime celle aux minuscules bourgeons entrelacés de feuilles vertes. Celle aussi, toute blanche, aux branchettes fleuries éparpillées partout.

Il prend la seconde : « Partons. »

Avant de regagner l'autoroute, je regarde avec tristesse défiler les autres magasins que j'aime tant, mais Ed a le pied calé sur l'accélérateur : « Un de ces jours, on pourrait aller voir d'autres céramiques, celles qu'ils font à Gubbio, ou à Gualdo Tadino. On pourrait même y aller le même jour. »

Il cherche à me faire plaisir ou...

Au retour, nous nous arrêtons à Assise, malgré le raz de marée touristique. Ma papeterie préférée se trouve sur la grande *piazza*, face à la mystérieuse église qui fut auparavant un temple dédié à Minerve. J'ai besoin de m'offrir un réassort de papier à lettres, beaux carnets, bristols et cahiers vierges à rapatrier aux US. Je n'ai jamais le temps de faire les magasins de San Francisco. Ces raids de promeneuse sont une manne du ciel. Ed veut ramener quelques bouteilles de sagrantino, son vin favori de l'Ombrie que l'on ne trouve pas à Cortona.

Nous longeons Santa Chiara, son rose délicat, puis les maisons aux pierres d'ambre et de nacre et aux volets bleu fané. Comme toujours, deux chiens sont assoupis, de chaque côté de la porte de la papeterie. Je me réapprovisionne et nous nous dirigeons, comme toujours, vers la Chiesa di San Rufino – à contre-courant des touristes qui partent s'amasser devant les célèbres fresques de Giotto (ou, selon certains, nombreux, de *l'école* de Giotto) à San Francesco. Nous admirons la façade primitive, romane, les gargouilles et autres créatures imaginaires. L'église domine une *piazza*, sa fontaine, et Dieu merci, personne ici. Aucune horde de touristes, si gigantesque soit-elle, ne pourra totalement détruire la grâce enchanteresse d'Assise. Nous y restons jusqu'à sept heures et demie, et pourquoi ne pas dîner à notre restaurant préféré, La Fortezza, d'un fantastique lapin au four.

J'oublie que de telles chaleurs reviennent au mois d'août. Giusi finit le ménage dans une pièce, ferme les fenêtres et les volets intérieurs aux trois quarts. L'air peut ainsi rentrer, s'il y en a, et tout rayonnement direct du soleil reste audehors. La plus fraîche de mes robes de lin blanc ne pèse qu'à mes épaules. Elle flotte comme une chemise de nuit. Emily Dickinson ne portait que du blanc. Je vois pourquoi. Parfois la mienne est encore trop brûlante et je la déboutonne de bas en haut, puis lorsque la chaleur semble se presser sur moi en fin d'après-midi, je finis par l'enlever pour lire en sous-vêtements, le ventilateur juste en face.

Nous faisons notre sauce tomate le jour sans doute le plus

chaud de l'été. Au bout de plusieurs allers et retours à l'*orto*, nous avons rempli l'évier et une corbeille à linge de tomates mûres. Ed enlève le cœur, moi les graines. Inutile de les peler – la peau est mince et elles n'ont rien à voir avec les tomates du commerce qui semblent parfois enrobées de caoutchouc. Mon chemisier, vite maculé, part dans la machine à laver. Ed est déjà en caleçon. Le jus se met bientôt à couler des planches à découper et goutte par terre. Nous hachons des têtes d'ail, une tresse entière d'oignons, dépouillons des branches de thym, ciselons le basilic puis jetons une bonne poignée de sel dans le chaudron. La cuisine sue l'odeur des oignons et nous, nous suons au milieu. Nous versons ensuite les litres de tomates en morceaux. Ed ajoute un litre de vin local. À partir de là, tout va bien. Le soleil de juillet brillera toute l'année dans la moindre bouchée, pour nous et nos invités en Californie. Nous baissons le feu sous le chaudron et sortons balais-brosses et serpillières.

« J'ai un goût dans la bouche, un goût merveilleux.
– Quoi ? Un goût de sauce tomate ? C'est peut-être ça ? » Mais je n'en perçois pas l'odeur. Nous nous remettons de nos efforts après le déjeuner. Un livre en main sous la Tonnelle au Limettier, nous essayons de trouver un peu d'air.
« Je n'arrive pas à le décrire, ce goût. Comme ces musiques qui te restent dans la tête. Ça fait deux jours que c'est comme ça.
– Menthe, miel, fer ou sel ? »
Ed répond non silencieusement. Il est en train d'observer une fourmi convoyer un pétale de rose – le dessus de lit d'une ouvrière. Elle chancelle, mais redouble d'efforts. « Ce goût, je crois que c'est celui du bonheur. »
Nous grimpons de terrasse en terrasse jusqu'au pommier tout chargé de goldens. Qui ne craquent pas sous la dent. Elles n'ont rien de *delicious,* sinon leur couleur tendre. « L'année prochaine, on plantera d'autres pommiers. » Je jette ma pomme dans les buissons. « On pourrait faire des compotes. » Après nos folies tomatières, je n'en ai aucune envie. « Je verrais bien une belle rangée de pommiers le long de la ter-

rasse, pour donner un peu de compagnie à ce pauvre arbre rabougri.
— Il n'est pas rabougri, c'est un pommier nain. » Ed est en train de remplir sa chemise de pommes. « Une petite compote, quand même. » Il adore les pommes. Se rappelle avec ravissement l'automne en Iowa où il fut engagé comme cueilleur. « J'ai lu qu'un type près de Rimini cultive la *limoncella*, une petite pomme au goût de citron, et une autre qu'on appelle *pum sunaja*. Les graines sont libres à l'intérieur et font un bruit de maracas. Il produit trois cents sortes de pommes, des variétés perdues qu'il remet en circulation. » Je sais, au son de sa voix, que nous prendrons un jour la route pour rencontrer cet homme extraordinaire.

    Mon désir initial de vivre en Italie est né entre autres de l'idée que je n'épuiserais jamais les ressources de cette terre sans fin — ses arts, ses paysages, sa langue, sa gastronomie, son histoire. Changer le cours de sa vie en achetant et restaurant cette maison abandonnée, consacrer une partie de chaque année à un autre pays, voilà qui sembla un risque inconsidéré, sinon un acte de folie. Je voulais à cette époque accomplir une chose dont j'ignorais tout. Je pensais — maintenant je le sais — que les Italiens prennent plus de temps pour vivre. Après de longues années de mariage et un divorce pénible, je pensais que l'Italie remplacerait plus qu'avantageusement la perte de ce seul homme. Je voulais un vrai changement.
    Je ne savais pas encore à quel point la chance accompagnait mes vœux, mon instinct premier. Chez moi en Californie, le temps me donne souvent l'impression d'un cerceau en mouvement, d'un tourbillon constant autour d'un corps obligé de suivre ses ondulations. Je pourrais embrasser le sol ici, tant je me sens éloignée de cet espace confiné où le passé vient ronger le futur, libre au contraire de partir une journée cueillir un grand panier de prunes sous la roue immense du soleil méditerranéen. À la toute fin de ce siècle, nous sommes encore éclaboussés de nouveauté : huit étés ici et nous sommes des bébés. Quelle aubaine.

Je remplis deux cabas de pommes de terre, oignons, bettes, melons et tomates, et je prends la voiture pour aller voir Donatella dans la vallée. Plus tôt cet été, les sangliers en orgie de pleine lune ont dévasté son jardin. Je ne la trouve pas chez elle et lui laisse mes sacs sous la vigne vierge, au bord de l'oliveraie si bien entretenue. Je repars et retraverse la vallée, d'où j'ai en levant la tête une vision fugitive de Bramasole. Je stoppe, stupéfaite de voir ainsi la maison parer de ses teintes pêche les collines abruptes, sous la muraille étrusque devenue Médicis. De loin, elle semble appartenir à ce vert paysage d'arbres et de terrasses, et c'est ensuite les nuages et le ciel. Rien vraiment n'indique que nous ayons été là ou que nous y serons. Je me remets en route et un contrefort vient masquer la vue.

FROID

Tôt un matin d'octobre à San Francisco, Ed met de côté une pile de copies d'étudiants et se met à feuilleter un guide de l'Italie. Je suis dans mon bureau où des tonnes et des tonnes de choses m'attendent – onze mémoires d'étudiants, mémos, lettres de recommandation et une montagne de courrier en retard. J'ai des réunions demain, du genre laborieux, et des rendez-vous aux quatre coins de la ville. Ces semaines d'aliéné semblent à la fois s'étirer indéfiniment et m'échapper. Sans quitter sa lecture, Ed allume la machine à *espressi*. Mon bureau donne dans le couloir, en face de la cuisine, c'est pourquoi je n'arrive jamais à faire tout ce que je veux. Quiconque va préparer un plat ou un sandwich vient forcément me voir. Des cuisines se dégagent de grands champs magnétiques qui attirent irrésistiblement tout ce qui marche à deux ou à quatre pattes. Perpétuellement couchée au centre de la pièce sur les carreaux de dames, Sister, la chatte noire, ne fait que confirmer la théorie.

« Est-ce que ça ne serait pas le plus beau cadeau de Noël que de revenir à Venise ? » Les années qui ont suivi l'achat de Bramasole, nous avons enduré les vingt-quatre heures de vol au-dessus de l'Atlantique pour de brefs hivers italiens, à récolter les olives, festoyer entre amis, et échapper tout de même au rythme frénétique des fêtes américaines.

« Hein ? Oh, si. » J'entends bientôt Ed composer un long numéro de téléphone, puis demander une chambre avec balcon au-dessus du Grand Canal pour les 23, 24 et

25 décembre. Mes tonnes de paperasse prennent un aspect moins menaçant.

Nous sommes arrivés tôt ce matin à Cortona directement depuis Rome. Nous allons passer une semaine ici, le temps nécessaire à nos travaux bien-aimés de décembre, puis nous prendrons la route pour Venise. Retrouver Bramasole est devenu facile. Une merveille, tout marche (pour l'instant) ; le chauffage, l'eau chaude – un luxe. Nous avons même une bonne quantité de bois proprement empilé – un avantage acquis de l'élagueur d'oliviers.

Pendant que je défais les valises, Ed part tout de suite cueillir les olives, un grand panier d'osier sanglé autour de son pull de laine rouge. Le soleil disparaît derrière la colline vers quatre heures de l'après-midi et un vent glacial se lève. Ed traîne un grand sac dans la *cantina* puis laisse longuement couler un filet d'eau chaude sur ses mains froides. « Il faudra deux jours, dit-il, en s'y mettant tous les deux. Il y a beaucoup d'olives. » Nous préparons un dîner rapide de *tagliatelle con funghi porcini*, pâtes aux champignons sautés dans notre huile. Ed allume un feu et nous nous asseyons devant la cheminée, un plateau sur les genoux. Demain nous cueillerons les olives toute la journée, puis partirons dans la montagne dîner dans l'une de nos *trattorie* préférées pour leur sauce au sanglier. Le jour où nous apporterons nos olives au moulin, nous ferons une grande fête avec des amis pour célébrer l'huile nouvelle. Difficile de résister à un aller et retour à Assise, voir si le tremblement de terre a vraiment corrompu la paix de cet endroit. Alors il sera temps de partir à Venise, où il peut faire plus froid. Nous avons manteaux, bottes, gants, et j'ai acheté une exquise écharpe de velours ciselé, vert lagon vénitien. J'espère trouver de la neige piazza San Marco. Ed va emporter un vin de choix. J'ai des savons gingembre et lilas, et des bougies parfumées à ce dernier pour éclairer notre chambre. Nous avons convenu de n'échanger qu'un présent, Venise étant *le* cadeau. J'ai trouvé pour Ed un somptueux chandail jaune en cachemire, sous la manche duquel j'ai glissé un volume des poésies de

W.S. Merwin. Le paquet qu'il me réserve, aperçu dans ses bagages, m'intrigue tant il est petit.
  Le téléphone sonne vers onze heures. Depuis que nous avons acheté cette maison, je déteste l'entendre. La sonnerie me fait penser aux ouvriers qui appellent pour annoncer que la pompe n'a pas été livrée, ou que le sableur prolonge ses vacances à la plage. Au lit, à l'aise dans les draps de flanelle, le décalage horaire prêt à m'ensommeiller, je finis le roman commencé dans l'avion. J'entends Ed répondre, enthousiaste : « Hé ! Comment ça va ? » Puis sa voix tombe. « Quand ? Non. Non. Combien de temps ? »
  Il s'assoit au bout du lit, sourcils froncés, épaules basses. Sa mère vient d'être transportée à l'hôpital et son état est critique. « Je n'y comprends rien. Il y a deux semaines elle faisait cuire son pain. Elle est pleine de forces. Ma sœur a mentionné une myo-quelque chose, maladie du sang. J'ai le téléphone du médecin. »

  Au matin, nous refaisons nos valises et reprenons le train pour Rome. Beppe et Francesco cueilleront les olives et les apporteront au moulin. Le médecin se montra plus catégorique que la sœur de Ed. « Venez tout de suite, a-t-il dit au téléphone. Cela peut être n'importe quand. Aujourd'hui, la semaine prochaine, dans un mois. » Cartes d'embarquement, décollage, impression surréelle de nous croiser nous-mêmes. Le temps a parfois des façons de refléter vos émotions. Quand le ciel est trop sollicité par mes poètes en herbe à l'université, je commente toujours *attention au faux pathétique, le rendu est faible*, mais nous sommes ici bel et bien secoués au-dessus de l'océan. Voyant lumineux : mettez vos ceintures. La tempête nous force bientôt à atterrir à Philadelphie. Tous les vols pour le Minnesota sont annulés. Nous entassons nos valises sur un chariot et parcourons galerie après galerie jusqu'à un hôtel proche. Longue nuit à regarder la tempête empirer sur une station TV météo. Pourquoi les gens meurent-ils à Noël ? La voix du mystère appelle-t-elle pour ramener la famille chez elle ? Mon père est mort un 23 décembre, j'avais quatorze ans. La robe de tulle rose que je devais porter pour danser est restée accrochée derrière la porte du placard jusqu'à ce qu'elle n'ait plus de forme. On retira le sapin de Noël. La tempête se calme momentanément, et nous en profitons pour prendre un avion. Minneapolis nous accueille d'un record historique de froid. Nous trouvons Sharon, la sœur de Ed, avec son mari et sa fille, au bureau de location de voitures. Ils arrivent de la Californie du Sud et prennent eux aussi la direction de l'hôpital. Deux autres sœurs, Anne et Mary Jo, ainsi que le frère de Ed, y sont déjà. Nous foulons la croûte de neige hors de l'aéroport. Le vent est féroce, l'air, des tessons de verre. Mes bottines ont des allures de chaussettes. Ed doit détacher la voiture d'un bloc de glace. Nous partons à Winona, à deux heures au sud, le long de routes labourées au milieu des champs blancs qui, devant mes yeux neufs, ressemblent à l'absence de tout. Je ne connais pas bien la maman de Ed, sinon depuis une unique visite, et grâce au téléphone, chaque dimanche. Mais je sais qu'elle l'a élevé, qu'elle en a fait l'homme qu'il est, et de cela je suis reconnaissante infiniment.

Le plaisir de voir tous ses enfants réunis aussi vite lui a redonné courage. Mary Jo lui a mis un peu de rouge à lèvres et elle s'est assise sur une chaise. La voir n'est pas attristant ; impossible de croire qu'elle puisse être menacée. Mais elle se fatigue vite et, rendu à son lit, son long corps semble décharné, son souffle devient inquiétant. Les enfants organisent une sorte de relais pour que l'un d'eux soit toujours auprès d'elle. Les filles ont pris les chambres de la maison et nous partons dans un motel d'une quelconque chaîne. Ed pense par bribes au caractère irréel de Venise – comment il s'était préparé, à ce moment précis, à lire Shelley ou Mann à haute voix dans un grand lit au-dessus des eaux immortelles. Aujourd'hui sa maman, qu'il aime sans effort et sans équivoque, glisse d'instant en instant loin de lui.

Longues journées. Allers et retours à l'hôpital. Visiteurs qui pénètrent sur la pointe des pieds, tubes à perfusion, visites impériales du médecin, petites courses ici et là. Les sœurs s'occupent à la maison, s'efforcent de classer, donner, gérer les choses et les affaires, pour que la tâche n'incombe pas par la suite à Mary Jo et Robert qui vivent toujours ici. Non qu'il y ait beaucoup. Devant les tiroirs et les armoires ouverts, j'ai vu sans difficulté que leur mère ne s'est jamais souciée de posséder trop de choses. Son prénom est Altrude, je ne le connaissais pas avant elle. L'idée d'altruisme qui y est associée est juste : la vie d'une femme entièrement dévouée à ses cinq enfants. Nous partons l'après-midi faire des kilomètres. Ed connaît le temps comme un intime. Enfant, il aimait camper l'hiver, les randonnées à ski, les raquettes, sports et activités du froid pour moi inconnues. Entre émerveillement et ahurissement, je n'arrête pas de lui demander : « Comment peut-on décider de vivre ici ? Quelle douleur !

– Non, c'est un autre rythme qu'il faut prendre. Écoute – quand le thermomètre monte au-dessus de zéro, c'est une obligation au Minnesota de mettre un T-shirt et un short pour faire semblant d'avoir chaud. »

Ed conduit, le minuscule chauffage de la voiture fait un bruit d'enfer. Je regarde au-dehors. *À Venise, une odeur de calamars frits vole par une fenêtre, une mince couche de neige pare les lions de Saint-Marc, une tasse de chocolat fume sur une table chez Florian où l'on passe des airs de guimauve.* Mais non, ici la pureté dépouillée du paysage. Grange rouille gravée contre le ciel si pâle, forêt givrée de bouleaux d'une brillance fantastique, un cerf court sur le lac gelé. Ses sabots projettent des houppes de neige. Nous traversons de petites villes tapies, les fermes où grandirent les parents de Ed. *La place de sa famille, le lieu qui les a faits. Il a vu les poissons nager sous une fine couche de glace. Sa vie avant de savoir qui il était. Le siège d'écrasants hivers, serres mortelles qui relâchent d'intenses vibrations au printemps.*

« Qu'allez-vous faire pour Noël ? demande sa mère. Puisque vous êtes tous ensemble. » Elle n'ajoute pas *sans doute pour la dernière fois* mais tout le monde y pense. Mary Jo, qui a été religieuse pendant trente ans, lui donne la communion chaque jour et elles parlent de la mort sans manières. Je vois Ed au chevet d'Altrude et j'aperçois de nouvelles facettes de son caractère si doux. Il est simplement là. Il l'aide à manger, lui fait sa toilette, parle de son *graham cracker pie*, de son habitude de stocker les betteraves, de l'affreux garage des voisins, et de son père, décédé il y a deux ans.

Les sœurs ont trouvé une caisse des livres de Ed dans la chambre qu'il habitait. Ann en sort une édition poussiéreuse de *La Mort à Venise* et demande : « C'est comment ? » Par osmose, l'Italie finit par intriguer frère et sœurs. En lisant ce que j'ai pu écrire de notre vie là-bas, ils ont appris des choses sur nous qu'ils ne suspectaient pas. Demeurant loin les uns des autres, menant des vies parfaitement différentes, les cinq enfants se sont peu à peu détachés, après une enfance extrêmement liée dans cette petite maison. Les murs reprennent vie ; les synapses se reconnectent ; tout le monde parle de soi. Mary Jo qui a réinventé son existence une fois quitté l'ordre religieux. Sharon et sa famille complexe. Anna qui, partie à Stillwater, jongle entre son travail et deux enfants *grunge* des pieds à la tête, le casque du walkman constamment sur les oreilles. L'anticonformiste Robert qui refuse perpétuellement de « travailler pour l'Homme ». Chuchotements : *ils l'avaient élue Reine de la promo, il a carrelé sa salle de bains avec des rebuts de toutes les couleurs, elle voudrait le canapé mais il ne veut pas lui laisser, regarde l'allure digne de maman dans sa robe de mariée, on recevait un seul jouet à Noël, comment tu as pu épouser ce salaud, ce n'est pas du tout ce que je me rappelle.*

Ed part à l'hôpital à six heures trente tous les matins. Il aime ces heures au calme avec sa mère. Elle s'était inquiétée : « Qu'allez-vous faire pour Noël ? » Dans le doute, cuisine. Le matin de la veille de Noël, nous écumons avec Ed les épiceries de Winona d'où nous ramenons huile d'olive, vin, ail, et tout un chariot de vivres que nous poussons dans les ornières glacées du parking. Sa mère est lointaine aujourd'hui, les griffes se resserrent. Nous allons chez le notaire ; les enfants mettent la maison en vente. Nous nous ruons chez le fleuriste – étourdis par la chaleur humide et les parfums de roses et de lis. Des bougies et des fleurs pour sa chambre. Il y a si peu à *faire*. Le thermomètre descend encore ; jusqu'où ira-t-il ? Nouveau record de froid. Nous faisons une courte promenade et j'ai peur de nous voir rentrés sans doigts et sans orteils.

Le seul luxe du motel est un jacuzzi. *Ya-cout-si,* comme disent les Italiens. De retour après une dernière visite tardive à l'hôpital, nous vidons la petite bouteille de sels moussants dans l'eau, allumons une bougie et nous reposons dans les tourbillons d'eau fumante. Enfin au chaud.

Le matin de Noël, la maman de Ed se sent assez bien pour qu'on l'amène dans l'entrée, sur un fauteuil, regarder les oiseaux jaunes, gros comme le pouce, de la volière. Je me demande ce qu'elle ressent de voir réunis autour de son lit les cinq enfants qu'elle a élevés, âgés maintenant de quarante à cinquante ans, occupés à leur vie, en bonne santé, et beaux, et forts.

Trop froid pour aller nulle part. Nous restons tous à la maison presque l'après-midi entier. Dans un tiroir de la cuisine, les sœurs dénichent la fameuse recette familiale du graham cracker pie, puis toutes trois, s'autoproclamant cuisinières inaptes, se lancent dans sa confection, consultant l'une et l'autre à propos de l'épaisseur de la crème ou de la consistance des œufs en neige. Pendant ce temps, nous préparons Ed et moi de petits rouleaux de pâtes au fromage et aux épinards, et un grand ragoût de bœuf avec carottes, pommes de terre et vin rouge. Également une purée de brocolis (l'un des rares légumes frais que nous ayons trouvés) et, touche italienne, nous servirons des *bruschette,* tranches de pain grillé frottées à l'ail.

Le soir tombé, nous apportons à l'hôpital le dîner d'Altrude sur un plateau. Elle mange presque entièrement la tranche de graham cracker pie et prodigue ses éloges, bien que nous sachions tous que la crème est un peu liquide. Au retour, la neige se remet à tomber, recouvrant l'extérieur d'un aveuglant silence.

Au dîner Ed met une cassette d'arias de Puccini. Tout le monde se rassemble autour de la table maternelle. Je regarde par la fenêtre les lumières de la maison dont les rectangles d'or se reflètent sur la neige. La ville blanche est une répétition de ce même tableau. Nous servons le vin. « Santé. »

« À maman. » « *Salute.* » En l'absence des parents, la maison se prépare à rouler dans le fond de la mémoire. Le dîner est prêt. Nous avons faim et nous mangeons.

Graham cracker pie.

Le gâteau préféré de la famille de Ed est un classique du milieu de ce siècle. On lui ajoutait chez moi un arôme de citron.

Émietter finement 12 graham crackers * *à l'aide d'un rouleau à pâtisserie. Incorporer 1 cuillerée à café de farine, 1 cuillerée à café de cannelle, et un ⅓ de tasse de sucre. Faire fondre un ⅓ de beurre et mélanger avec le reste. Déposer la pâte dans un moule à tarte. Pour la crème, mélanger une ½ tasse de sucre et 2 cuillerées à soupe de farine de maïs. Battre 3 jaunes d'œufs que l'on incorpore dans 2 tasses de lait. Mélanger au sucre et faire cuire à feu modéré, en remuant constamment, jusqu'à ce que le mélange épaississe. Incorporer au fouet 2 cuillerées à café de vanille. Battre en neige ferme les 3 blancs d'œufs. Verser la crème dans le moule, couvrir avec la meringue et mettre au four à 175° jusqu'à ce que la meringue brunisse.*

* *Graham crackers* : biscuits de farine complète.

« RITMO » : LE RYTHME

Sous les torrents d'eau de notre hiver « El Niño » à San Francisco, nous avons décidé de déménager. En lisant un jour le journal du dimanche, j'ai remarqué un petit dessin d'une maison espagnole ou méditerranéenne, dotée de deux balcons et, semblait-il, flanquée d'un grand palmier sur le devant. « Regarde ça. Elle ne te fait pas penser à Bramasole ? »
Ed l'observa longuement. « J'aime bien. Où est-elle située ?
– Ils n'en disent rien. Ce n'est pas joli, ce balcon ? On pourrait le garnir de ces orchidées jaunes qui semblent pousser partout à San Francisco. » Ed a appelé l'agence immobilière où on lui a dit que la maison était vendue.

Nos longs séjours à Bramasole nous poussent à importer dans notre vie américaine autant d'Italie que possible. La maman de Ed, décédée au mois de janvier, nous a rappelé l'urgence du *carpe diem*. J'ai acheté l'appartement que nous occupons, au second étage d'une grande maison victorienne, alors que mon premier mariage se dissolvait lentement. J'aimais ses plafonds voûtés, les moulures, la lumière des faîtières et des trente fenêtres qui inondaient l'intérieur. La salle à manger donne sur les arbres, et offre une vue de la ville, avec un aperçu de la baie en arrière-plan. Au fil des années, chaque pièce s'est mise à refléter notre vie. J'ai refait la cuisine l'année où nous avons acheté Bramasole. Carrelage noir et blanc, miroirs glissés derrière les comptoirs et les armoires vitrées, une cuisinière de restaurant dotée de six feux et d'un four où l'on peut aisément caser deux oies et une dinde. C'est la vie extérieure qui a commencé à nous manquer. De mettre le pied dehors comme si c'était dedans, de rentrer dans la maison comme dans une pièce d'air. Brusquement, j'ai voulu de l'herbe par terre et une table sous les arbres. Et puis c'est bon de déménager. Je jette toutes les vieilleries accumulées – pots, papiers, chaussures oubliées au fond des placards, plaques à biscuits noircies, serviettes usées. Je me rappelle chacun des autres déménagements et je sais que toute nouvelle période de ma vie a débuté avec un nouveau logement. Sans doute l'instinct irrationnel qui pousse à changer de domicile (bien situé, l'appartement était grand et agréable) précède-t-il la conscience d'un changement plus vaste, d'une disponibilité envers ce qui est nouveau.

Nous avons commencé à cocher les annonces dans le journal, à visiter les maisons ouvertes le dimanche après-midi, à parcourir des quartiers pratiquement inconnus. Le nôtre, Pacific Heights, restait bien au-delà de nos possibilités, compte tenu de ce que nous voulions trouver. Le marché de l'immobilier était fou furieux : les prix demandés servaient en fait de plancher à de futures enchères. Des maisons se vendaient jusqu'à cent mille dollars au-dessus des prix affichés. Déroutant. John, notre agent, partageait ce point de vue. Et nous ne trouvions rien qui nous plaise particulièrement. Je voulais ressentir le *voilà, c'est ça* qui avait imposé l'achat de Bramasole.

Parfois nous abandonnions une quinzaine de jours, puis John téléphonait pour dire que nous devrions aller voir ici ou là, que nous aimerions peut-être tel ou tel ranch avec son grand jardin, ses séquoias et sa serre. Un jour que nous faisions le tour de la péninsule pour visiter un cottage, nous avons suivi un panneau À *vendre* et nous sommes retrouvés dans un coin boisé de San Francisco aménagé il y a longtemps par la société Olmstead, à qui l'on doit aussi Central Park. Les maisons semblaient avoir une vie propre au milieu des arbres et pelouses. Celle proposée, de style Tudor, était vendue « en l'état initial », c'est-à-dire que chaque fenêtre et chaque planche devaient être refaites. Nous avons dit à notre agent que nous voulions interrompre nos recherches pendant un an ou deux, le temps que le marché se calme.

« Je crois que j'ai quelque chose qui vous plaira. Retrouvez-moi à quatre heures, je vous la montre. » Et nous sommes partis voir cette petite maison au charme incroyable où, en l'espace d'une heure, les offres s'accumulaient déjà.

Comme nous nous garions à l'adresse indiquée, j'ai reconnu le cottage aperçu au départ dans le journal, celui qui nous a fait rêver d'un autre déménagement. « Mais on avait vu l'annonce, et on a appelé. On nous a dit que c'était vendu.

– Oui, admet notre agent, mais la cession est annulée. Et elle n'est pas encore remise en vente. » Quelques marches arrondies mènent à la véranda carrelée, contiguë à la salle à manger. Avec ses trois balcons à l'étage et ses onze fenêtres, cette maison parle mon langage. Je vois Sister suivre les carrés de soleil à l'intérieur des pièces gorgées de lumière.

Nous l'avons achetée. Nous n'avions pas encore mis notre appartement en vente, mais il fallait agir vite. Je me suis mise à trier lettres et chandails. Ma fille s'est fiancée. Nous allions donc bientôt connaître Stuart. Ashley et moi avons commencé à préparer leur mariage. Les visites chez les photographes et les fleuristes furent ponctuées d'allers et retours à la quincaillerie d'où nous ramenions poignées de portes et crochets. Ashley écrivait, préparant son doctorat, puis révisa ses oraux. Une panique extrême s'est installée. Plusieurs de ses condisciples avaient été recalés l'année passée. Nous avons vendu l'appartement trois jours après les premières annonces. Nous nous sommes concentrés sur la maison et avons arraché des kilomètres d'une épaisse moquette blanche, couverte de taches. Le plancher de bois à chevrons, vieux de soixante-quinze ans, était intact en dessous. Sale, mais superbe. Nous avons découvert un escalier de briques barbouillé de peinture, qu'il fallut décaper. Les planchers furent bientôt rénovés, l'électricité et le système d'alarme, installés ; l'intérieur, repeint. Nous avons dû faire mettre un nouveau toit de tuiles. Un jour que j'étais sortie, une pièce par erreur a été peinte en jaune. Nous cherchions la robe de mariée d'Ashley – elle s'est vite décidée pour des volants de nuage – mais aussi les cartons d'invitation et les costumes des demoiselles d'honneur. Nous avons sélectionné un traiteur. Autour du week-end de Pâques, Ed est parti en Italie élaguer les arbres. Je courais de l'appartement à la maison et de la maison à l'appartement, à m'occuper d'ouvriers qui ne parlaient pas anglais. L'entreprise que nous avons trouvée parlait la même langue que nous mais, lorsque les travaux ont commencé, ils ont envoyé une main-d'œuvre juste arrivée du Cambodge, de Malaisie, de Corée, et de toute l'Amérique du Sud. Les ouvriers parfois ne se comprenaient pas entre eux. Restaurer Bramasole fut autrement plus simple ! Un peintre du Honduras bloqua de l'intérieur la poignée d'une porte qu'il claqua derrière lui en sortant. Quand je lui ai montré qu'on ne pouvait plus ouvrir, il m'a regardée avec ses grands yeux bruns et articula tristement les deux seuls mots d'américain qu'il connaissait : *« Fouke shitte**. »* Je l'observai un instant avant de reconnaître les populaires explétifs.

J'avais dit, désinvolte, que j'aimais déménager. Que l'on s'amuserait. Quand j'ai vu les déménageurs mettre une journée entière pour charger le camion, je me suis demandé si on arriverait jamais à tout déballer ensuite. Sister, qui a toujours vécu dans le même appartement, a hurlé tout le long du trajet vers la maison. Les étagères que nous avons achetées – et couvertes de trois couches de peinture – ne voulurent pas tous nos livres. Nous en avons entreposé soixante caisses à la cave. Dans le vaste salon, le canapé et les fauteuils ressemblaient à des miniatures de poupée. Les hommes se sont mis à tout défaire, mais je n'avais aucune idée de l'endroit où installer vases, plats et toiles. Ils restèrent entassés sur le parquet redevenu magnifique. Nous étions heureux de cette maison jusqu'à la moindre brique. Notre chambre à coucher dispose d'une cheminée, de fenêtres aussi hautes que le plafond, d'un balcon donnant sur des arbres tropicaux puis, au loin, sur le Pacifique. J'ai fait repeindre les murs d'une teinte nommée « Sicile » – une ombre de pêche. Un bureau pour chacun, d'immenses rangements, un petit jardin clos, et un bougainvillée qui a dû être planté en même temps que la maison –

---

* « Poutain de mierde. »

nous étions trop exaltés pour nous plaindre de journées écrasantes entre aurore et minuit. Ed est revenu de deux semaines de dur travail à Bramasole. La rentrée fut violente. Un tuyau a rompu et la cave fut bientôt inondée. Ed pataugea dans l'eau jusqu'aux chevilles, le téléphone dans une main, un carton de livres sous l'autre bras. Deux plombiers ont travaillé onze heures de suite avant de trouver enfin la fuite. Je suis partie trois fois dans le sud de la Californie donner des conférences. J'ai participé à San Francisco à différents événements. Nous avons fait faire une nouvelle baie vitrée pour le palier à l'étage, afin de remplacer avec du verre normal les deux chouettes en vitrail qui nous regardaient fixement sur leur branche. Un jardinier est venu tailler le lierre, ce qui ne manqua pas de nous rappeler Bramasole. Oh, et par-dessus le marché j'enseignais à plein temps. Dix mémoires de maîtrise, les cours, les réunions.

Nous avons décidé de nous marier. Et n'en avons rien dit. Je repensais à mon instinct premier, selon lequel déménager est le signe avant-coureur d'une volonté de changement. J'ai commandé deux gâteaux à Dominique, mon pâtissier favori, et nous avons invité pour la crémaillère une trentaine de nos proches amis. J'ai alors annoncé la nouvelle à Ashley et à deux autres amis. Nous avons filé en ville chercher notre certificat de mariage, délivré avec une facilité déconcertante. Douze dollars, signez là. Les années qui suivirent mon divorce, j'ai toujours évité d'aborder le sujet. Même lorsqu'il devint clair que Ed et moi resterions toujours ensemble, mon point de vue restait : « À quoi bon ? » Ou : « Je n'ai plus la responsabilité d'élever des enfants. Nous sommes adultes. » Je redoutais cette amie selon qui : « Le mariage est un premier pas sur la route du divorce. » En moi-même je répétais : *je ne mettrai pas une deuxième fois ma main sur la porte du four.* Je ne voulais pas non plus me trouver à nouveau dépendante de quelqu'un. J'ai assez cher payé les années d'autrefois où j'écrivais des poèmes pendant que mon mari travaillait. Je savais que je n'épouserais plus personne sans la plus complète liberté financière. Miraculeusement, et grâce à cette même main qui écrit, je me sens en sécurité.

Une pleine voiture de fleurs, une grande table de fromages, des fraises, des gâteaux, *gelato*, champagne – jamais mariage ne fut aussi simple et facile. Nos amis ont posé savons, plantes, saladiers et livres sous la crémaillère. Proche de nous, Josephine, pasteur habilitée, a rassemblé tout le monde dans le salon pour bénir ensemble la maison. Nous avons pris place auprès d'elle devant la cheminée. Ashley et Stuart nous ont rejoints. Alors Josephine commença : « Très chers amis, nous sommes réunis... » Stupeur et applaudissements. Elle parla du bonheur. Ed et moi nous étions choisi des poèmes. Et ce fut tout.

Le lendemain nous recommencions à défaire les cartons, nous changions d'autres verrous et nous occupions de l'assurance. Mais – nous offrions d'immenses sourires au facteur et dansions de temps à autre dans le hall.

Les préparatifs du mariage d'Ashley, en août, étaient pratiquement finis. Elle réussit tous ses examens et l'un de ses articles fut retenu pour une conférence. Stuart a quitté son entreprise pour fonder la sienne. Ils choisirent des bureaux et embauchèrent du personnel. Sur le chemin des restaurants, il conversait avec son portable. Qui était en état de faire la cuisine ? Nous étions si loin au-delà de tout que nous paraissions sereins. Ils nous offrirent un gril et nous sommes parvenus le même soir à calciner, et la viande, et les légumes. Stuart apporte avec lui trois enfants – les joies et les complications d'un précédent mariage. Tout change, change, change. La maison a l'air vide, mais habitée. Nous y avons vécu deux semaines. Je ne savais jamais où étaient les fourchettes, ni comment fonctionnait le nouveau lave-vaisselle. Forts de notre entraînement italien, nous avons comprimé six mois de travaux en six semaines. Sister braquait sur nous un œil accusateur et refusait de quitter sa place sur la valise de Ed. Nous avons mis la main sur les déclarations d'impôt, pour lequel nous avions demandé un délai au milieu de l'effervescence. Nous avons noté les examens finaux et mis de l'ordre dans nos bureaux à l'université. C'était juin. La jeune femme est arrivée pour garder la maison. Il était temps d'emménager en Italie.

À l'heure italienne, je m'éveille au soleil, sans horloge. Encore en état de choc après un printemps chaotique, je regarde la fenêtre comme on regarderait le vide. Ed s'est levé avant le jour, pour se rendormir finalement sur le canapé. Nous sommes venus passer l'été à Bramasole. Je me demande si nous pourrions contempler les arbres sans rien dire à quiconque pendant une semaine au moins. J'aimerais qu'une infirmière soit là, dans le couloir, présence de voile blanc prête à apporter des tranches de melon sur de fines assiettes, une main fraîche sur mon front brûlant. Première semaine de juin – curieux, le jardin est déjà tout en fleurs. Même les lis jaunes sont épanouis. Les tilleuls que Ed et Beppe ont émondés en mars ont ouvert des ombrelles de feuilles neuves. Certains rosiers voient déjà leurs premières ardeurs flétrir.

Beppe passe dire bonjour. Ed l'accueille pieds et torse nus et notre ami lui tend un sac. « *Un coniglio* pour la *signora, genuino.* » Les soixante-dix journées qu'il a passées sur terre, son lapin n'a mangé que des légumes, de la salade, du pain. « Faites cuire aussi la tête, dit Beppe. La chair de la tête est... » Il fait tire-bouchonner l'index contre sa joue, geste qui indique la perfection du goût. Beppe nous apprend qu'il a plu chaque jour au printemps, c'est pourquoi toutes les plantes sont en avance de deux semaines. L'air est chargé d'une lourde humidité et j'ai l'impression de voir la lumière fraîche par-dessus la vallée au travers de lunettes teintées de vert. Beppe s'est occupé de l'*orto*, car Anselmo est malade à nouveau. Nous appelons ce dernier plus tard, et sa voix me paraît faible, toutefois il affirme qu'il ira mieux d'ici une ou deux semaines. Ed prépare du café et nous nous laissons choir dans nos fauteuils au-dehors, où le soleil se charge de nous remettre sur pied. Nous discutons symptômes de stress post-traumatique, en sommes-nous atteints ?

Primo Bianchi monte le long de la route dans son Ape bleu cabossé. Nous descendons l'allée pour l'accueillir et le voyons boiter sérieusement. Il porte des pantalons gris bien repassés sur ses mocassins, pas ses vêtements de travail normaux. Il s'assoit tout de suite sur la murette et retire ses chaussures. Même sous les chaussettes, ses chevilles semblent enflées. Il fait la grimace à chaque fois que ses pieds touchent le sol ou qu'il bouge. « La goutte, sans doute. Cela fait un mois que je ne peux plus travailler. Et les pilules qu'on m'a données sont mauvaises pour mon foie. »

Nous sommes prêts à terminer la salle de bains qui est restée en l'état l'été dernier, alors que le carrelage de Sicile a fini, lui, dans la mer. Nous voulons également poser une terrasse de pierre devant la *limonaia* et la recouvrir d'une pergola de vigne vierge – toujours notre ambition de jardin. Primo nous apprend qu'il a consacré son printemps pluvieux à refaire la cage d'escalier d'un *palazzo*. Les genoux sur la brique mouillée, à charrier et poser du ciment – pas étonnant que ses pieds se révoltent. Il suggère que nous cherchions quelqu'un d'autre. « Non, non, nous attendrons que vous soyez remis, dit Ed. Nous aimons votre façon de travailler, et votre équipe. » Et nous l'adorons, lui. Il sait tout faire. Il considère un problème, hoche la tête de gauche et de droite, réfléchit. Puis il nous regarde, tout souriant, et nous donne la solution. Il fredonne en travaillant ces chansons de trois notes que j'ai reconnues sur des enregistrements de musique traditionnelle de Toscane et d'Ombrie. Ses yeux bleus sont pleins d'une lointaine tristesse que dément complètement son sourire immédiat. Primo se hisse sur ses pieds et promet d'appeler dès qu'on peut commencer.

Si nous sommes inquiets pour lui, le retard annoncé nous remplit de franche extase. Quelques semaines devant nous de *dolce far niente*, douceur de ne rien faire, ce que nous aimons le plus. Il semble fortuit que nous entreprenions toujours d'immenses chantiers. L'été précoce déploie un charme intense. Les cadences doubles, triples, des derniers mois s'évanouissent soudain et les longues, longues journées de Toscane s'offrent comme autant de présents. Ce Printemps de Folie a beau être né de notre désir d'apporter à San Francisco un peu de notre vie ici, son souvenir maintenant a des allures de « bombardons-le-village-puisque-cela-seul-le-sauvera ».

De revivre au printemps, nous nous demandons l'un l'autre de quelle autre façon nous aurions pu procéder. Et que pouvons-nous *rapporter* à nos existences dans le nouveau cottage ? D'où vient le changement puissant qui affecte nos corps et notre esprit quand nous vivons ici ? En Californie, ne sommes-nous pas fréquemment au-delà de tout contrôle ? Lorsque je m'engage – trop – à fond dans les choses, je sens mes capacités de concentration prendre la tangente. Après quelques journées ici, ma conscience altérée commence à se reconstituer, se répare. Ceci même est un préalable au bonheur : l'absence de toute angoisse. D'évidence, la raison première est que nous ne travaillons pas l'été. Mais nous aimons enseigner, il faut de toute façon continuer et, dans ce cas, quelle alternative avons-nous ?

Ici, presque tous les médias disparaissent du quotidien. Je remarque tout de suite l'énorme différence. Cette habitude que j'ai d'allumer la radio sur le chemin de l'université me fait, avec le recul, l'effet d'un bulldozer sur le rythme normal d'une journée. Insidieux, parce que presser sur le bouton *semble* un geste naturel, neutre, automatique. Cependant au cours de la demi-heure qui s'écoule entre mon appartement et le parking de la faculté, des gros bonnets de la drogue se font tuer, des enfants sont bafoués par ceux-là mêmes qui devraient les protéger, des bombes explosent dans des voitures, des maisons sont emportées par les inondations, et ma psyché à peine éveillée absorbe par paquets les malheurs de ce monde. Un bombardement d'images dérangeantes, terrifiantes, sape le bien-être que nous aurons, avec de la chance, su tirer d'une nuit de sommeil réparateur. À la télévision, c'est certainement pire ; je ne la regarde jamais, sinon lors des tremblements de terre ou en cas de vraies détresses. Arrivée au travail, je sors de ma voiture tendue déjà, et sans savoir pourquoi. Cette surcharge de mauvaises nouvelles et d'horreurs récurrentes, dans toutes les sortes de journaux, garde une apparence de normalité jusqu'au jour où on lui échappe. A-t-on jamais réalisé une étude qui mette en valeur la corrélation présente entre l'angoisse et l'écoute des actualités ? Je lis ici le journal deux ou trois fois par semaine, ce qui est bien assez pour rester au courant des événements cruciaux. Je dis à Ed : « Je commence ma journée sans les parasites du monde négatif. Sur mes propres bases.

— J'aime bien ce qu'ils disent sur la circulation, moi. Les mots se précipitent les uns à la suite des autres ; on dirait un poème de Dylan Thomas. Mais au lieu des nouvelles, tu n'as qu'à mettre les concertos pour violoncelle de Bach. » Ed n'est pas toujours stressé comme je le suis, sa charge de cours à l'université est deux fois moins lourde que la mienne. « Ce qui compte, c'est de prendre le temps à rebours, et il y a de quoi faire.

– On pourrait se lever tôt, dans notre nouvelle maison, et aller se promener, comme je le fais ici. Histoire de partir chaque jour sur ce qui nous ressemble. Descendre jusqu'à l'océan.

– C'est la *siesta* qu'il faut ramener – la liberté au milieu de la journée.

– Ça ne te plairait pas, des fois, d'appeler les copains pour demander comment ils vont, sans qu'ils ne te répondent à chaque fois "je suis débordé" ?

– Oh, "débordé", ça veut dire bien des choses – ça signifie entre autres "je suis quelqu'un d'important". Alors que le plus important, c'est de vivre, pas de se "déborder". Du moins dans le sens où ils l'entendent, comme on entend un téléphone qui sonne sans arrêt. »

J'ai consacré tant de mon temps précieux à ces réunions sans fin, à ces évaluations et mises au point écrites que personne n'a lues. Ed demande à ses étudiants de calculer combien de week-ends il leur reste devant eux, dans des conditions de chance et d'espérance de vie normales. Même les plus jeunes restent interloqués en comprenant que la vie leur en offre encore deux mille huit cents. C'est tout. Fait exprès. *Carpe diem, sì, sì,* profite du temps présent.

Nous adoptons l'hédonisme. Passons deux jours à faire provision de choses essentielles, à planter les dernières pousses annuelles que nous pouvons trouver avant que les pépinières soient toutes dévalisées, et nous commençons une série de longues promenades. À pied. Les fleurs des champs n'ont jamais été aussi belles depuis cent ans. Les pluies abondantes ont réveillé la moindre graine et, depuis les pare-feu autour des collines, nous embrassons les prairies revêtues de couleurs, les flancs tout dorés de *ginestre,* genêts, qui sèment leur parfum dans les souffles de l'air. Nous cueillons des fraises grosses comme des rubis de deux carats et nous asseyons dans les hautes herbes pour les savourer. Puis, en voiture, nous parcourons l'Ombrie et les boutiques d'antiquités, à la recherche d'un bureau. Un antiquaire affirme : « Je vous trouverai ce que vous voulez ; il suffit de le nommer. » Ce qui me rappelle les promesses grandiloquentes de mon père quand j'étais petite : « Tout ce qui existe en ce bas monde peut être à toi. Dis-moi juste ce que tu veux. » Je n'avais jamais aucune idée, à part une piscine, ce à quoi il répondait : « Non, tu ne veux pas de piscine ; ce n'est qu'une impression. » Nous partons à San Casciano dei Bagni, où les Romains venaient se baigner, et mangeons des raviolis de pigeon au restaurant de la grand-rue. Puis c'est Sarteano et Cetona, et les méandres du paysage de rêve.

Lorsque l'épuisement que nous avons rapatrié s'envole enfin, nous montons à Florence et y passons la nuit. Il faut que je trouve une robe pour le mariage d'Ashley en août. Les marrons, prunes et gris de l'automne sont déjà exposés. Ed se laisse aller à l'humeur automnale et trouve deux manteaux souples, décontractés. Je n'ai jamais acheté à Florence que chaussures et sacs à main. Quand Jess (l'ex-petit ami d'Ashley, devenu notre grand copain) vient nous rendre visite, Ed adore passer une journée dans les magasins pour hommes. Ils se stimulent l'un l'autre et je les regarde faire. Maintenant Ed fait chaque boutique avec moi. Je m'habitue au *shopping* à l'italienne. Vous dites ce que vous voulez et ils vont vous le chercher. C'est une erreur de seulement passer en revue ce qui est déjà présenté, puisque bien des boutiques n'exposent qu'une seule taille. Les vendeurs sont là pour aider. Le self-service à l'américaine n'est pas de mise ici. J'ai à peine dit que je désirais une robe pour le mariage de ma fille que toute la boutique défile sous mes yeux. Ils comprennent parfaitement que l'occasion est *molto importante*. La plupart des mamans, je suppose, ne veulent pas d'une « robe de belle-mère ». Tous les modèles en dentelle lavande ou en crêpe beige conçus à leur égard doivent rester invendus. Le tailleur que je finis par choisir, dans un petit magasin où l'on fait tout à la demande, est orange. Un orange soyeux, glacé, qu'il faut ajuster. Ma sœur me prêtera son collier de perles et de coraux. Je trouve deux superbes escarpins dorés mat, aux talons hauts à tuer. Ce mariage sera superbe. L'os étant que je vais devoir revoir mon ex-mari pour la première fois depuis des années.

Vittorio nous appelle pour nous inviter à déjeuner sur un bateau. Le comptoir des vins de Trasimeno a réservé un ferry pour un groupe de personnes, qui les amènera, dans le cadre de ce qu'on appelait un « repas progressif », aux quatre coins du lac où différents plats seront servis. Nous nous retrouvons le dimanche à midi à Castiglione del Lago. Lorsque nous arrivons, des verres de *prosecco* circulent avec des *bruschette* à la tomate et au basilic. On confie à tout le monde un verre à vin et un étui pour le porter autour du cou tant qu'on ne s'en sert pas. Les participants sont plus nombreux que nous ne le pensions. Nous retrouvons Vittorio, Celia, leurs enfants, et plusieurs de leurs amis. Quelque deux cents personnes s'entassent dans le ferry, à l'entrée duquel un buffet est installé. Le *prosecco* continue de couler tandis que nous nous éloignons du quai. J'aime les bateaux, les îles, et le ciel qui balance avec le roulis. Nous débarquons à Isola Maggiore, où le personnel de l'hôtel nous sert des *pasta* aux œufs de carpe, et des paniers d'un excellent pain. Les employés du comptoir des vins versent des portions généreuses de tous leurs blancs. Après les pâtes, promenade brûlante le long de la plage. De retour sur le ferry, nous partons vers l'intérieur du lac vers Isola Polvese.

On débouche les vins rouges. Différents *crostini* passent sur les plats. Le lac se fait argent sous le soleil de flammes blanches. Les enfants commencent à fatiguer, mais un orchestre se met à jouer et certains dansent. Je serais prête à rentrer, mais il n'y a pas de porte. Nous sommes partis il y a des heures. Île vide d'oiseaux et d'animaux libres, Polvese a attiré une foule de gens sur ses plages herbeuses, venus passer leur dimanche après-midi au soleil. Un homme étendu sur sa serviette est devenu tellement rouge qu'on le croirait écorché. Notre troupe traverse l'île pour rejoindre de

grandes tables d'extérieur. On nous sert des carpes préparées comme la *porchetta*, grillées truffées d'herbes et de sel, mais aussi enveloppées de *pancetta*. C'est riche, charnu.
   De retour sur le bateau, je me rends compte que les Italiens sont depuis longtemps formés à ce genre de journée. Toutes leurs premières communions, baptêmes, mariages et autres *feste* les ont bien préparés pour de longues célébrations. On nous a rempli nos verres régulièrement tout l'après-midi. Les visages sont mouillés de sueur. Au bar, les bouchons sautent les uns après les autres. L'orchestre rallume sa sono et la chanteuse dans sa robe moulante entame *Hey, Jude*, avant de passer aux airs de rock italien. Tout le monde est brusquement en train de danser. Le bateau roule et tangue. Pourrions-nous chavirer ? Un homme retardé danse avec sa maman, des mamies balancent des hanches, un homme fait tournoyer sa fillette de trois ans. Le batteur annonce au micro le score d'un match de foot et tout le monde hurle si fort que je crois, ça y est, nous coulons. Nous débarquons cette fois à Passignano pour le dessert. Les enfants deviennent grincheux. Mais de nouveau à bord le vin continue de couler, on fait passer des crêpes aux épinards et au fromage et nous entamons notre huitième heure de gastronomie arrosée non stop.
   Le ferry reprend finalement la direction de Castiglione del Lago. Nous remarquons deux autres Américains ; il a une peau de marbre et elle semble prête à sangloter. Le soleil descend bas. Les teintes sorbet du ciel fondent sur les eaux. Accoudés à la balustrade, nous regardons l'erre du navire tandis que tous les Italiens, en anglais, entonnent avec l'orchestre *like a bridge over muddy waterrrr, I will lay me down*, puis des chansons d'ici que tout le monde connaît. Alors que nous rangeons appareil photo et crème solaire, nous entendons plusieurs groupes discuter de l'endroit où ils vont aller dîner. Ils ont un gène secret dont nous sommes dépourvus.

   Les *fagiolini* de Beppe, haricots verts que nous appelons chez moi Blue Lake, sont mûrs. Petits et tendres, ils n'ont pas besoin qu'on les équeute, mais je le fais quand même.

Bien attendris à la vapeur, ils libèrent leurs meilleures saveurs. S'ils ne sont pas assez cuits, ils craquent sous la dent et restent légèrement amers. Nous les mangeons sans rien, juste garnis d'un peu d'huile d'olive, de sel et de poivre. Non que les amandes grillées, émincées, ou quelques oignons sautés leur fassent du mal. Ou encore mon vieux classique, fenouil en tranches et olives noires. Ma mère aimait ses haricots avec de l'estragon, de l'huile et du vinaigre, et des lardons. Je m'en souviens, nous pensions que c'était un mets de roi. En souvenir de cette recette ultra-sophistiquée, je coupe des branches de mon armoise, qui est devenue un haut arbuste. Je cherche dans mes livres de nouvelles façons de l'accommoder, autres que simplement dans le vinaigre. Les pèlerins du Moyen Âge, sur la route de la Terre sainte, en glissaient des brindilles dans leurs chaussures pour donner du ressort à leurs pas et de l'énergie aux pieds. J'aimerais essayer ça.

Les haricots verts sont le seul légume qu'Anselmo n'a pas planté l'année dernière, lorsqu'il a composé notre verger. Maintenant entretenu par Beppe, l'*orto* reste vigoureux, s'il est moins varié qu'au début. Nous avons oignons, pommes de terre, haricots verts, laitues, ail, courgettes et tomates. Les artichauts et les asperges d'Anselmo nous ont régalés juste à notre arrivée. Beppe projette de planter du fenouil, et de reconstituer les laitues toutes les deux ou trois semaines. Anselmo nous manque – son humour ironique, sa haute main sur le jardin, et cet esprit joueur qui nous a réservé tant de surprises, de situations imprévues. Nous appelons pour prendre de ses nouvelles, et l'on nous dit qu'il a été conduit à l'hôpital.

Nous ramassons quelques touffes de lavande que nous attachons à un pot de miel. Étrange sentiment que de revenir dans un hôpital. Anselmo est plein de vigueur, d'idées tranchées et de bons rires. Sa jambe enflée sera maintenue levée, et il répétera : « *Senta, senta* », écoutez, écoutez, son *telefonino* devant la bouche. Ed se gare et part chercher un ticket à la machine. Je marche vers l'hôpital et l'attends devant l'entrée.

Je jette un coup d'œil aux *manifesti funebri*, avis de décès, bordés de noir, affichés au mur. Je vois Anselmo. Je relis, incrédule. Me force à prêter attention. Épelle. *Hier, avec les sacrements... obsèques demain... pas de fleurs, donner aux œuvres... Anselmo Pietro Martini Pisciacani...* Contrairement aux autres avis, dépourvus de fioritures, le sien est orné d'un Christ fiévreux sous sa couronne d'épines, les yeux au ciel, bordé de roses. Comme il aurait détesté cela, je me dis qu'il doit y avoir erreur. Il n'allait pas à l'église. Il ne peut pas être mort. Oui, mais qui d'autre porterait ce nom ? Ed approche, et je lui montre l'avis d'un signe de tête. « Non. Ce n'est pas possible. »

Nous montons les marches de l'hôpital. Ed demande à l'accueil : « Nous avons un ami qui était malade, il vient de mourir. Il est encore ici ? Anselmo Martini. »

L'employé ne trouve rien – c'est peut-être une erreur alors, mais je me rappelle : *Pisciacani,* le nom qu'il abhorrait et supprima à la mort de sa mère. Pisciacani signifie « pisse de chien » en dialecte. Je dis : « Pisciacani. »

– Oui, je suis navré, il est à la chapelle. Quand quelqu'un meurt à l'hôpital, nous devons le garder vingt-quatre heures. » L'homme nous conduit au bas d'un escalier. Ed attend à la porte et j'entre. Anselmo est là sur la table en pierre, dans son costume marron, pieds écartés. Il y a un peu de terre sur ses chaussures. Quatre femmes en noir prient autour de lui. Je pose miel et lavande à l'entrée et m'enfuis.

À la maison, tout respire sa présence. Il a reconstruit ce mur de pierre, défriché deux terrasses pour y faire son *orto,* semé l'herbe de la Tonnelle au Limettier. Les citronniers en pots, les trois rosiers aux teintes de sang séché, le pressoir à raisins – cadeaux de peu de mots mais offerts, je le sais, avec immense plaisir. Il a planté deux abricotiers sur la troisième terrasse, deux poiriers près de la route. Toutes les années que nous vivrons ici nous verront profiter des fruits, littéralement, de son travail. Dans la *limonaia,* le béret rouge est pendu à son clou.

Nous avons perdu notre bon oncle. Ed ne s'est pas remis du décès de sa mère. Celui d'Anselmo apporte une vague double de chagrin. La douleur de la perte est trop dure, et il y a ce fait incompréhensible que l'être aimé est rayé simplement de la carte. Je n'ai jamais pu, même de loin, approcher la réalité essentielle de la naissance et de la mort. *L'abysse prénatal, d'où tu as fait irruption dans le tumulte de la vie, à la lumière, pour cheminer vers un vide nouveau...* J'espère être étourdie par la bonne nouvelle d'une vie ultérieure lorsqu'on m'arrachera les derniers fils. *Je ne supporte pas ce qui ne vit plus.* Des décennies durant, Anselmo était là au marché du samedi, avec cinquante ou soixante hommes qui parlaient avec lui du temps, des affaires, tandis qu'il faisait tinter ses piécettes dans sa poche. Lorsqu'il entrait dans son bureau via Sacco e Vanzetti, il se débarrassait toujours de ce qu'il avait sur lui. Je lui posais des questions à propos des fermes à vendre dont je voyais les photos au mur. Si l'une d'elles paraissait merveilleuse, il disait : « Allons voir », et prenait son chapeau. Il avait tout le temps du monde. Maintenant, rien. « *Personne n'a l'assurance de vivre cent ans, ma petite, et la vie ne se rend pas volontiers* », me prévint mon grand-père.

L'église est bondée. Nous sommes debout à l'entrée. Dehors, une trentaine d'hommes discutent et fument pendant l'office funèbre, comme au marché. Je reconnais nombre d'entre eux. Leurs visages burinés de soleil parlent du travail des champs. Les plus âgés, petits, sont vêtus de costumes trop épais pour supporter les ardeurs brutales de juillet. Les jeunes, plus grands, ont profité de la nourriture correcte de l'après-guerre. Leurs chemises à manches courtes sont bien repassées. À l'intérieur, la chaleur tourbillonne avec l'encens. Qui est prêt à s'évanouir ? Les membres de la famille se soutiennent mutuellement en défilant devant le cercueil pour la bénédiction. Difficile d'accepter qu'Anselmo puisse être couché là-dedans. Les cantiques catholiques gémissent sans finir. On charge la bière dans le fourgon. Nous avons déjà vu ces processions. Nous rejoignons maintenant le cortège qui suit le véhicule jusqu'au cimetière. J'espère qu'Anselmo ne se retrouvera pas dans l'un de ces casiers de trente ans qui ressemblent aux tiroirs d'une commode. Non, le trou est là, cru. Enterrer cet homme de la terre. Aucune cérémonie, on le descend simplement à l'aide des cordes. Pas même un bruit sourd. Lorsqu'on inhuma mon père, le sol était tellement trempé que le cercueil resta un moment à flotter avant d'être avalé par l'eau.

« Ça n'est pas vrai du tout, dit ma sœur. On n'était même pas là pour la mise en terre. » C'est faux. Je vois encore le manteau de roses rouges glisser des bras de l'un des employés et la caisse de bronze commencer à sombrer. Elle insiste : « Tu as rêvé. » La famille s'avance, puis chacun vient jeter une poignée de poussière. On n'ira pas dire qu'il n'y est pas retourné. Nous parlons à la famille. Tout le monde s'en va très vite. Pas de dîner, de réunion. Lundi, on reprend le travail.

À la maison, Beppe est en train de lier à des fils les grappes de raisin. Nous lui apprenons le décès d'Anselmo, parti si brusquement. Il se relève lentement sans rien dire, ôte son chapeau et ses yeux sont pleins de larmes. Il hoche la tête et s'en revient aux vignes.

Une fois l'agitation funèbre interrompue, le choc et l'incrédulité s'émoussent rapidement et il nous reste la réalité de l'absence. Les obsèques douchent les sens car elles ne laissent plus de doute. C'est fini – les sacrements traditionnels ont la sagesse de cristalliser sur-le-champ les événements marquants de la vie. Alors nous commençons à dire : *sa première nuit en terre, les hommes du marché se retrouvent autour de son emplacement, regarde, les poires d'Anselmo.* Le dernier œuvre de sa vie est ici sur cette terre. Il détenait le plus ancien savoir de ce qui pousse où et quand. L'avons-nous jamais assez remercié de nous avoir trouvé Bramasole ?

« *Hearse** est un mot étrange », dit Ed. Nous rentrons de Cortona par la voie romaine. « En moyen anglais, cela se dit *herse* – je le sais car le terme est venu dans un poème que j'ai écrit à la mort de mon père. *Herse* vient du latin *hirpex*, c'est la herse des cultures. Tu sais, cet outil avec de longues griffes – en italien, ils l'appellent *quarante dente*, quarante dents. Eh bien, *hirpex* remonte au mot osque *hircus*, qui veut dire loup, d'où le rapport avec les dents. J'ai eu un drôle de sentiment en suivant ce corbillard.

– Remontre-moi ton poème. »

---

* Corbillard.

SCORPIONS.

Cento per cento *la chaleur des efforts des sueurs s'est abattue*
  ce jour,
tombant imprévisible comme une voiture en panne,
ou la grande dame-jeanne brisée sur les carreaux
que j'ai heurtée en traînant une brassée de livres
d'une bibliothèque à celle d'une autre pièce :
chaleur lourde qui sourd dans mes propres poumons,
mes pieds nus menacés de fins tessons de verre. Et je pense :
Aux scorpions des livres (et leurs poumons en peignes),
lamelles dans leurs corps comme autant de pages vierges.
Toute la semaine, un scorpion noir de quatre centimètres
a logé dans la douche, indifférent à la chaleur, mais parce qu'
il venait d'en manger un autre à peine plus petit, venu avant
  lui
chercher peut-être l'eau. Et il l'a dévoré *entier,*
sauf trois de ses huit pattes, éparses sur la faïence.
Je me rappelle entendre les dents de cette femme, au restaurant,
trop blanches et trop grandes qui craquaient la chitine
d'une assiette de crevettes. Le scorpion lui aussi porte sa
  carapace.
Elle prouve également qu'il peut manger encore, mâcher les coques,
en finir à jamais des querelles de l'autre, pourtant sans
  l'importance
qui mènerait à la mort. Le second a happé tout le corps
du premier scorpion, vit maintenant deux histoires.
Je repensai à Cronos mangeant ses propres enfants, leurs
  poumons,
croquant crânes et cervelles, et Zeus qui le dupant le força
à les vomir ensuite, tout entiers et vivants. L'intérêt est pourtant
qu'il compte de manger – manger. Et je songe :
À mon père, son dernier repas du 8 août, puis lorsque ses
  poumons,
sacs d'une étoffe chiche, ont rendu l'air. La bière est maintenant
sa nouvelle carapace, d'acier luisant – nos visages distordus s'y
  mirent.
J'entends ici les poires tomber fin août, peaux percées
par les guêpes incisives, les scarabées aux armures irisées,

*l'air est lourd et sucré sous l'arbre où de ma herse
je ratisse les fruits blets :* herse, hirpex, hearse *(celui
suivi le 12 août) viennent du mot osque loup –
car ses dents ont la force de briser les os.*

Nous n'avons pas eu une goutte d'eau de toute la saison. Mon jardin flamboyant et fleuri de l'année dernière s'est affaissé sous l'été le plus chaud jamais connu. « Je ne mange que du melon et des *gelate* », répète la signora Molesini à l'épicerie. Nous avons beau arroser tant et plus, l'herbe brûle. Les roses voluptueuses de début juin ont peu à peu perdu leurs feuilles. Leurs minuscules bourgeons refusent de s'ouvrir.

La même chose se produisit lorsque nous avons acheté la maison. Les nuages s'accumulaient au-dessus de nous et la violence du tonnerre menaçait de desceller nos plombages dentaires – mais pas de pluie. Le puits tarit et je me rappelle avoir pensé au milieu de la nuit : *je dois être folle à lier. Je ne sais pas ce que je fais.* Roussis, les chênes et les caroubiers se dépouillèrent vite, les collines se parèrent d'arbres moribonds. L'été suivant fut doux, les terrasses se couvrirent de fleurs sauvages. Nous pûmes dormir jusqu'en juillet sous une couverture légère. Mais nous aimons ressentir le pouls des saisons, même la sèche canicule qui pour la première fois pousse renards et sangliers dans le jardin. J'entends les *cinghiale* grogner la nuit sur la pelouse, alors qu'ils se dirigent vers le robinet où ils lapent l'eau restée dans le vieil évier de pierre. Ils se bagarrent avec – qui ? Les écureuils, les porcs-épics ? Puis ils partent en tempête en poussant leurs étranges « hamph-hamph ». Ils n'ont pas réussi à forcer la clôture qu'a installée Beppe autour des légumes, mais ils trouvent largement de quoi se repaître des prunes tombées à terre.

Début août, nous revenons aux brumes froides de San Francisco pour le mariage d'Ashley. Toute ma smala débarque du Sud. Viennent aussi mes amies de faculté, accompagnées de leurs maris, ceux de la New York « artiste » qu'a connue Ashley, et la famille et les amis de Stuart. Ashley et ses demoiselles d'honneur nous rejoignent à la maison avec la robe de la mariée qu'elles suspendent devant l'une des nombreuses fenêtres encore nues. Ondulant gentiment, elle fait une réalité de l'imminent mariage. Ashley se montre brusquement sensible à la magnitude de l'événement. Elle arrive dans ma chambre, tandis que je défais mes bagages, et se jette sur le lit. « Tu as un conseil pour moi ? »

Je me rappelle avoir posé la même question à ma mère. Elle réfléchit une minute, puis : « Porte toujours des sous-vêtements neufs. » Je dis à Ashley que je m'efforcerai de trouver mieux, sans être sûre d'y arriver. C'est une adulte, Stuart aussi, et ils paraissent aborder ce mariage pleins non seulement d'amour et d'enthousiasme, mais profondément soulagés, semble-t-il, d'avoir trouvé celui qui leur convenait après tant de faux départs. Ashley a un pouvoir de décision peu commun. Une fois qu'elle a arrêté son idée, c'est une volonté de fer qui suit.

Nous réunissons tout le monde pour un verre l'après-midi, et ma famille restera le soir à dîner. L'une des choses les plus bizarres de ma vie va se présenter à cette *party*. Ashley est magnifique dans sa courte robe rouge. Deux garçons servent le champagne pendant que Ed revoit le texte qu'il va lire en levant son verre. Mes sœurs, beaux-frères, nièces et neveux sont tout feu de se retrouver. Ashley reste dans l'entrée pour accueillir chacun. Je discute avec des amis dans le salon lorsque j'aperçois mon neveu arriver dans la foule. Je me dirige vers lui et me présente à un homme qui parle avec ma fille : « Bonjour. Je suis la maman d'Ashley. » Je lui serre la main et remarque sa surprise. « Moi, c'est Frank », répond-il en riant. Mon ex-mari, son père. Nous fûmes mariés toute une vie. Je ne le reconnais pas. Il croit sûrement que je plaisante. Je suis bien sûr distraite, à passer de groupe en groupe parmi les nombreux invités – rien à faire, je le regarde dans les yeux, je ne remets pas cet homme. Il m'avait affirmé un jour : *je reconnaîtrais ta main entre mille autres poignées*, l'une des choses à la fois les plus intimes et les plus étranges qu'on m'ait dites. Je sors respirer l'air à pleins poumons en tentant de réagir au choc – coupé, l'imaginaire cordon ombilical. Il ne semble même pas si différent. Je l'ai retrouvé en mémoire et en rêves de nombreuses fois au fil des ans. Je m'étais attendue à de brusques rafales de souvenirs, un raccourci fulgurant vers ce passé devenu histoire. Lorsque je le regardais autrefois, j'avais l'impression d'être devant un miroir, mon semblable, mon contraire. Longtemps maintenant, je sentirai ma main partir à la rencontre d'un étranger.

Le mariage a lieu en plein air dans une auberge des vignobles, rêve de mariage, rêve de roses roses et abricot, rêve de lumière dorée sur les ceps des collines. La promise qui semble descendre des nuages, un élu qui a le cœur de pleurer lorsqu'elle s'avance vers lui, et la voix du ténor qui nous rassemble de son *Con te, partirò*. J'irai avec toi. Une épine de rose accroche la robe de voile qui se déchire, le père d'Ashley libère sa fille, empoche le carré de tissu, et ils reprennent leur marche. Instant unique dont naissent les mythes.

Il y a pour le dîner des chandelles partout dans le jardin, et le festin est toscan. Lorsque nous prenons place, une aigrette garzette passe au-dessus de nous, puis va se poser sur une cime cotonneuse. « Un bon présage », dit une voix. « Mais non, c'est la cigogne », répond une autre. Je lève mon verre en me rappelant un vers de Rilke : « L'amour se compose de deux solitudes qui savent se protéger, se toucher et s'accueillir l'une l'autre. » Le père d'Ashley explique avec éloquence que la présence de tant d'invités est une immense marque de confiance envers les époux. Bientôt Ashley se met à danser, et tout le monde l'imite. Ed tire sur un gros cigare. J'aimerais que tous restent la nuit entière.

Les jeunes mariés s'envolent vers de chaudes îles des tropiques. Mes sœurs et leurs familles repartent les jours suivants, nous voyons nos amis, suivons le *decrescendo*, et remplissons de nouveau sacs, paquets et valises, avant de remonter dans l'avion pour la longue route vers Bramasole, munis d'une bordée de livres, de vêtements d'automne, et d'une poignée d'instants qui dureront toute la vie.

Fin août et toujours pas de pluie. Aux temps anciens, les fermiers priaient les saints. Si la pluie se refusait encore, la statue de l'un d'eux était parfois fouettée, ou jetée dans le fleuve. Puis on la retirait et on farcissait sa bouche de sardines salées pour lui donner soif. Peut-être certains rituels se sont maintenus jusqu'à ce jour. S'il en est, ils restent toutefois privés.

J'ai vécu neuf étés sur cette colline de Toscane. Je suis parfois venue à Noël et à Pâques, et l'année dernière nous a offert le bonheur d'un printemps entier. Je suis sur le point de connaître mon premier automne ici. Les *feste* d'août – steaks et *funghi porcini* – sont terminées ; les rues se vident de jour en jour avec le départ des touristes. Le soleil dompté borde la lumière des soirs d'une douceur d'or et de rose. L'automne est précoce ; truffes, champignons et saucisses vont bientôt arriver. Nous pelons déjà les mandarines vertes de Sicile, à la couleur exacte des perroquets, et achetons des pommes qui ont le goût de leur plus ancien souvenir. Primo est venu déposer ciment et sable ; les travaux vont commencer la semaine prochaine. Beppe a planté aujourd'hui du *cavolo nero*, le chou noir de l'hiver, et a semé le fenouil de l'année prochaine. Il a cueilli le dernier petit carré de haricots, et ramassé un panier de tomates. Tout l'été nous avons dîné dehors dans le long crépuscule. Les journées sont maintenant plus courtes et nous allumons les lanternes.

Vittorio, le goût toujours en avance d'une saison, nous invite à manger l'oie, dernière fête de l'été. Sa voix au téléphone est un chant des sirènes. Notre groupe du Slow Food vient juste de célébrer vins et gastronomie de Vérone lors d'un dîner de huit plats. « Je pensais que l'oie était réservée pour Noël, répond Ed.

– Non, on n'en mange plus après la fin de l'été. Elles sont trop vieilles, trop grasses. C'est en ce moment que leur goût est le meilleur. » Nous partons donc sillonner le fond des montagnes vers la *trattoria* où deux longues tables attendent tout le monde près de la cheminée. Vittorio sert le vin, un vrai cadeau, les rouges d'*avignonesi* que nous adorons. Apercevant le viticulteur à la table voisine, nous buvons à sa santé. Arrivent les *antipasti*, les habituels *crostini*, cette fois parés de cous d'oie farcis. La *pasta* à l'épais *ragù d'oca*, sauce d'oie, est suivie du volatile rôti, de loin le meilleur que j'aie jamais mangé. Le bruit devient tel que nous ne nous entendons plus parler. Qu'importe. Mangeons. Le bébé dans sa poussette au bout de la table dort pendant tout le repas.

Margherita, fille de la signora Gazzini – fourrageuse *par excellence* –, vient se présenter à la maison. Un jour qu'elle passait en voiture, elle a assisté à l'abattage du palmier mort. Nous avons attendu tout l'été, alors qu'il perdait ses frondes les unes après les autres. Et nous regrettons de devoir le faire, d'autant plus que son semblable, dominant de ses neuf mètres l'autre côté de la maison, est en pleine santé. Le tronc parfaitement nu, ressemblant à une immense patte d'éléphant, était une bizarrerie. Margherita a regardé la scène d'en bas, tandis que j'étais à ma fenêtre. Le tronc était plus lourd, plus dense qu'ils n'auraient cru, et Beppe et Ed se mirent à crier lorsqu'il commença à tomber de travers, pour atterrir dans un pot de géraniums.

Margherita vivait à Bramasole lorsqu'elle était enfant – que le palmier était petit. Je suis émue d'apprendre qu'elle rêve encore des pièces et du jardin de ses quatre ans. Dès que je l'ai vue, j'ai su que Bramasole était une maison de rêves. La connaissant mieux, je sais qu'elle appartient à la muraille étrusque, à Torreone, à Cortona, à la Toscane. Bien au-delà de ce que je possède – mais les extrêmes se touchent. Aussi transitoire ma jouissance soit-elle, je tiens à ces murs avec une férocité toute primitive. « Quoi qu'il arrive, ne renonce jamais à la maison », conseillait une amie, à une autre en train de divorcer. « Tu découvres le pouvoir irrationnel de l'attachement d'une femme à son foyer, me dit Josephine. La possession a toujours des racines secrètes. »

Je ne répète rien de ceci à Margherita. Je fais à peine sa connaissance et je ne veux pas qu'elle me prenne pour quelque sibylle des hauts plateaux. Pendant que Ed et Beppe emportent la carcasse de l'arbre, elle m'apprend que sa mère reste parfois dehors jusqu'à six ou huit heures de suite. Elle ne se contente pas de ramasser laitues, asperges, escargots et champignons, elle cueille aussi des légumes verts pour ses lapins. « C'est une femme qui aime vivre dehors. On ne sait pas où elle va – parfois elle sillonne simplement les collines. Elle a parcouru ces montagnes toute sa vie durant. »

J'en comprends le besoin. Tout en suivant la route des crêtes qui mène en ville par la Porta Montanina, je lis l'ode de Keats « À l'automne » et je sens à quel point ses mots respirent ce qu'il veut dire. De tous les poèmes consacrés à cette saison, le sien est celui qui me rapproche le plus de l'indicible sensation qui m'habite lorsque l'été part en cercles concentriques vers le prochain équinoxe. L'horloge interne sonne elle aussi le savoir viscéral du changement. Hier, de pâles églantines fleurissaient au bord de la route ; aujourd'hui leurs branches sont cloutées de cynorhodons orange vif. L'air semble contenir une approche de paix tandis que le paysage prend des teintes rôties, ambre, blé, et que les herbes desséchées se colorent de – quoi ? Une nuance léonine, le roux d'une croûte de pain, l'or d'une alliance usée. Il y a un instant, l'herbe verte brillait, fervente. « Saison des brumes et des jaunes féconds », écrit Keats, quand je vois la vallée de buée, et les branches chargées de poires, marbrées, rongées, grignotées par les oiseaux, les abeilles et les vers. J'aime l'idée d'une saison qui conspire avec le soleil pour « emplir et bénir » fruits et vignes. Je goûte chaque expression : « mèches échevelées par les peignes du vent », les sillons « assoupis sous les langueurs des coquelicots », « fruits comblés jusqu'au cœur de leur maturité ». Mais oui, nous pensons toujours que « les journées de chaleur ne partiront jamais », première touche du poème qui voit l'avenir innocent accepter doucement la perspective de l'ombre. L'allusion sonore au changement et au froid se pose sur le bout de la langue. Ce talent qu'il a d'empreindre seulement le lecteur de ce qu'il sait, tout en célébrant la saison des lueurs qui couchent leurs lingots d'or sur le tracé des routes. Je passe la porte étrusque de la ville haute de Cortona et débouche dans ses rues immaculées, où j'aperçois une femme en train de disposer devant sa porte de petits cyclamens en pots. Roses, blancs, magenta, elle a fait une courte flambée des couleurs qui la réchaufferont le long des mois d'hiver. Ce que c'est joli, lui dis-je, et elle me montre les piquants vert sombre et le bouton dru et jaune qui pointent dans le terreau. « Le crocus revient à l'automne, mais pas longtemps, et il donne peu de fleurs. » *Nous voguons sur la terre, elle et moi*. Assise sur les marches de San Francesco à écouter les cloches du dimanche matin, je ne veux rien de plus que le poème roulé dans ma main, les cinq mille *lire* de la poche de ma chemise pour le café et ma viennoiserie, et mes mocassins neufs, rouges, qui naviguent si bien la pierre des rues.

Je marche la nuit, aussi. Nous sommes partis en ville manger un *gelato* et Ed se lance dans une longue conversation avec Edo sur la bonne façon d'installer un système d'irrigation. Notre pelouse naturelle n'a pas résisté à la sécheresse de l'été. Je ne dis plus rien et prends le chemin du retour avec ma torche le long de la voie romaine, puis de la route de cyprès qui descend vers chez nous. Avant d'être goudronnée, les graviers clairs de la *strada bianca* brillaient au clair de lune. Maintenant asphaltée, sous la *luna nera*, lune noire, la route est sombre, et les cyprès semblent absorber de leurs masses élancées toute la lumière des étoiles. J'ai l'ambition de voir tous les cyprès de Toscane. Comme les chênes californiens de la Bay Area, ils semblent définir et parler pour le paysage. Les chênes dénudés jouent avec la lumière, offrant leurs squelettes aux collines et leurs silhouettes au ciel. Mais les cyprès ne jouent pas de la lumière. S'ils étaient dans le ciel, ils en seraient les trous noirs, et si j'étais en Amérique, je serais pétrifiée d'être seule une nuit sur la route. Chacun de ces arbres a été planté pour saluer la mémoire individuelle de tous les fils de Cortona morts à la Première Guerre mondiale, ce qui leur confère une immense présence. Ils ne sont pas seulement une forme, mais aussi un silence arrêté dans leurs courbes constantes, un vestige de la vie arrachée à chacun de ces jeunes hommes.

Fines comme la pointe d'un pinceau de martre, leurs cimes vacillent légèrement devant le mur d'étoiles. J'ai chaud au bout de mon ascension de la colline et je déboutonne entièrement ma robe de lin bleu qui flotte derrière moi. *Oh, vivre une vie de sensations,* disait aussi notre ami Keats. Les arbres sont de précieux compagnons. Si quelqu'un devait venir, je l'entendrais car les sons se réverbèrent dans la montagne, de la même façon que le dernier soupir du gladiateur parcourt l'amphithéâtre jusqu'aux gradins élevés. Passé le virage, la maison se dresse au-dessus de la route, traduction grossière de mon corps dans son langage muet de fenêtres, portes et pierres. Ed a, je crois, pour interprètes, les oliviers, et les vignes qui ploient maintenant au-dessus de leurs grappes violettes et terreuses. Dans le jardin qui domine la route, je vois les cyprès imprimer leur élan et se détacher d'un ciel vidé de tout nuage grâce au vent de la soirée. Les étoiles défilent par-dessus la vallée, ces étoiles qui ont chu bien avant que les Étrusques ne montent sur la colline pour les observer. Je reconnais la cadence de la démarche de Ed plus bas sur la route. « Tu es là ? » lance-t-il vers moi. Cinq, six étoiles strient le ciel. Je tends la main pour en attraper une.

REMERCIEMENTS

Un grand merci à mon agent Peter Ginsberg et à Charles Conrad, mon éditeur chez Broadway Books. Ce fut un plaisir de travailler avec Marie-Thérèse Caloni et Denis Tillinac de la maison Quai Voltaire. Merci à tous deux. Ma gratitude va également à Jean-Luc Piningre pour ses traductions. Un merci particulier à Dave Barbor de Curtis Brown Ltd., pour les droits à l'étranger.

De nombreux amis ont beaucoup compté lors de la rédaction de ce livre : Josephine Carson, Susan Mac Donald et Cole Dalton, Ann et Walter Dellinger, Steve Arkin, Madeline et John Heinbockle, Judy Breen, Robin et John Heyeck, Kate Abbe, Rena Williams et Steve Harrison, Todd Alden, Toni Mirosevich et Shotsy Faust – une chaise vous attend à ma table à toute heure. Tous mes remerciements à ma famille et à celle de Ed – *le portone* de Bramasole sera toujours ouvert pour vous.

Ce sont les habitants de Cortona qui m'ont donné ce livre : je n'ai eu qu'à écrire. Un grand merci à Donatella di Palme et Rupert Palmer, Giuseppina Paolelli, Serena Caressi, Giorgio Zappini, Giuseppe Agnolucci, Riccardo et Amy Bertocci, Nella Gawronska, la famille Molesini, Riccardo et Sylvia Baracchi, Giulio Nocentini, Antonio Giornelli, Lucio Ricci, Edo Perugini et à nos admirables voisins Placido, Fiorella et Chiara Cardinali. Nous avons la chance d'atterrir tout près d'eux. Avec une immense gratitude, je remercie *il Sindaco*, Ilio Pasqui et *il Consiglio Comunale di Cortona* pour m'avoir offert *la cittadinanza onoraria* – titre de citoyenne d'honneur.

Mes remerciements aux éditeurs du *National Geographic Traveler*, de *Attaché*, du *San Francisco Magazine*, du *San Francisco Examiner*, du catalogue *Land's End*, et de *Within Borders*, qui ont publié différentes sections de ce livre. La *San Francisco State University* m'a attribué un congé sabbatique pendant lequel la majeure partie de *Bella Italia* a été écrite. Ma gratitude envers Nancy McDermid et Maxine Chernoff.

TABLE

Préface	9
Primavera	13
Toscane printanière : tes amers légumes verts	26
Sfuso : vin en vrac	37
À la recherche du printemps : les palmiers de Sicile	45
Menu sicilien	72
Résurrection	77
À la recherche du printemps : flots vénitiens	89
Aux confins du pays	107
Les racines d'éden	127
Cuisine de printemps	149
Des cercles sur ma carte	160
Couchées dans un carnet jaune : pensées voyageuses	185
A P	191
Respirer l'art	203
Juillet fou : le bourdonnement de l'urne	214
Perdu traduit	234
La tomate idéale d'Anselmo	249
Froid	260
« Ritmo » : le rythme	268

CET OUVRAGE
A ÉTÉ REPRODUIT
ET ACHEVÉ D'IMPRIMER
SUR ROTO-PAGE
PAR L'IMPRIMERIE FLOCH
À MAYENNE EN AVRIL 1999
POUR LE COMPTE DE QUAI VOLTAIRE
7, RUE CORNEILLE, 75006 PARIS.

ISBN : 2-912517-09-5.

Dépôt légal : mai 1999.

N° d'édition : ★ 028. N° d'impression : 45940.

Imprimé en France.